Zeit zum Wandern

NORWEGEN

Die **40** schönsten **Wanderungen** – **GPS-Tracks** zum Download – **Top-Tipps** für sanfte Fjorde, raue Gletscher, einsame Buchten – **Highlights** der Region

MARTIN DIETRICHS
MICHAEL MOLL

BRUCKMANN

Inhalt

Wegweiser zur sogenannten Trollzunge (Tour 11)

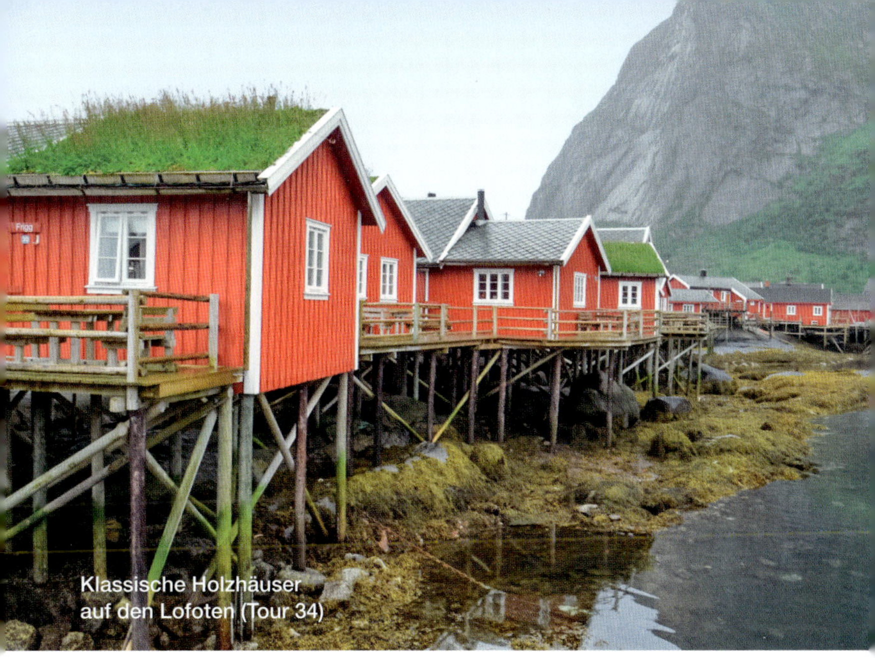

Klassische Holzhäuser auf den Lofoten (Tour 34)

Top 5

Wenn der Schuh drückt

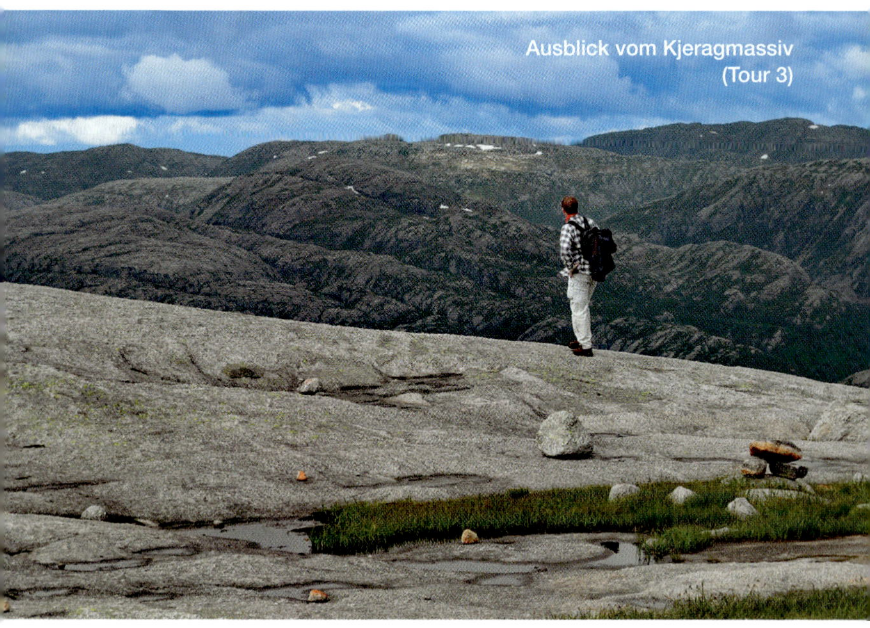
Ausblick vom Kjeragmassiv (Tour 3)

Keine Reise ohne Troll

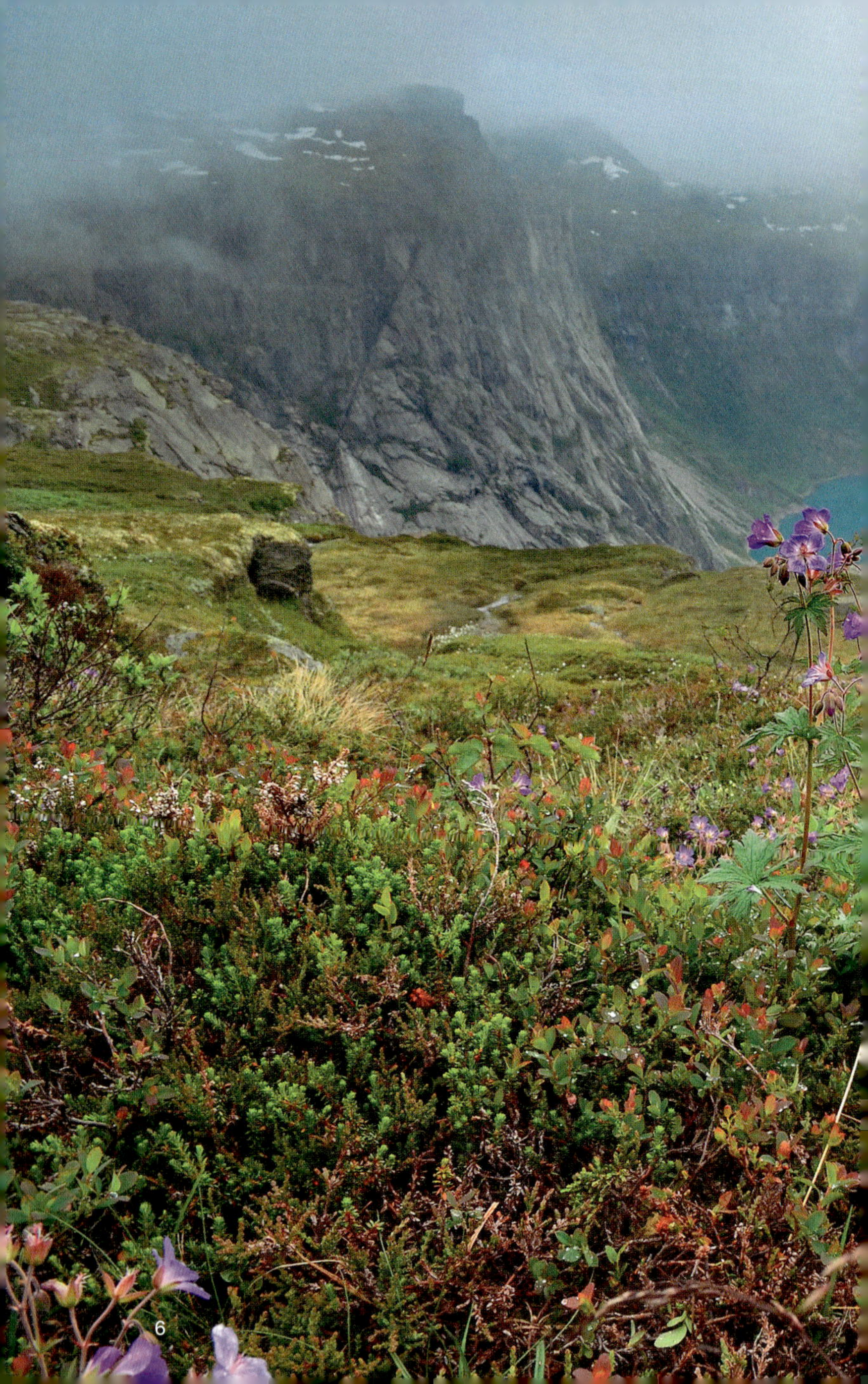

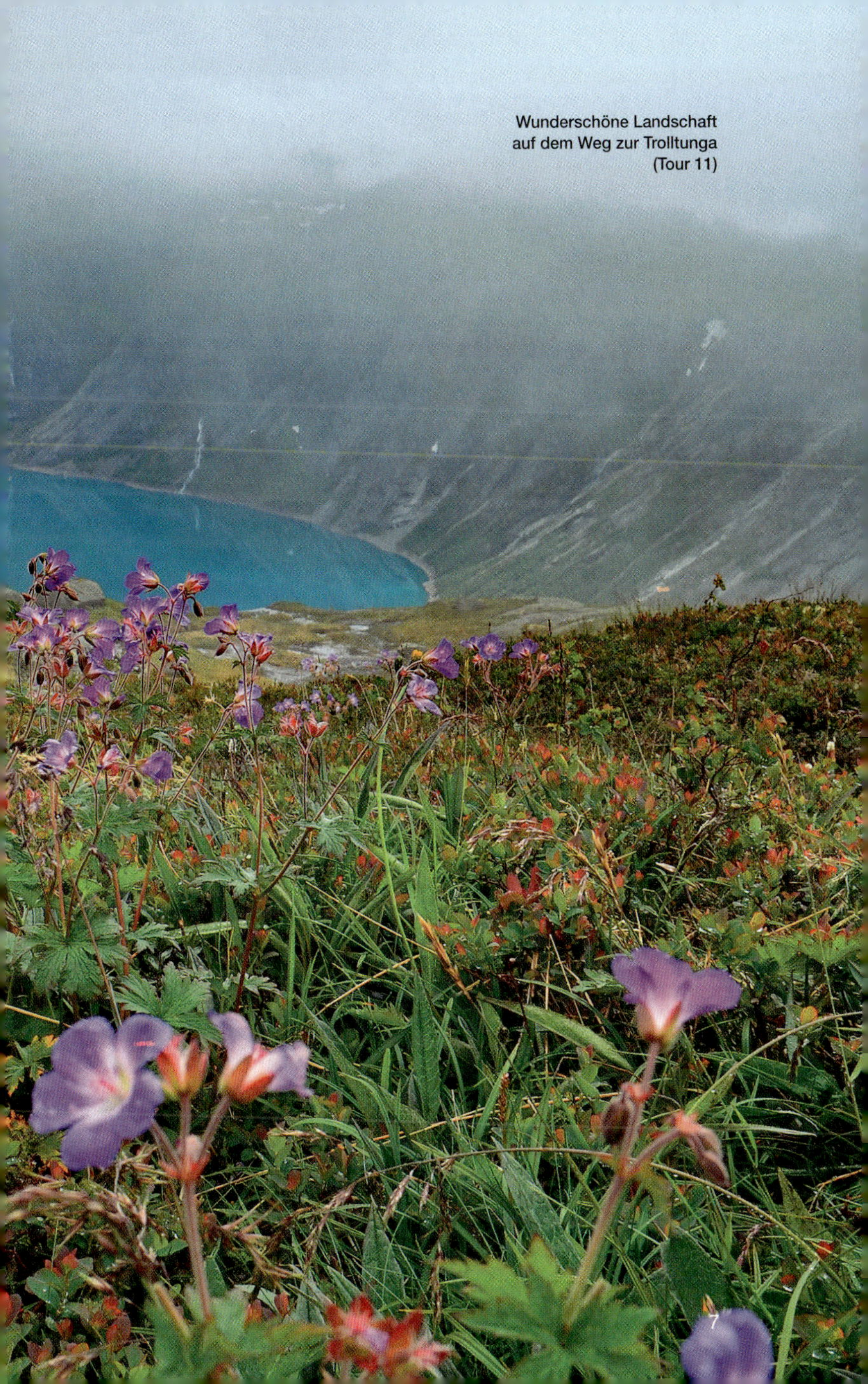
Wunderschöne Landschaft
auf dem Weg zur Trolltunga
(Tour 11)

Norwegen – Fjell, Vidde, Fjord und Kyst

»Es gibt zwei Arten von Touristen: Die einen reisen nach Mallorca und die anderen nach Skandinavien/Norwegen.« So grob, aber simpel, klassifizierte einst eine norwegische Lehrkraft an der Universität Münster die Reiselust der Deutschen. Wen es nach Skandinavien, insbesondere nach Norwegen, zieht, der ist auf Entdeckung der fantastischen Natur, altehrwürdiger Kultur und Stille aus, die ihn vom hektischen Alltag regenerieren lässt.

Norwegen in Zahlen

Das 323 787 km^2 große Land, ohne arktische Inselregionen, überschritt Anfang 2012 die Marke von 5 Mio. Einwohnern. Es erstreckt sich vom Südkap Lindesnes bis zum Nordkap über 1756 km! Die bebaute Fläche beträgt lediglich 1,4 % des Landes, landwirtschaftliche Nutzflächen 3,2 %, bewirtschaftete und nicht nutzbare Waldflächen 38,2 %. Der Rest verteilt sich auf die so mächtige, teils extensiv als Weideland genutzte Naturlandschaft. 44,4 % Gebirge und kahle Hochebenen, Gewässer und Gletscher 7 % sowie Moor/Sümpfe 5,8 %.

Vielseitige Landschaftsformen

Die heutigen, einzigartigen Landschaftsformen wurden von Gletschern während der letzten Eiszeiten überformt. Das Skandinavische Gebirge, das sich bei Auffaltungsprozessen an den Urkontinent des Skandinavisch/Baltischen Schildes (Grenze ist die Grabenbruchzone des unechten »Oslofjords«) aufgetürmt hat und insbesondere eiszeitlich erodiert wurde, dominiert das Landschaftsbild von der Schärenküste am Skagerrak bis zum Nordkap mit drei Gebirgsformationen: das gerundete, felsige Hügelgebirge bis zu 600 Meter, Plateaugebirge um 1500 Meter (z. B. die »Vidden« Hardangervidda, Finnmarksvidda, Dovrefjell) sowie alpine Gebirge bis knapp

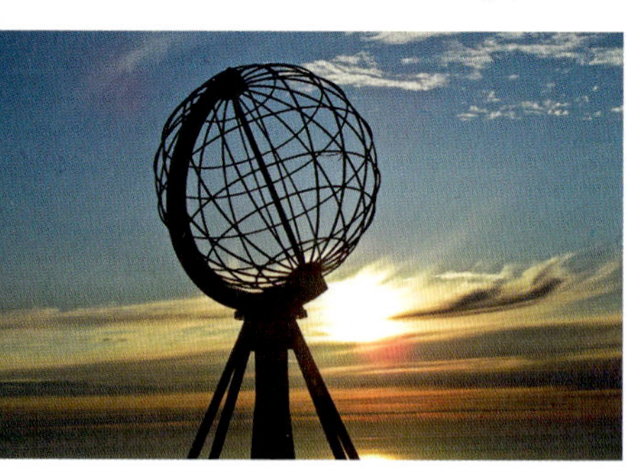

Die Mitternachtssonne am Nordkap (Tour 39)

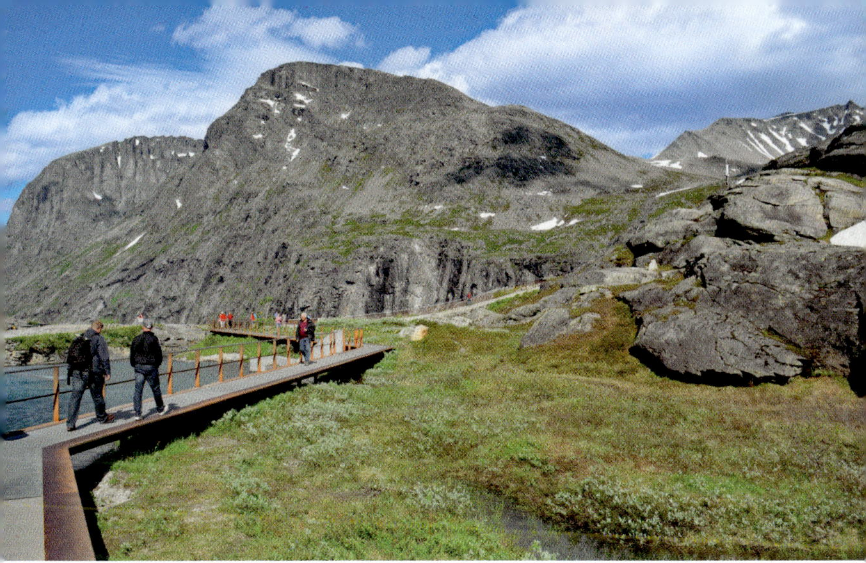

Das Besucherzentrum am Trollstigen bietet eine Aussichtsplattform (Tour 29).

2500 Meter (z. B. Jotunheimen, Lofoten). Im Gebirge eingebettet die Gletscherregionen, die im Süden des Landes auf 1600 Meter und im Norden bereits ab 600 Meter anzutreffen sind. Die Gletscherzungen folgten während der Eiszeiten den Gebirgsbachtälern und hobelten diese u-förmig aus; so tief, dass sie vom Meerwasser in der heutigen geologischen Warmzeit geflutet wurden und somit die faszinierende Fjordlandschaft, die bis über 200 Kilometer weit in das Landesinnere ragt, schuf. Diese Fjord- und Schärenküstenlandschaft erstreckt sich vornehmlich von Stavanger 2000 Kilometer nordwärts bis nach Vardø. Eiszeitliche Ablagerungen, Moränenmassen, die stets in den Tälern zu finden sind, prägen z. B. die große Ebene Jæren, südwestlich von Stavanger.

Klima, Wetter und Vegetation

Das ganze Land mitsamt der Fjordtäler ist klimatisch begünstigt durch den warmen Meeresstrom, den Golfstrom. Norwegens 2650 Kilometer lange Küstenlinie ist vornehmlich vom Atlantikwetter geprägt, sodass an der Westküste Jahresniederschläge von 2000–3000 mm und mehr niedergehen. Im vom Gebirge geschützten Inland dagegen sind es 600–1000 mm im Jahr. Für Schönwettersuchende gilt die Faustregel: Ist an der Küste Regen, kannst du Sonne im Inland erleben. Regnet's im Gebirge allerhand, fahr wieder zum Küstenrand!
Die Vegetation geht vom milden Südküstensaum mit Laubmischwald bei zunehmender Höhe und nördlicher Breite in Nadelwald sowie an-

schließend in Birkenwälder über. Krüppelbirken und -weiden markieren die Baumgrenze, die in Mittelnorwegen bei ca. 1000 Meter und am Polarkreis bei ca. 500 Meter liegt. Es folgen niederwüchsige Beerensträucher sowie Flechten und Moose in der kargen hochalpinen Zone wie in Nordnorwegen.

Norwegens Wanderkultur

Die alte Besiedlung Norwegens, mit klassischen Holz- bzw. Blockhäusern, konzentrierte sich aufgrund der Geografie auf den Küstensaum mit angrenzenden Tälern, verbunden mit Fischfang und traditioneller Almwirtschaft – ausgenommen der zum Ende des Mittelalters einsetzende Bergbau. Die Menschen in den eingegrenzten Tälern entwickelten in den heutigen anerkannten Amtssprachen Norsk (Bokmål), Nynorsk und Samisk allerlei Sprachdialekte. Ein sozialer Austausch fand über See- oder Gebirgswege in das nächste Tal statt. Der um 1900 einsetzende Bergwandertourismus hat seine Wurzeln in dieser alten Lebenskultur, die bis heute im modernen, reichen Land Norwegen auf einem riesigen Wandernetz über das ganze Land zu erleben ist! – God tur!

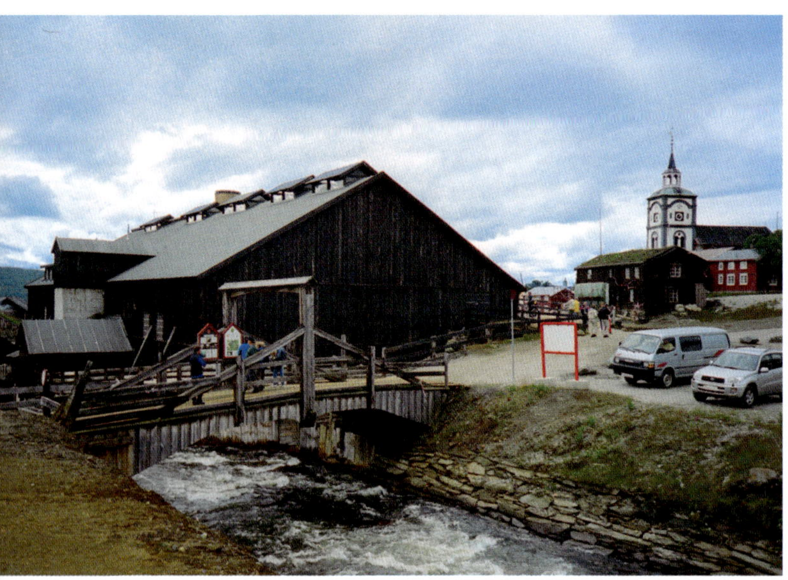

Die Bergbaukulturstadt Røros (Tour 30). In drei Jahrhunderten wurden über 100 000 t Kupfer produziert.

Tipps und Infos für unterwegs

Das sollte jeder mit auf die Wanderung nehmen

- [ ] Wanderschuhe
- [ ] Bequeme Hose
- [ ] Bequemes Hemd
- [ ] Jacke oder Pullover
- [ ] Regenschutzkleidung
- [ ] Taschentücher
- [ ] Rucksack
- [ ] Wasserflasche
- [ ] Proviant
- [ ] Tüte für den Abfall
- [ ] Taschenmesser
- [ ] Sonnenschutz
- [ ] Mütze
- [ ] Handschuhe
- [ ] Trekkingstöcke
- [ ] Geld
- [ ] Ausweis
- [ ] Handy

Das sollte mindestens einmal in der Wandergruppe vorhanden sein

- [ ] Kartenmaterial
- [ ] GPS inkl. Ersatzbatterien
- [ ] Erste-Hilfe-Set
- [ ] Biwaksack oder Wärmefolie
- [ ] Notizpapier
- [ ] Schreibstift
- [ ] Schnüre
- [ ] Lampe
- [ ] Uhr
- [ ] Kompass
- [ ] Reserveschuhbänder

Das ist nur bei speziellen Touren notwendig

- [ ] Hüttenschlafsack
- [ ] Waschzeug
- [ ] Reservekleidung
- [ ] Höhenmesser
- [ ] Klettersteigausrüstung
- [ ] Gletscherausrüstung
- [ ] Wörterbuch

Schuhe und Bekleidung

Entsprechend des Tourenspektrums vom klimatisch milden Meeresniveau bis Gipfel mit Dauerfrost über 2000 Meter sowie der jahreszeitlich bedingten Wetterverhältnisse, ist eine jeweils angepasste Wanderbekleidung in Norwegen erforderlich. Als Schuhwerk bewährt sich allgemein ein klassischer, ohne Kompromisse gut sitzender Wanderstiefel mit griffiger Sohle (auch bei Nässe) und atmungsaktiven Obermaterial/Funktionsfasern für trockene Füße und wieder schnell trocknende Schuhe. Für kürzere Touren in flacheren Gebieten sind auch

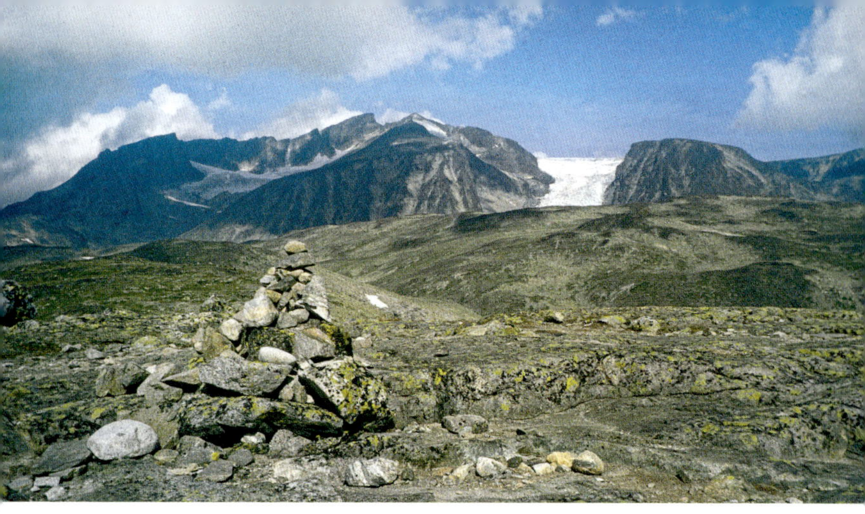

»Steinvarde«-Männchen südlich des Besshøe Bergs als Wegweiser (Tour 20)

Trekkinghalbschuhe eine Alternative, insbesondere wer mit leichtem Rucksack wandert und zügig vorankommen möchte. Ein paar leichte, gut sitzende Wasserschuhe im Gepäck können überall dort nützlich sein, wo Bäche oder Schmelzwässer durch das Wasser watend oder mittels Trittsteinen unter Wasser zu überqueren sind, sowie am Mooresufer und an Strandzonen mit unterschiedlichen Tiden. Auf Routen mit sumpfigen Abschnitten sowie bei Regen oder, wenn der Pflanzenwuchs am Weg stark mit Wasser benetzt ist, können sie zusammen mit Gamaschen ebenfalls nützlich sein. Die Norweger wandern bei solchen Gegebenheiten allerdings gern mit Gummistiefeln.

Funktionssocken, die den Fuß warm halten und Feuchtigkeit abtransportieren, sind auf Bergtouren angebracht. Ähnlich funktionell sollte auch die günstigerweise mehrschichtige Bekleidung sein. Allgemein hat sich die Kombination aus wärmender Wolle und Kunstfasern für eine bessere Strapazierfähigkeit der Stoffe bewährt. An Sommertagen bis 30 °C ist es jedoch durchaus möglich, nur im T-Shirt oder gar mit freiem Oberkörper zu wandern. Für alle Fälle sollte aber eine Allwetterbekleidung stets dabei sein.

Jacken und Hosen (mit abnehmbaren Hosenbeinen) sollten ebenfalls funktionell, d. h. atmungsaktiv, windundurchlässig, leicht zu tragen und je nach Jahreszeit mehr oder weniger wärmend sein. Jedoch nützt die beste Funktionsbekleidung nichts, wenn erstens das Tempo/die Anforderung einfach zu hoch ist und der Schweiß läuft. Mit dem damit verbundenen Mineralstoffverlust, der Muskelübersäuerung und Auskühlung des Körpers besteht die Gefahr für Erschöpfungszustände

oder Erkältungskrankheiten. Der Körper sollte so bewegt werden, dass er lediglich transpiriert. Dafür bewährt sich das ganz simple Einatmen durch die Nase als »Tempobegrenzer«. Zweitens Dauerregen, der den äußeren Regenschutz aufweicht. Für diesen Fall sollten immer zusätzlich eine leichte, platzsparende, wasserundurchlässige Regenschutzhose und -jacke mitgeführt werden.
Handschuhe, Mütze und ähnliche kälte- und regentaugliche Kopfbedeckungen sind bei Bergtouren auch im Sommer obligatorisch, denn ca. 80 % der Körperwärme gehen über den Kopf verloren!

Ausrüstung

Trekkingstöcke sieht man bei Norwegern eher selten, doch sind sie eine sehr gute Entlastungshilfe auf langen Touren bzw. Mehrtagestouren mit schwerem Trekkingrucksack sowie an Steilhängen, insbesondere, wenn die Wanderbelastung nicht den Alltagsanforderungen entspricht. Als Balancehilfe können sie zudem sehr hilfreich bei Bachüberquerungen mit rutschigen Steinen oder bei Schneefeldern sein. Eine korrekte Einweisung in den Umgang mit den Stöcken ist sehr ratsam.
Für Wanderungen auf den Gletschern ist stets eine Spezialausrüstung und meist ein erfahrener Guide erforderlich. Mit in das Gepäck gehören obligatorisch Karte und Kompass, ein kleines Erste-Hilfe-Set, ein Handtuch, ½ l heißes Thermosgetränk sowie ½ l Kaltgetränk je nach Kälteempfinden und Flüssigkeitsbedarf, Proviant und ggf. Ersatzkleidung. Wasser kann auf den meisten Touren bedenkenlos aus der Natur, außerhalb von intensiven Viehweidegründen, entnommen bzw. Flaschen wieder aufgefüllt werden.

Die neun norwegischen Gebirgsregeln

1. Unternimm untrainiert keine langen Touren.
2. Hinterlasse, z. B. im Berghüttenbuch, stets eine Nachricht, wohin du gehst.

Die Schwierigkeitsgrade der Touren

2

Leicht: Technisch und konditionell einfache Wanderungen auf guten Wegen und Pfaden mit kleineren Anstiegen

2

Mittel: Technisch und/oder konditionell mittelschwierige Bergwanderungen, die einen sicheren Tritt und abschnittweise Schwindelfreiheit erfordern.

2

Schwer: Technisch und/oder konditionell anspruchsvolle Bergwanderungen mit alpinem Charakter. Ausgesetzte, eventuell gesicherte Passagen, teilweise raue Wege und Steige. Trittsicherheit, Schwindelfreiheit und Bergwandererfahrung sind zwingend erforderlich.

3. Sei dem Wetter und der Wettervorhersage gegenüber respektvoll. (Wettervorhersagen unter www.yr.no)
4. Sei gerüstet für Unwetter und Kälte, auch auf kurzen Touren.
5. Höre auf Erfahrungen Einheimischer und Wanderern vor Ort.
6. Benutze Karte und Kompass.
7. Gehe nie alleine.
8. Kehre zeitig um, bevor es für dich problematisch wird.
9. Spare stets Kräfte, raste windgeschützt, und halte dich warm.

Wichtige Notrufnummern: Feuerwehr 110, Polizei 112, Notarzt 113.

Wanderwege und Hüttennetz

Der Norwegische Wanderverband DNT (Den Norske Turistforeningen) unterhält mit seinen Lokalverbänden ein markiertes Wanderwegenetz in den meisten Regionen Norwegens mit einer Länge von über 20 000 km. Statt unterschiedlicher Wegzeichen und Markierungen sind in Norwegen alle Routen des Verbandes mit einem roten Punkt oder »T« auf Steinen, Steinhaufen oder an Bäumen allgemein recht gut markiert. Am Start und an Wegkreuzungen befinden sich Wegweiser mit der Wanderdauer in Stunden (norw. »timer«, abgekürzt mit »t«). Die meisten Routen verlaufen auf schmalen Pfaden und können im unwegsamen, unübersichtlichen Gelände durchaus mal schlecht markiert sein. Routen von anderen Initiatoren sind meist ebenfalls mit rotem oder blauem Punkt markiert.

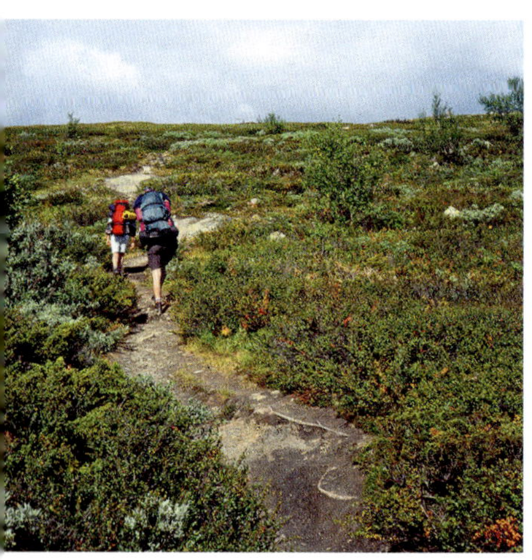

Typischer Wanderpfad durch Zwergsträucher oberhalb der Baumgrenze (Tour 28)

Neben zahlreichen privat bewirtschafteten Bergwanderhöfen und unbewirteten Übernachtungshütten unterhält der Verband derzeit mehr als 460 Hütten über Norwegen verteilt, davon 43 bewirtschaftete Berghöfe, 170 Selbstbedienungshütten, d. h. mit Proviantlager, und die restlichen als unbediente Hütten ohne Proviantlager.

In diesem Buch wird auf zahlreichen Routen auf »Selbstversorgerhütten« hingewiesen; dies bezieht sich auf alle Hütten mit und ohne Proviantlager. Die allermeisten dieser Hütten sind mit dem DNT-Stan-

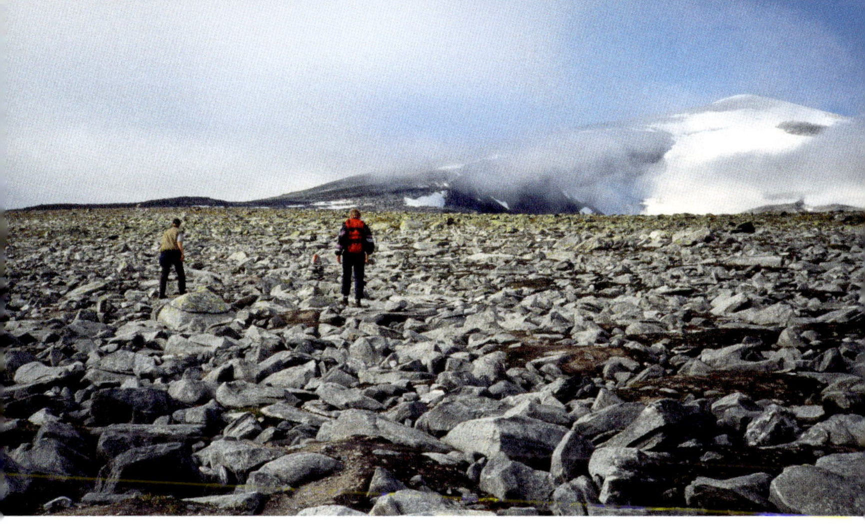

Das Steinblockmeer erfordert Balance und Trittsicherheit (Tour 27)

dardschlüssel zu öffnen. Dieser Schlüssel wird an Verbandsmitglieder zeitlich unbegrenzt verliehen. Nichtmitglieder können aber ebenso in den Hütten gegen Aufpreis übernachten, sofern die Hütte durch andere Wanderer mit Schlüssel geöffnet wurde. Eine Jahresmitgliedschaft lohnt sich bereits ab sechs Berghof-/Hüttenübernachtungen im Jahr aufgrund der Rabattordnung. Private Berghöfe geben meistens ebenfalls für Mitglieder einen Rabatt auf die Übernachtung sowie bestimmte Hotelketten und andere Partner des Verbandes. Die Bezahlweise auf den Hütten basiert auf Vertrauen: durch eine Eintragung und selbstständige Abrechnung im Besucherbuch »Besøksprotokoll« und Barzahlung in einem dafür vorgesehenen Umschlag für die Kasse oder per Überweisungsträger, Kreditkartennummer bzw. Rechnung.
Viele Sommerrouten können auch im Winter per Tourenski mit entsprechenden Tourvorkehrungen erwandert werden. Das wintermarkierte Streckennetz umfasst 7000 km. www.turistforeningen.no

Jedermannsrecht »Allemannsretten«

Neben der Regel für Hütten, die Hütte so zu verlassen, wie man sie vorfinden möchte, gilt diese Regel auch für das freie, rücksichtsvolle Betreten der Natur. Für Hunde gilt die Leinenpflicht vom 1.4.–20.8.
In der sogenannten utmark, die Gewässer, Sümpfe, Wald und Gebirge umfasst, kann man sich zu Fuß, per Fahrrad, per Ski oder Pferd frei bewegen. Landwirtschaftliche Produktionsflächen und Weideland (norw. »innmark«) sind davon ausgenommen.

Erlaubt ist auch das Übernachten, das Rasten und Zelten bis zu zwei Nächte an einer Stelle. Für mehr als zwei Nächte für die innmark oder in der Nähe von Privathäusern und Hütten (weniger als 150 m Abstand) muss der Eigentümer/Bewirtschafter um Erlaubnis gefragt werden. Grillfeuer sind ganzjährig, offene Lagerfeuer in Wald und Flur sind nur außerhalb der Zeit 15.4.–15.9. erlaubt. Das Pflücken von Beeren, Pilzen und anderen Pflanzen ist ebenfalls erlaubt, sofern die Arten nicht unter Naturschutz stehen oder man sich in einem Schutzgebiet befindet. Zum Angeln ist häufig eine lokale »Fiskekort« gegen eine Gebühr zu lösen, oder es muss, wie auch für das Jagen, der Grundeigentümer um Erlaubnis gefragt werden. Die Elchjagd beginnt übrigens am 22.9. und geht über mehrere Wochen. In der Zeit ist es ratsam, in bewaldeten Gegenden stets auf den markierten Pfaden zu bleiben. Viele Wanderwege verlaufen oft durch eingezäuntes Weideland, das durch Gatter passiert wird, häufig mit einer rücksichtsvollen Bitte an die Wanderer, wie z.B. diese: »Lukk porten/grinda, sauer på beite!«, was so viel bedeutet wie »Schließe die Pforte/Gatter, Schafe (ggf. andere Tiere) am Grasen«. www.visitnorway.com

Kartenmaterial

Neben GPS und handygestützten elektronischen Kartensystemen sind Wanderkarten immer noch die erste Wahl. Diese Karten mit norwegi

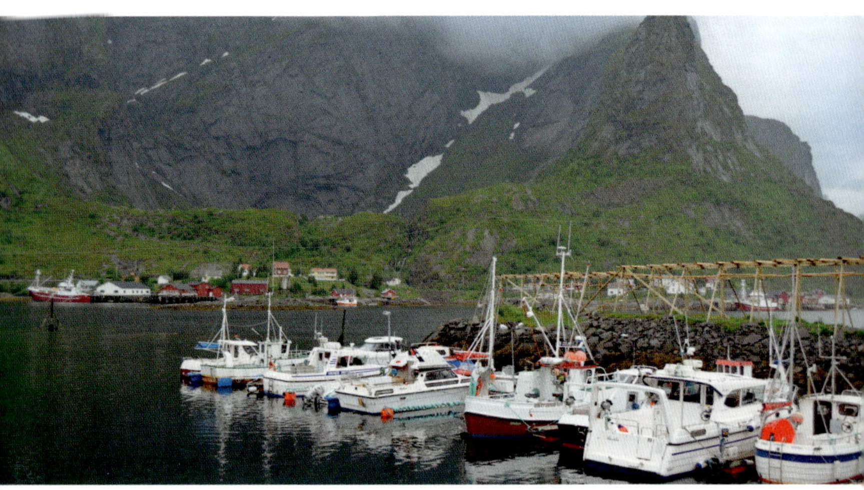

Kleiner Hafen vor der Bergkulisse der Lofoten (Tour 30)

schen und englischen Zeichenerklärungen gibt es statt der klassischen Papierausgabe im Maßstab 1:50 000 des staatlichen Kartenamtes (www.kartverket.no) inzwischen auf wasserresistenten Materialien von der Firma Nordeca (www.nordeca.com). Darüber hinaus gibt es spezielle Regionswanderkarten im Maßstab 1:25 000, 1:50 000 und 1:100 000 bei www.kartbutikken.no. Ausreichende Internetkarten mit Routen-, Hütten- und weiteren Tourinformationen können der norwegischen DNT-Tourenplanleger-Webseite www.ut.no entnommen werden.

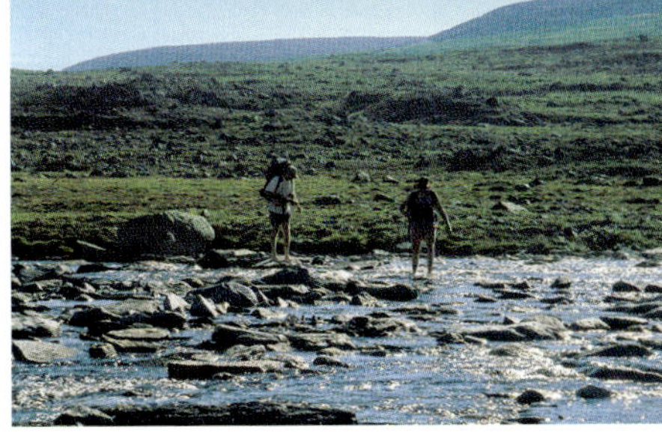

Nahezu trockene Flussüberquerungen mithilfe von Trittsteinen (Tour 25)

Lokale Reisetipps

Landeswährung ist die norwegische Krone (NOK). An Geldautomaten kann per EC-Karte günstig Bargeld abgehoben werden.
Zur Verständigung ist Englisch die Fremdsprache, die die meisten Norweger sehr gut sprechen. Touristinformationen und andere Touristbetriebe können aber auch Auskünfte auf Deutsch erteilen.
Norwegen verfügt über ein gutes Regionalflughafennetz, und Fluggesellschaften, z. B. Wideroe, bieten frei wählbare Routentickets für eine gewählte Wochenanzahl an.
Für Reisende mit den norwegischen Buslinien ist es gut zu wissen, dass der Bus auf Wunsch auch außerplanmäßig an jeder Stelle der Route anhält. Bei Anreise zum Tourausgangspunkt ist es ratsam, dem Busfahrer bei Reiseantritt mitzuteilen, wo man aussteigen will. Genauso nimmt der Busfahrer auch Wanderer an der Straße mit, die rechtzeitig vorher Handzeichen geben.
Für Autoreisende sei erwähnt, dass viele kleine private Zufahrtswege mautpflichtig sind und »Bompenger« verlangen. In alter Manier wird das auf Vertrauensbasis mit Bargeld in einem dafür vorgesehenen Umschlag für die Kasse beglichen. Jedoch hält auch hier die Elektronik Einzug, und automatische Schranken können dann häufig nur noch per Kreditkarte bedient werden. Das Mitführen einer Kreditkarte ist im Reiseland Norwegen fast schon obligatorisch. Bei größeren mautpflichtigen Straßen oder Neubauprojekten, die so lange mautpflichtig sind, bis die Baukosten ausgeglichen wurden, wird oftmals das Kfz-Kennzeichen fotografiert. Es kann einige Wochen dauern, bis man eine Rechnung erhält, die man dann aber auch besser bezahlen sollte.

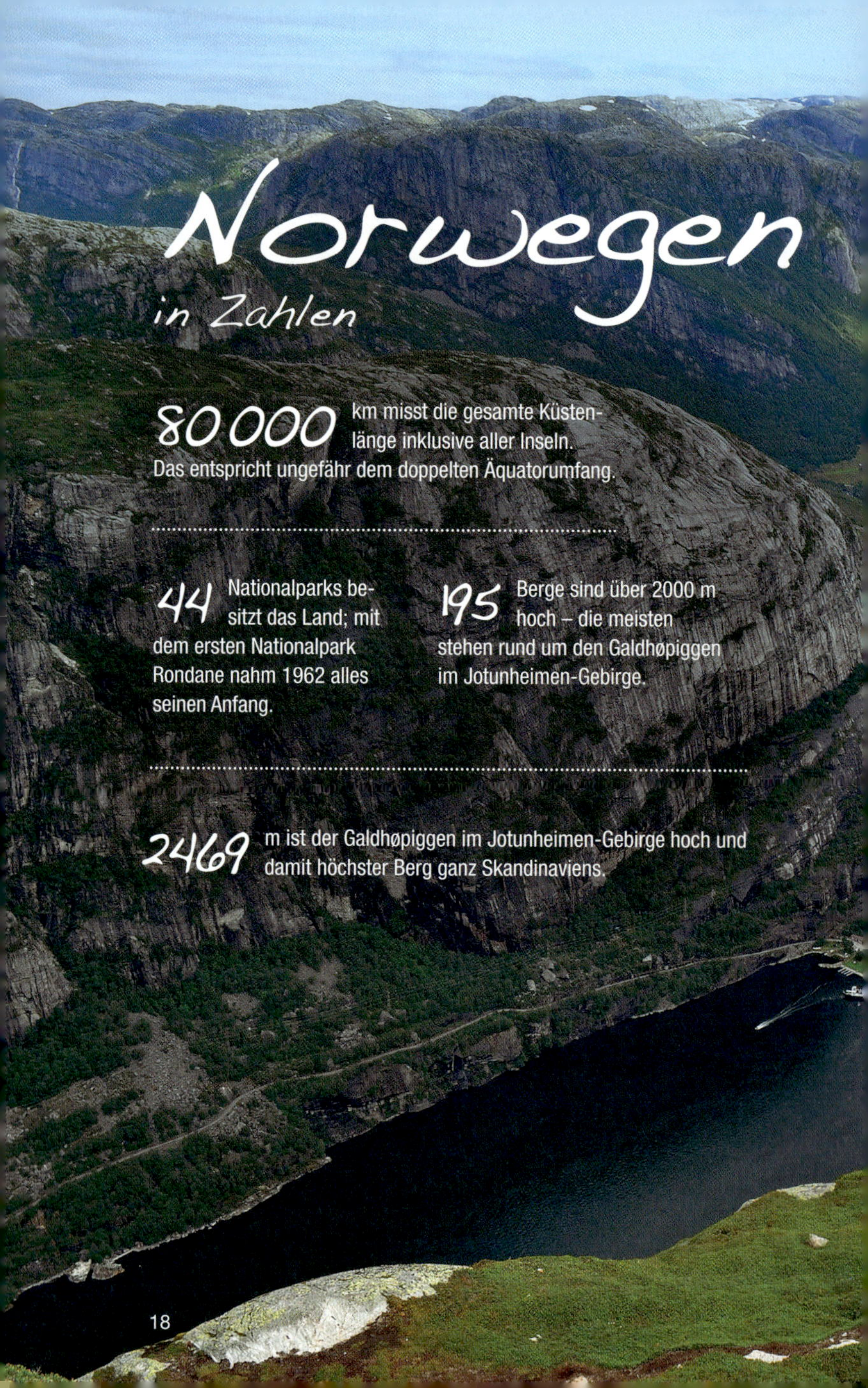

Norwegen
in Zahlen

80 000 km misst die gesamte Küstenlänge inklusive aller Inseln. Das entspricht ungefähr dem doppelten Äquatorumfang.

44 Nationalparks besitzt das Land; mit dem ersten Nationalpark Rondane nahm 1962 alles seinen Anfang.

195 Berge sind über 2000 m hoch – die meisten stehen rund um den Galdhøpiggen im Jotunheimen-Gebirge.

2469 m ist der Galdhøpiggen im Jotunheimen-Gebirge hoch und damit höchster Berg ganz Skandinaviens.

150 000 Inseln zählt Norwegen. Die meisten sind klein und unbewohnt. Die größte ist Spitzbergen.

13 Einwohner findet man je km². Im Vergleich dazu: In Deutschland leben 228 Personen pro km2.

601 km sind es von der Quelle bei Røros bis zur Mündung in den Oslofjord, die der längste Fluss des Landes, die Glomma, zurücklegt.

12 500 Jahre blickt man in der Besiedlungsgeschichte Norwegens zurück. Als das Eis wich, kamen Jäger und Sammler.

24 Std. lang sieht man die Sonne nördlich des Polarkreises und bis zu 3 Wochen am Stück – am Nordkap sind 76 Tage.

8 Welterbestätten stehen auf der Liste der UNESCO – 7 Kultur- und mit den westnorwegischen Fjorden 1 Naturerbe.

Vom Kjeragmassiv blickt man über 1000 m in die Tiefe nach Lysebotn (Tour 3).

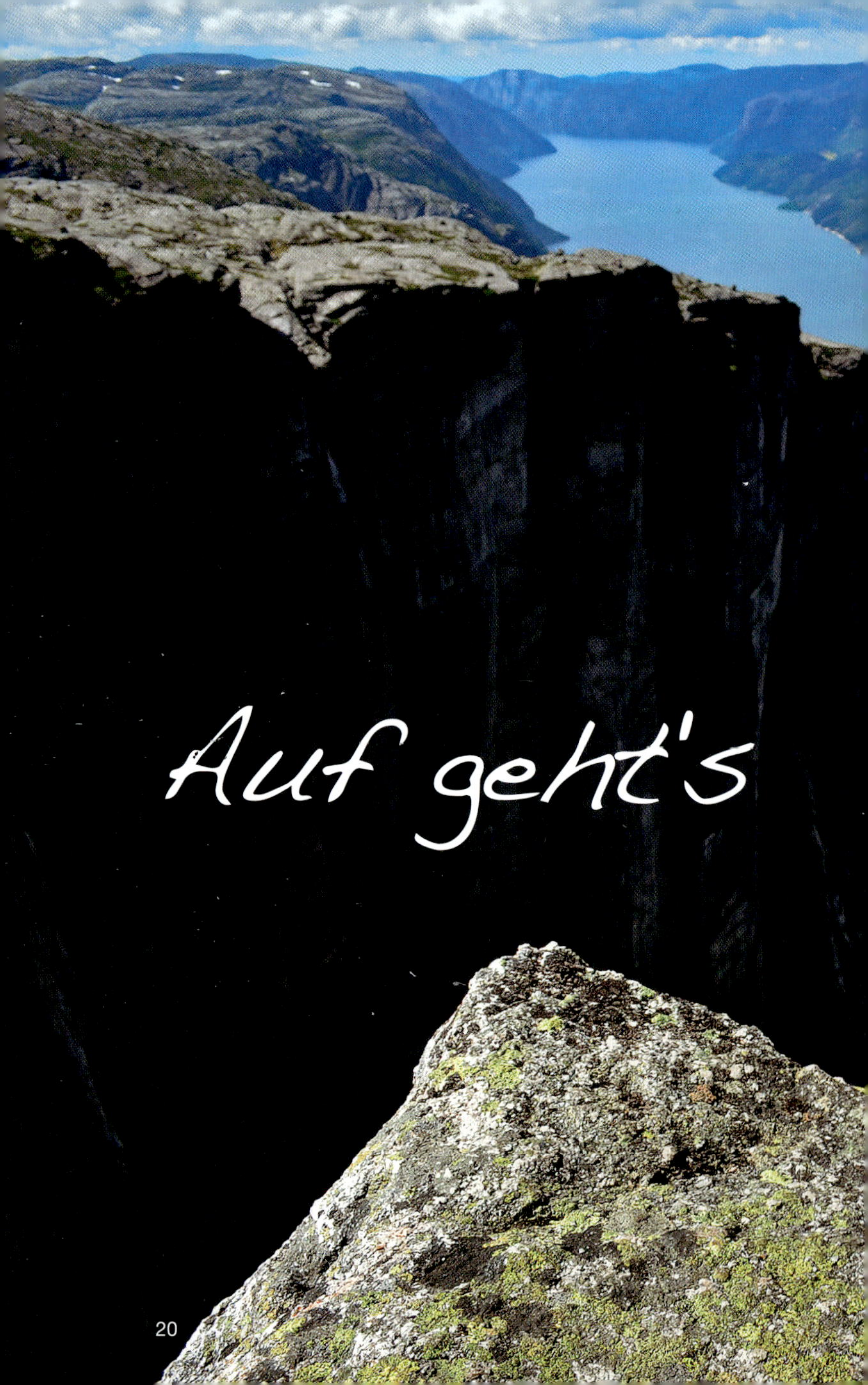
Auf geht's

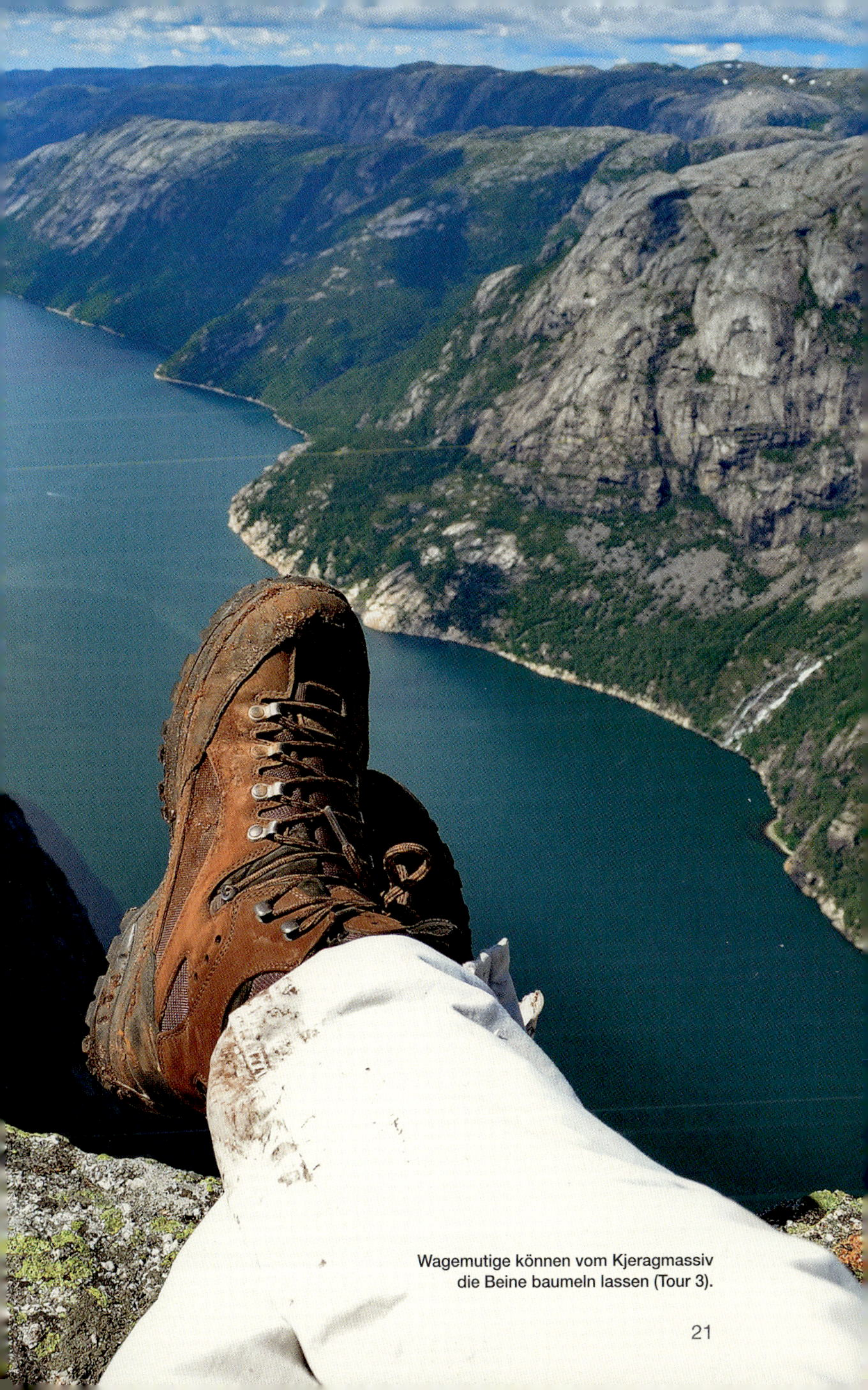

Wagemutige können vom Kjeragmassiv
die Beine baumeln lassen (Tour 3).

1 3:00 Std. 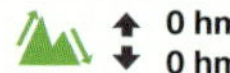 0 hm 0 hm 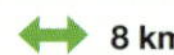 8 km    

In der Ognabucht

Brusand ist einer der schönsten Strände der Region Jæren und liegt in einem großen Küstenlandschaftsschutzgebiet. Unsere Tour führt durch abwechslungsreiche Landschaften, windstille Buchten und zur Felsenküste. Der lange Dünensandstrand bietet schöne Rast- und Bademöglichkeiten.

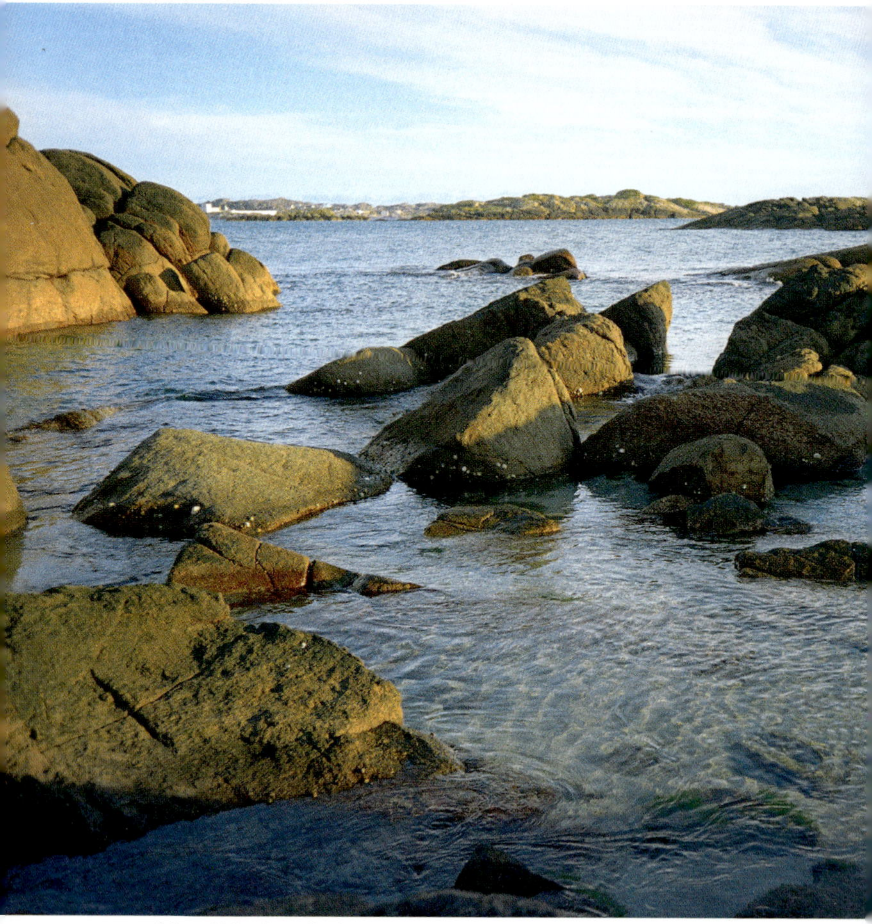

Felsen, kleine Strandbuchten und kristallklares Meerwasser südlich von Ogna

Der Wegverlauf

Vom Leuchtturm **Kvassheim Fyr** A starten wir unsere Tour in südliche Richtung an der Küste entlang. Den ersten Kilometer können wir gemütlich über einen mit Gras bedeckten Weg, parallel zu einem groben Rollkiesstrand wandern. Hier treffen wir auf frei umherlaufende, grasende Kühe. Anschließend geht der Kiesstrand in Sandstrand über. Nach ca. 1,5 Kilometer erreichen wir die Felsen von **Holmestø** 1 (1:00 Std.), in dem sich in windgeschützter Lage Bootshäuser befinden. Hier findet sich ein idealer Platz für eine erste Rast. Im Südwesten sehen wir auf die ca. 1,5 Kilometer entfernte Insel Raunen mit Leuchtturm und Haus. Nach Osten blicken wir auf den langen Sandstrand von Brusand. Von hier aus können wir über den Weg Richtung Norden zum Campingplatz mit Aussichtsstelle sowie auch zum Bahnhof gelangen. Wir setzen unsere Tour fort und überqueren bei der Brücke den Fluss von Brusand, der hier am Beginn des Strandes ins Meer mündet. Bei schönem Wetter treffen wir hier auf Badegäste vom nahe gelegenen Campingplatz und einem Ferienhüttendorf. Die Badegäste verlieren sich an diesem langen Strandabschnitt, sodass man hier ziemlich ungestört unterwegs ist. Bei einem Blick hinter den Dünen entdecken wir, wie so häufig an der norwegischen Küste, die Relikte des Atlantikverteidigungswalls aus dem Zweiten Weltkrieg. Die alten Panzersperren aus Betonsockeln werden hier von den Norwegern auch »Hitlerzähne« genannt.

Zum Ende des langen Sandstrandes mehren sich wieder die Badegäste, die aus Richtung des Campingplatzes Ogna kommen. Wer eine kleine Erfrischung oder eine Wegzehrung benötigt, bekommt dieses beim Kiosk vom **Ogna Camping** 2 (2:00 Std.). Östlich vom Campingplatz geht unsere Tour auf einem kleinen Fahr-

Freud & Leid

Die Wanderung ist schön einfach und dient als Einstieg für Touren in Norwegen. Doch wer bergige Herausforderungen sucht oder sie schon hinter sich gebracht hat, wird diese Tour nur als kleinen Spaziergang an der Küste empfinden. Daher ist die Wanderung eher etwas für Einsteiger oder für den späten Nachmittag nach dem Essen.

Wegbeschaffenheit
Unmarkierte Route an der Küste entlang, ab Ogna Camping Fahrweg bis Ogna

Ausgangspunkt
Leuchtturm »Kvassheim fyr« oder Bahnhof Brusand Stasjon
GPS-Koordinaten: 58.544521, 5.681211

Anfahrt
Mit den Zug von Stavanger/Kristiansand bis Brusand Stasjon, von dort zu Fuß ca. 3 km den Rv 44 nach Kvassheim. Per Auto den Rv 44 nehmen, abbiegen nach Kvassheim und am Leuchtturm parken

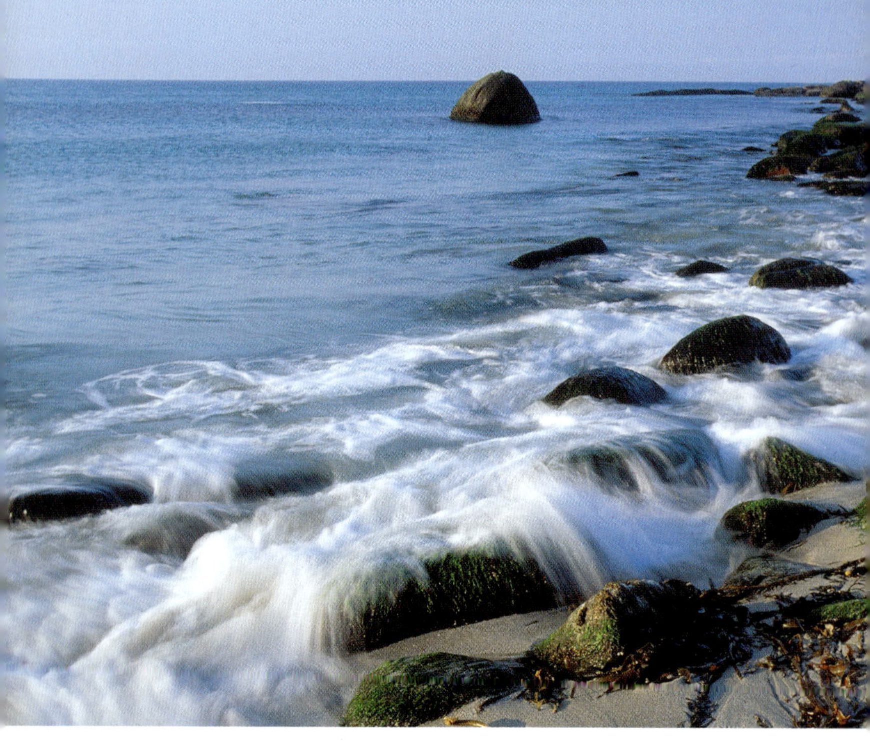

Raue Küstenlandschaft mit Bootshäusern bei Ogna

Wann: ______ Dauer: ______

Mit wem: ______

______

Und überhaupt: ______

______

______

weg weiter, der auch Teil des Nordsee-Radwanderweges »Nordsjøvegen« ist. Ab hier verändert sich die Landschaft und geht in hügeligeres Gelände mit vermehrten Felsen, kleinen Strandbuchten und Klippen an der Küste über. Diese Region wird Dalane genannt. Nach etwa einem halben Kilometer entfernen wir uns von der Küste, treffen auf die parallel verlaufende Bahnlinie und folgen dem Weg bis Ogna. Hier gehen wir unter der Bahnlinie hindurch und gelangen zum Bahnhof **Ogna Stasjon** **E** **(3:00 Std.)**. Von hier aus können wir mit dem Zug eine Station zurück bis Brusand fahren und von dort zu Fuß zurück nach Kvassheim gehen. Dabei wandern wir entweder den Rv 44 entlang oder über Holmestø und weiter an der Küste wie zu Beginn. Wer auf einem der Campingplätze übernachtet, wählt aus diesen Tourmöglichkeiten seine individuelle Route.

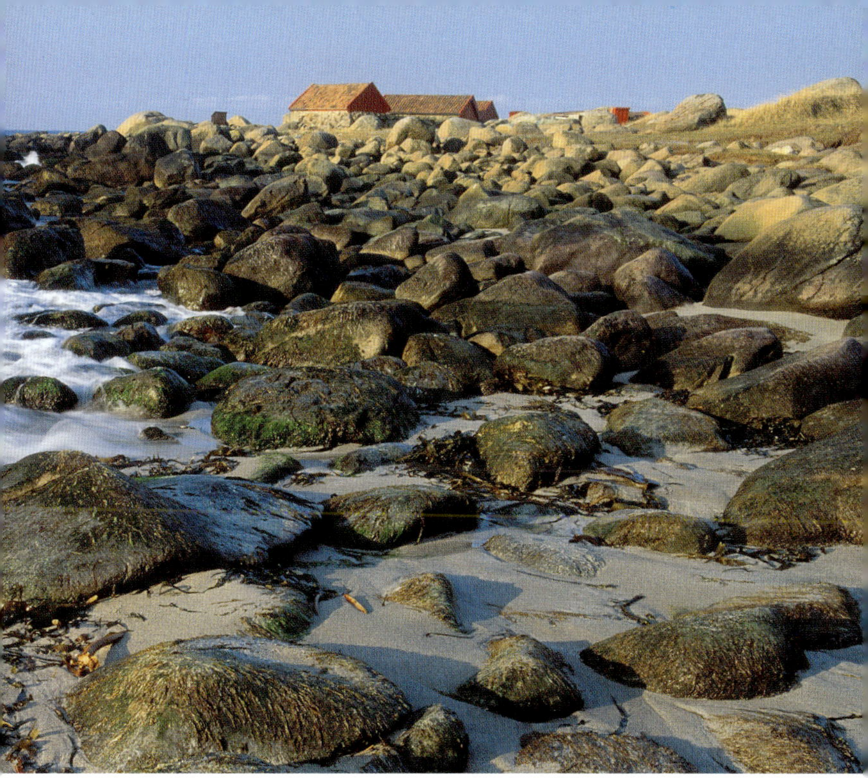

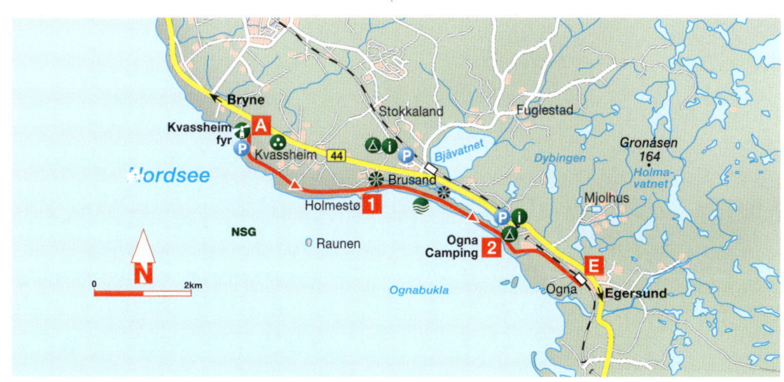

2 2:45 Std. ↑ 100 hm ↓ 100 hm ↔ 8,5 km  

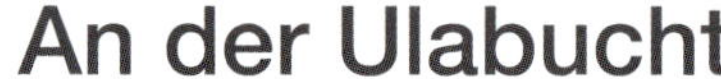

An der Ulabucht

Die Ulabucht, umsäumt von Laubmischwald, bezaubert mit ihren schönen Strandabschnitten und den runden Felsen. Dieser schöne Ort lädt uns zu einem entspannenden Strandspaziergang, zum leichten Wandern am Holtefjellet oder zum Verweilen und Baden ein.

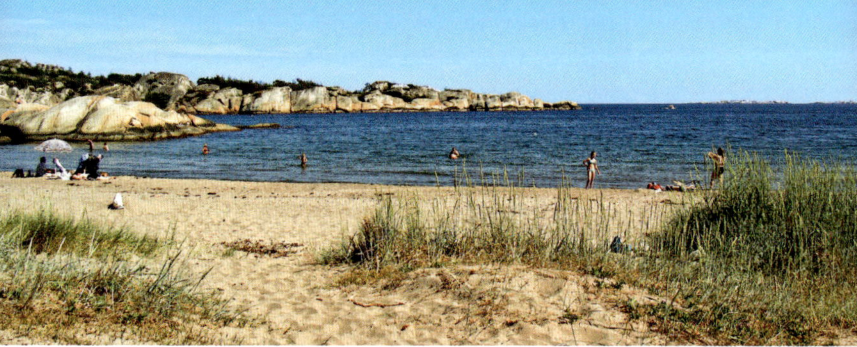

Baden in der großen Strandbucht von Ula

Der Wegverlauf

Die nachfolgend beschriebene Route kann beliebig variiert werden. Busreisende fahren bis zum kleinen Hafen von Ula und können von dort ihre Tour starten. Die Autoreisenden starten vom Waldparkplatz und gelangen im späteren Verlauf ebenfalls zum Hafen von Ula. Ist das Wetter sommerlich warm, sollte unbedingt der Tagesrucksack mit Bade- und Strandutensilien bestückt werden, bevor wir den **Waldparkplatz Ula** A zum Strand verlassen. Am Ende des Parkplatzes folgen wir dem Schild für den Rundweg »Rundløype Holtefjellet« mit blauer Markierung. Diese ist aktuell nicht mehr gut zu sehen, was aber für die überschaubare Strandtour unerheblich

Wegbeschaffenheit
Teilweise markierte/unmarkierte Pfade, Fahrwege sowie Strandabschnitte mit Fels

Ausgangspunkt
Hafenort Ula zwischen Larvik und Sandefjord (E 18, Rv 303)
GPS-Koordinaten: 59.026472, 10.180191

Anfahrt
Per Bus von Larvik/Sandefjord nach Ula oder per Auto den Rv 303 bis zur Abzweigung nach Ula. Kurz vor dem Ortseingang rechts zum Badeparkplatz in den Wald hinauf und gebührenfrei parken

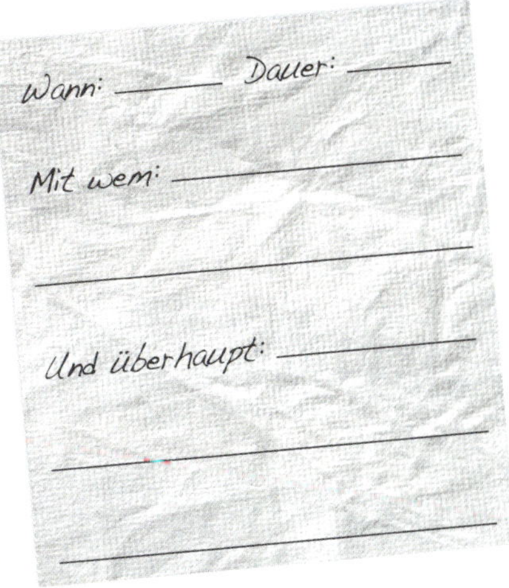

ist. Wir folgen dem sehr schönen Waldpfad, von dem auch private Hüttenzugänge abgehen, nach Süden hinunter. Zwischen den einst vom Meer geschliffenen Felswänden lädt der »Lykkestien« (Glückspfad) für einen kurzen Abschnitt zum Hüpfen über runde Trittsteine ein, während der übrige Weg mit schillerndem Schotter des weltberühmten blauen Granits »Larvikit« aus der Region präpariert ist. Nach ca. 10 Minuten gelangen wir zum öffentlichen Sanitärhaus für Bade- und Campinggäste und treffen unterhalb davon auf eine kleine geteerte Straße. Nach rechts eröffnet sich das Gelände des Campingplatzes unter einem lichten Kiefernwald. Nach links führt die Straße zur nahe gelegenen Rezeption mit Kiosk und Pub sowie im weiteren Verlauf zum Hafen von Ula. Geradeaus erstreckt sich, unmittelbar hinter einer mit Büschen, hohen Kiefern und Strandhafer bewachsen Düne, die

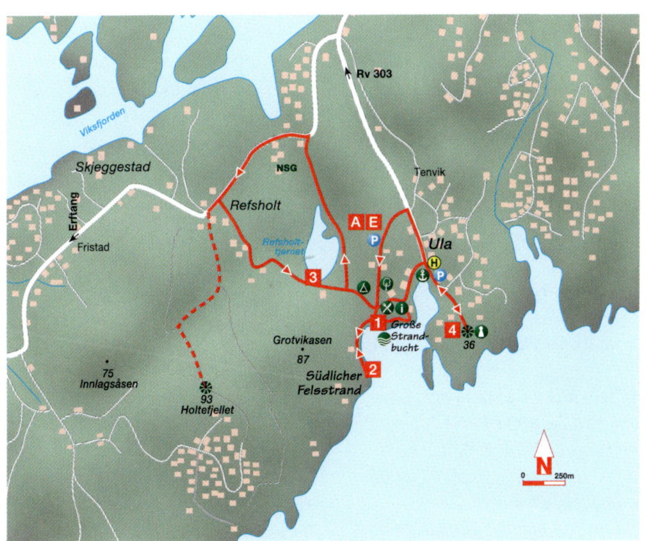

schöne **große Strandbucht** **1** **(0:15 Std.)** von Ula. Sie ist umsäumt von abgerundeten Felsen, auf die zu klettern viel Spaß bereitet und gleichzeitig die Möglichkeit bietet, die Gegend gut zu überblicken. Am Strand legen wir eine für Kinder und Erwachsene gleichermaßen vergnügliche Badepause ein.

Auch der weitere Tourverlauf lässt sich interessant variieren. Zum südlichen **Felsstrand** **2** **(0:35 Std.)** folgen wir dem Strandverlauf in dieser Richtung und gelangen über sehr groben Kies und Fels zu einer schönen Aussichtsstelle auf dem Felsen. Dort oben genießen wir den weiten Ausblick über das Meer, die vorgelagerten Inseln sowie auf die zurückliegende Sandstrandbucht von Ula. Zum Naturschutzgebiet des Sees Refsholttjernet, können wir eine ca. 3,5 km lange Rundtour unternehmen. Vom Strand folgen wir dazu dem Hauptweg westlich/nordwestlich über den Campingplatz, und vor der Schranke des Hinterausgangs geht es nach rechts ca. 150 Meter zwischen den Wohnwagenstellplätzen zum See, an dessen Ufer ein Pfad nach Norden zur Straße nach Erftang führt. Auf der Straße angelangt, geht es links weiter in Richtung Erftang und den zweiten Fahrweg nach ca. 1 km wieder links zurück zum **Refsholttjernet** **3** **(1:30 Std.)** und zum hinteren Zugang des Campingplatzes.

Als Abstecher bietet sich auf der Rundtour die örtlich höchste Erhebung, der Berg Holtefjellet (93 m) an, der mit herrlicher Aussicht über den Küstenverlauf lockt. Dazu folgen wir wieder den blau markierten

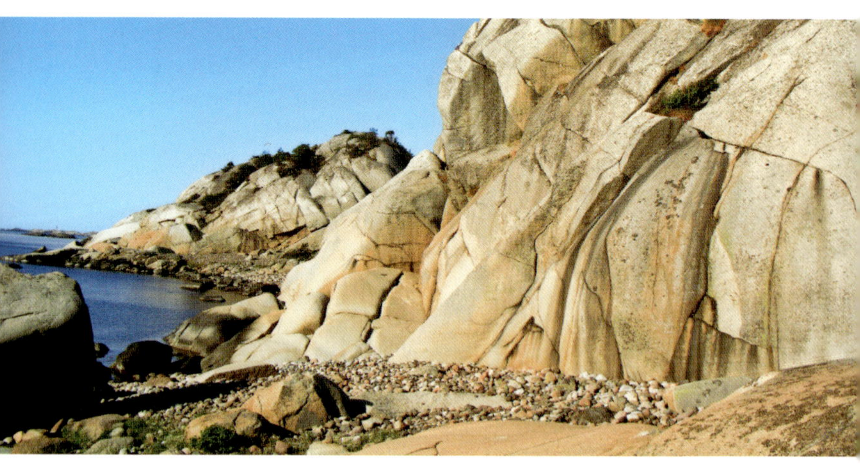

Die gerundeten, von der Sonne erwärmten Felsen am Südstrand

Pfad, der auf der hinteren Zuwegung zum Campingplatz nach rechts in ein lichtes Seitental abzweigt.

Wieder an der großen Strandbucht, folgen wir dem Strandverlauf in östliche Richtung und gelangen über die runden Felsen zu einer zweiten, kleineren Sandbucht. Dahinter erschließt sich eine Wiese und links davon die Rezeption des Campingplatzes mit Einkehrmöglichkeit. Von hier aus gelangen wir wieder auf die kleine Straße, die wir nun zunächst östlich, dann nördlich zum Hafen Ula weitergehen. Kurz bevor sich die Straße zwischen den Häusern hindurchschlängelt, treffen wir auf eine Merktafel, die auf eine sehr interessante geschützte geologisch-mineralische Besonderheit am rechten Rand der Straße hinweist. Am Hafen von Ula gehen wir zur Straße auf der anderen Hafenseite und folgen dem Straßenverlauf bzw. anschließend der Beschilderung zum bereits in der Ferne zu sehenden Denkmal **Ulabrand** 4 (2:15 Std.). Der kurze Fußweg führt leicht hinauf auf die vorgelagerte Felsküste von Ula. Die Steinstatue wurde 1932 von Hans Holmen geschaffen und erinnert an Anders Jacob Johansen (1815–1881) aus Ula, der den Kosenamen »Ulabrand« hatte. Der berühmte Lotse sorgte zur damaligen Zeit unter Einsatz seines Lebens dafür, dass die Seeschiffe auch bei stürmischstem Wetter stets in sichere Fahrwasser und Häfen gelangen – bis er schlussendlich in einem Herbststurm im Jahre 1881 ums Leben kam. Zurück am Hafen gehen wir nach Norden zum Ortsausgang und bis zur Abzweigung, die uns zurück zum **Waldparkplatz** E (2:45 Std.) führt.

Freud & Leid

Auch bei dieser Wanderung sollte man keine spektakulären Landschaftsformationen erwarten. Dafür ist man aber stellenweise an einem Sandstrand unterwegs, was für die Schärenküsten in Skandinavien ja bereits als ungewöhnlich bezeichnet werden kann. Die Wanderung macht Spaß, ist aber eher etwas für zwischendurch, wenn man sowieso in der Nähe ist.

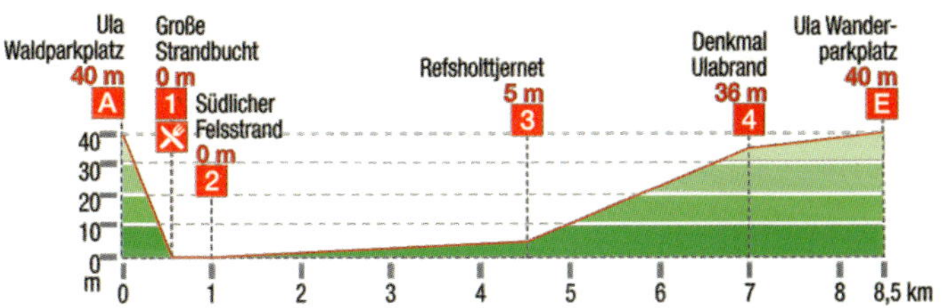

3 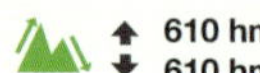 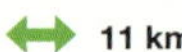 ↑ 610 hm ↓ 610 hm ↔ 11 km     

5:00 Std.

Zum Kjerag am Lysefjord

Das Kjeragmassiv ist bekannt als eines der fantastischsten Wandererlebnisse in Norwegen. Die Bergflanken des Kjerag fallen 1000 Meter senkrecht zum 40 km langen Lysefjord ab. Auf dem eingekeilten »Kjeragbolten« an einem Felsspaltenabgrund zu stehen ist der besondere Nervenkitzel.

Der Wegverlauf

Vom **Parkplatz Øygardstølen** A starten wir unsere Tour und schauen auf die Infotafel, die neben dem anspruchsvollen Höhenprofil auch eine kurze Routenbeschreibung und wichtige Wanderhinweise auf Deutsch beinhaltet. So wird auf gutes Wanderschuhwerk hingewiesen – insbesondere bei Nässe kann der Fels an manchen Stellen rutschig sein. Bei vereistem Fels, bei Nebel, sehr starken Winden sowie mit Kleinkindern wird von einer Wanderung zum Kjerag abgeraten. Diese Tour ist als

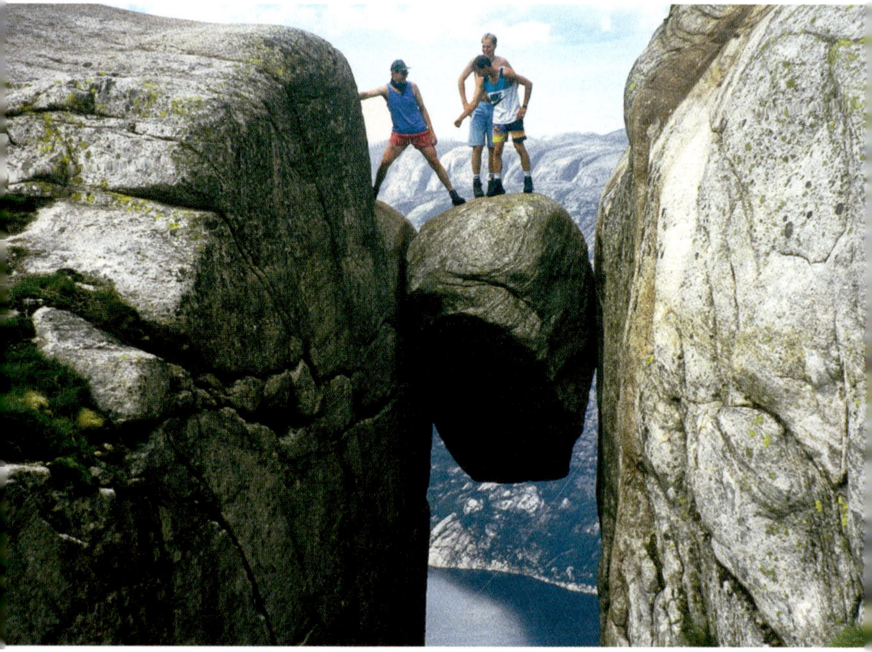

Am Kjeragbolten, einem beliebten Wanderziel, steht man spektakulär über dem Abgrund.

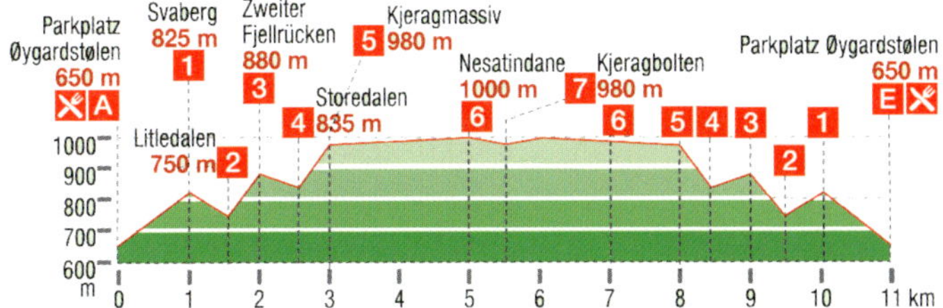

»mittelschwere Tour« eingestuft. Dieses bezieht sich auf die Tourlänge insgesamt. Die drei kurzen, aber sehr steilen Anstiege jedoch erfordern Trittsicherheit und Schwindelfreiheit, sodass diese Abschnitte auch als »schwierige Tour« angesehen werden können. Erfahrungsgemäß bietet diese Wanderung bei gutem Wetter das schönste Erlebnis. Daher unbedingt den Wetterbericht für die Region verfolgen. Wenige Minuten von der Infotafel entfernt, erhebt sich ein steiler Berg aus grobem, bei Trockenheit sehr griffigen Granit, der an seinen steilsten Stellen mit den Überresten eines früheren Kettenhandlaufs versehen ist. Bereits auf halber Höhe dieses Berges eröffnet sich ein herrlicher Blick über Øygardstølen hinunter in das Fjordtalende nach Lysebotn. Oben auf dem **Svaberg** 1 (0:30 Std.) angekommen, geht es auch schon wieder hinunter in das Litledalen, ein kleines grünes Tal mit idyllischem See und moorigem Untergrund. Nach der Bachüberquerung geht es vom **Litledalen** 2 (0:45 Std.) auch gleich wieder steil den Hang zu einem Bergrücken hinauf, wobei wir auf diesem Wegabschnitt Fels, lose Gesteinsmasse und Ketten zur Sicherung vorfinden. Oben auf diesem **zweiten Bergrücken** 3 (1:15 Std.) angelangt, geht es leicht weiter anschließend ca. 50 Höhenmeter wieder hinunter in das hier schmale Tal **Storedalen** 4 (1:30 Std.). Wir überqueren den Bach. Hier im Tal zweigt auch eine Wanderroute in Südwestrichtung zur DNT-Hütte am Langavatnet ab. Wir folgen dem Wanderweg westwärts zum Kjerag, abermals einen Bergrücken hinauf, der ähnliche Wegqualitäten aufweist, wie die bereits zurückgelegte Strecke. Gewaltige Ausblicke

Freud & Leid

Der Kjeragbolten ist ein Highlight in Südnorwegen. Kein Wunder, ein Felsen, der zwischen zwei Felswänden steckt und darunter 1000 m Abgrund, das ist schon etwas Besonderes – hat aber auch zur Folge, dass man diese Wanderung ganz sicher nicht allein genießen kann und man mit vielen anderen Begeisterten auf dem flachen Kjeragmassiv unterwegs ist.

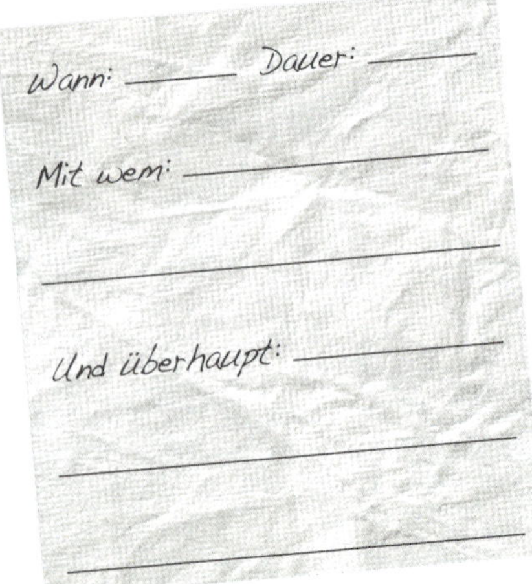

hinunter zum Lysefjorden begleiten unseren Weg. Oben am Bergrücken des **Kjeragmassivs** **5** (2:00 Std.) angekommen, geht es überwiegend flach weiter über blank poliertes Granitgestein, das übersät ist mit vielen kleinen Steinen oder größeren Felsen. Kleinere Felseinschnitte sind noch die letzten Hindernisse auf dem Weg **zum Bergflankengipfel Nesatinden** **6** (2:45 Std.).

Der flache Gipfel ist mit einem großen Steinmann/-Haufen (norw. »Steinvarde«) versehen. Unweit der Varde befinden sich die steilen Bergflanken und ein fantastischer Ausblick über den gewaltigen Lysefjord. Bei gutem Wetter kann man hier stundenlang die Aussicht genießen. Einige Wanderer suchen hier entlang der steilen Bergflanke nach dem spektakulärsten Fotostandpunkt. Extremsportler bekommen hier ihren Kick beim Klettern sowie beim sog. Basejumpen bzw. Skydiven (das Springen oder noch verrückter, mit dem Mountainbike fahrend, von der Felskante mit Fallschirm in den Abgrund). Unfälle

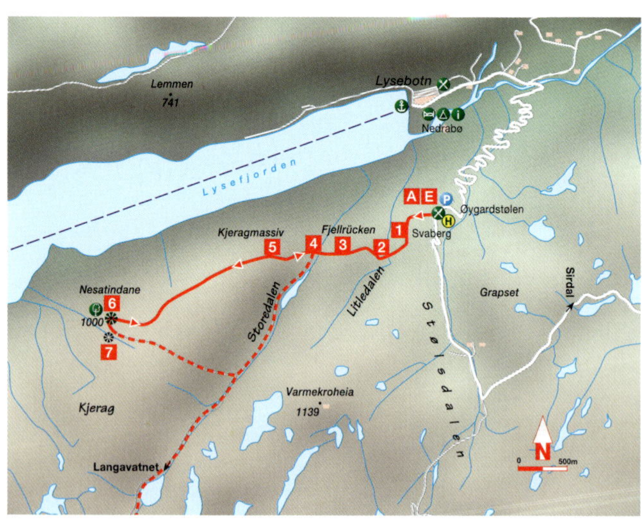

durch unberechenbare Winde sorgten immer wieder für Schlagzeilen. Eine der Hauptattraktion, der eingekeilte Granitfels **Kjeragbolten** 7 (3:00 Std.), der sich ca. 300 Meter weiter südlich vom Nesatinden (Wegweiser) befindet, wurde in Norwegen öffentlich kritisiert. Es entstand eine Diskussion darüber, ob mit derart lebensgefährlichen Bildern Tourismuswerbung betrieben werden sollte. Sie endete damit, dass weiterhin jeder Wanderer frei entscheidet. Somit finden wir dort vergeblich uns sonst so vertraute Schilder wie »Betreten verboten«. Durch eine dauerhaft vereiste Rinne mit Schmelzwasser hat sich hier eine ca. 2 Meter breite und ca. 10 Meter lange Felsspalte gebildet. Der obere Teil des Felsens ist nicht verwittert, jedoch das darunterliegende Gesteinsmaterial. Von der Westseite kann der Bolzen mit einem gewagten Schritt begangen werden, er liegt nervenkitzelnd frei über dem sehr tiefen Geröllabgrund. Zurück geht es entweder auf der gleichen Route oder als Variante oberhalb der Schmelzwasserrinne Richtung Südost über das Kjeragmassiv und hinunter in das Storedalen.

Hier gehen wir die erwähnte Route Langavatnet entgegengesetzt nordöstlich bis zum Wegverlauf des Hinwegs und von dort zurück zum Parkplatz **Øygardstølen** E (5:00 Std.). Im »Adlerhorstgebäude« Restaurant Øygardstølen können wir einkehren und letzte Aussichten vom Felshang genießen.

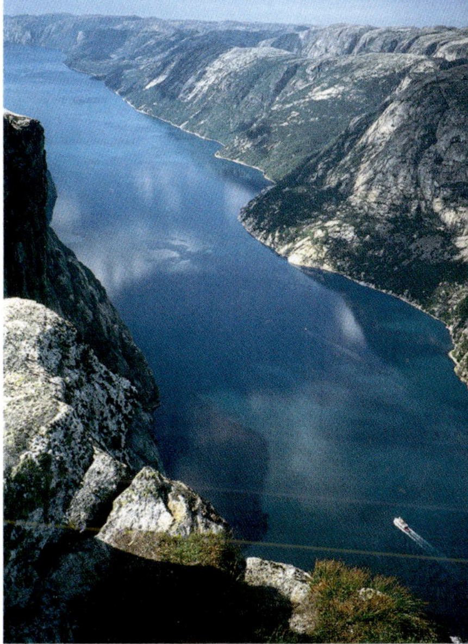

Blick vom Nesatinden über den 40 km langen Lysefjord

Wegbeschaffenheit

Markierte Bergroute überwiegend auf griffigem Granitfels, mit 3 steilen Anstiegen

Ausgangspunkt

Parkplatz Øygardstølen (gebührenpflichtig) südlich Lysebotn oberhalb der Serpentinenstraße. Kostenlose Parkmöglichkeit auch 10 Spitzkehren weiter unterhalb (2 km Fußmarsch auf steiler Straße).
GPS-Koordinaten: 59.045679, 6.651284

Anfahrt

Von Stavanger/Sandnes (E 39) mit der Som-merbusroute/Fähre/Auto nach Lysebotn/Øygards-tølen. Oder per Auto via Sirdal Richtung Lysebotn und bei Øygardstølen parken.

4 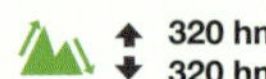 2:45 Std. 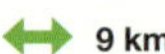 ↑ 320 hm ↓ 320 hm ↔ 9 km 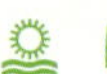   

Zum Preikestolen am Lysefjord

Der Preikestolen, Touristenziel seit über 100 Jahren, ist Norwegens bekannteste Aussichts-»Kanzel«. Ca. 600 Meter hoch thront der markante, senkrecht abfallende Fels oberhalb des Lysefjords und bietet vom schwindelerregenden Felspodest fantastische Ausblicke bis nach Lysebotn.

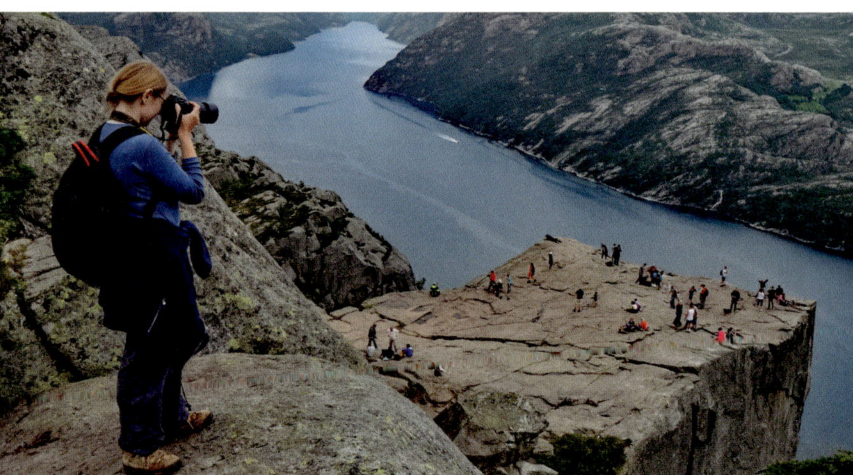

Blick von oben über das Felspodest Preikestolen zum Lysefjord

Der Wegverlauf

Am großzügig angelegten und gebührenpflichtigen **Parkplatz Preikestolen** **A** beginnen wir unsere Wanderung. Schätzungsweise 1000 Touristen pro Tag, also jährlich ca. 120 000 Besucher, zieht es auf den Preikestolen und seine schöne Umgebung am sehenswerten Lysefjord. Besonders attraktiv ist die relativ kurze Gehzeit zur Kanzel. Das war nicht immer so, denn seit den 1990er-Jahren hat man die Wege kontinuierlich verbessert, den Parkplatz erheblich vergrößert sowie Einkehrmöglichkeiten, Kiosk, Souvenirladen u. a. für den Besucherstrom ausgebaut. Wen wundert es da, wenn manche Touristen sich an Sonntagen in ihren feinen Ausgehschuhen und -kleidern auf den Weg machen, der spätestens am grobsteinigen Geröllfeld strapaziös wird.

Bereits vom Parkplatz an geht es auf geschottertem, Zickzack verlaufendem Weg steil bergauf. Wander- oder Trekkingschuhe sind bereits hier eindeutig die bessere Wahl. An heißen Sommertagen spendet der lichte Mischwald angenehmen Schatten. Nachdem wir die ersten knappen 100 Höhenmeter hinter uns haben, erreichen wir einen mit Natursteinplatten versehenen Weg. Nach links führt dieser zur Zufahrtsstraße, zwei Kurven oberhalb des Parkplatzes. Wir setzen jedoch unseren Weg nach rechts in südöstlicher Richtung fort. Schon bald erreichen wir einen Rastplatz mit schöner Aussicht über den See Revsvatnet, im Tal unterhalb des Parkplatzes. Auf meist felsigem Untergrund geht es kontinuierlich weiter bergauf, und wir erreichen vor einem sumpfigen Gebiet den **Abzweig Troppevatn** 1 (0:30 Std.). Schmale Holzstege erleichtern nun das Weiterkommen über Wasser und Sumpfpflanzen. Die ersten Frühaufsteher, die bereits oben waren, kommen uns hier schon auf ihrem Weg zurück entgegen, sodass wir uns auf der Suche nach einem trockenen Stegplatz arrangieren müssen. Nach dem Sumpf wartet die eigentliche Herausforderung des Weges. Im groben Geröllfeld des Lammatoknuten müssen wir von Fels zu Fels steigen oder an manchen Stellen auch mit den Händen klettern. Jeder Wanderer sucht sich hier seine eigene Route, die sicheren Wanderer, besonders die Trailrunner, überholen in diesem Terrain geschwind die etwas unbeholfen ausschauenden Sonntagsausflügler. Oberhalb des Geröllfeldes können wir die gesamte Berglandschaft überblicken. Kräftiger Wind macht sich hier oben in der kargen Felslandschaft bei den verschwitzen Wanderern oft unangenehm bemerkbar. Von hier aus gelangen wir zum nächsten **Abzweig Neverdalen** 2 (1:00 Std.). Dieser Weg führt

Freud & Leid

Der Preikestolen ist der Klassiker unter den norwegischen Wanderzielen. Das merkt man schon am überdimensionalen, kostenpflichtigen Parkplatz. Besonders junge Leute haben ihre Freude daran, schnellstmöglich auf der Predigerkanzel anzukommen und sich mit einem Selfie zu verewigen. Aber verpassen sollte man den Preikestolen deswegen ganz sicher nicht.

Wegbeschaffenheit
Markierter, z. T. gut ausgebauter Wanderweg, Geröllfeld, Felspassagen an Steilhängen

Ausgangspunkt
Parkplatz Preikestolen, ca. 10 km südlich Jørpeland (Rv 13)
GPS-Koordinaten: 58.991734, 6.138174

Anfahrt
Von Stavanger per Fähre nach Tau, dort mit der Sommerbusroute zur Preikestolen Fjellstue. Per Auto den Rv 13 Richtung Jørpeland (Fähre Lauvvik-Oanes) und zur Preikestolen Fjellstue abbiegen

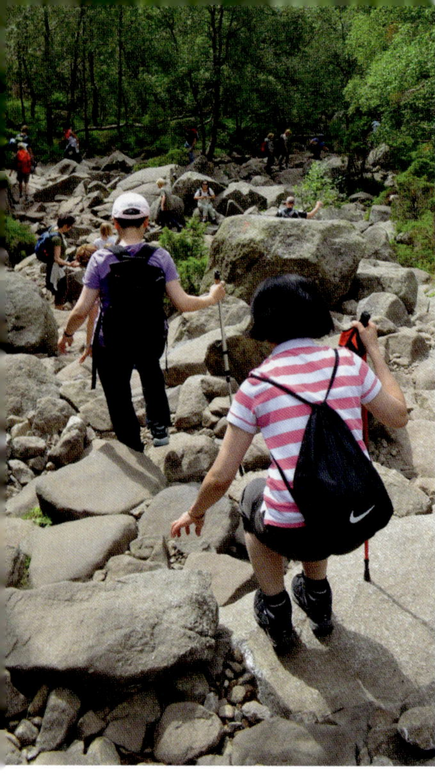

Über diese gewaltigen Steine geht es zum Preikestolen.

Wann: ______ Dauer: ______

Mit wem: ______

Und überhaupt: ______

an alten verlassenen Berghöfen vorbei bis hinunter zum Fähranleger Bratteli am Lysefjord. Dort verkehrt im Sommer die Lysefjordfähre. Damit ist die Route auch für alle Wanderer interessant, die den Preikestolen sowohl von oben als auch von der Fjordfähre aus sehen wollen. Wir setzen unseren Weg fort zum Preikestolen und wandern oberhalb eines steil abfallenden Talhanges hinein in hügeligeres Felsterrain mit kleinen Seen, die im Sommer zu einer Badepause einladen. Anschließend nähern wir uns nochmals dem steilen Talabhang weiter östlich und passieren diesen sicher mithilfe von Holzbrücken. Schließlich führt der Weg allmählich in südliche Richtung, und wir gelangen an die Felskanten des Lysefjords. Auf einem schlanken Felsband geht das letzte Wegstück nun immer an der Steilkante entlang aufwärts zum **Preikestolen** **3** **(1:30 Std.)**. Wir sehen schon die Wagemutigen, die mit baumelnden Beinen am äußersten Rand der Felsplattform sitzen oder sich stehend bis zur Kante vorgewagt haben. Wer noch weiter auf der Bergseite hinaufsteigt, kann sich einen Ausblick auf den Preikestolen aus südwestlicher Richtung verschaffen. So sehen wir professionelle Kletterer, die sich vom Gipfel abseilen und wieder hinaufklettern. Frühaufsteher, die ihre Yogastunde dort bei Sonnenaufgang verrichten oder Musiker, die ein Konzert auf der Kanzel geben. Die fan-

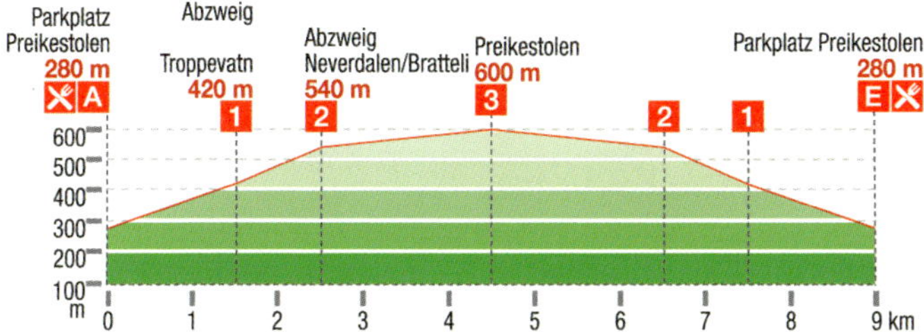

tastische Fjordkulisse trägt ihren Teil dazu bei, gutes Wetter vorausgesetzt. Oftmals ist mit Nebelwolken vom Fjord zu rechnen, die erst zur Mittagszeit emporsteigen und das Lysefjordpanorama freigeben. Zurück gehen wir den gleichen Weg zum **Parkplatz Preikestolen** E **(2:45 Std.)**. Wer sich bei sommerlichem Wetter nach einer Bademöglichkeit sehnt, sollte unbedingt südlich vom Parkplatz zum schönen Sandstrand des Revsvatnet hinuntergehen. Wenige Hundert Meter vom Parkplatzrummel entfernt erlebt man hier ruhige, idyllische Natur mit angenehmem Badewasser. Diesen Platz nutzen sonst nur Ortskundige.

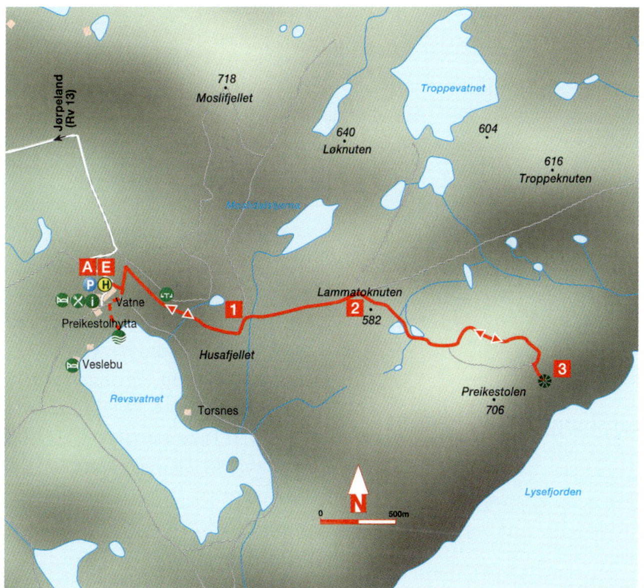

5:30 Std. 430 hm 430 hm 13,5 km

Flößergeschichte am Rauacanyon

Sehenswerte Kulturgeschichte, wilde Natur und märchenhafte Landschaft erwarten uns in diesem Teil der Telemark auf der spannenden, touristisch unbekannten, auch für Familien geeigneten Tour. Am Ufer des 35 km langen, fjordähnlichen Sees Tinnsjå entdecken wir die Strandbucht Sandvika.

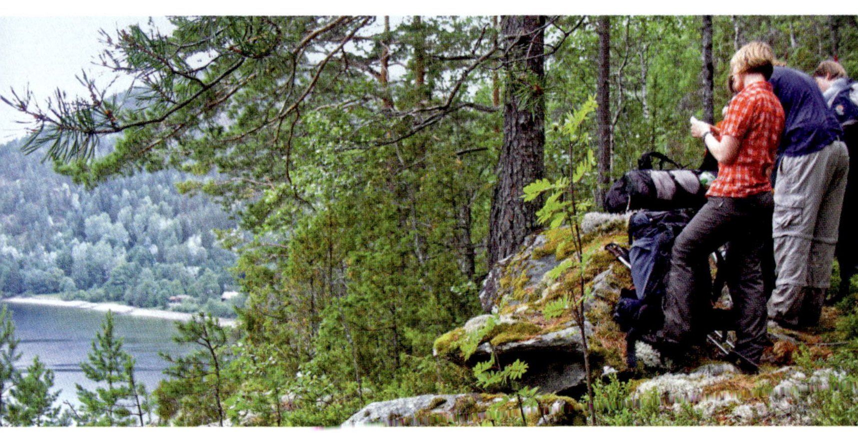

Auf dem Pfad oberhalb des Tinnsjå zur Bucht Sandvika (links)

Wegbeschaffenheit
Markierte und unmarkierte Waldpfade auf zum Teil felsigem Grund

Ausgangspunkt
Parkplatz Dammen/Fløytningsminne, ca. 10 km südlich Hovin (Fv 364)
GPS-Koordinaten: 59.768715, 9.061447

Anfahrt
Per Rjukanbus, dann Taxibus Richtung Hovin (Fv 364) bis Wegweiser »Fløytningsminne«. Dort ca. 2,5 km zu Fuß bis zum Parkplatz. Für Autofahrer auf den Fv 364, Hinweisschild 1 km vor dem Abzweig

Der Wegverlauf

Vom **Parkplatz Dammen** **A** am Flößerdenkmal (norw. Fløytningsminne) starten wir und gehen den beschilderten und markierten Pfad durch jungen Laubwald hinunter bis zur Pfadkreuzung. Statt zum alten handbearbeiteten Staudamm Dammen nach links zu gehen, setzen wir unsere Route nach rechts zum Rauatunnelen, Rauatangen und Sandvika fort. Wenige Meter weiter gelangen wir an einem recht glatten Fels zu einem Bachlauf, der je nach

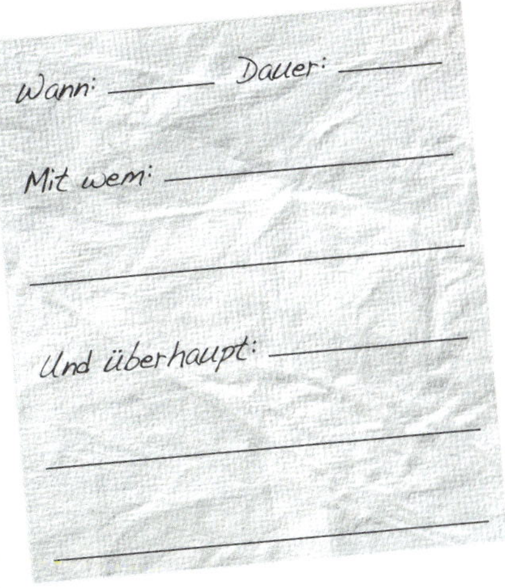

Regenmenge der vorherigen Tage unterschiedlich viel Wasser führt. Diesen überqueren wir vorsichtig an geeigneter Stelle. Danach folgen wir dem Flusslauf der Raua, an deren Ufer die Nagespuren der Biber an den Birken schön zu sehen sind. An einer weiteren Weggabelung gehen wir links weiter am Fluss entlang. Schon bald bewegen wir uns auf einem befestigten Steinufer mit Handlauf und sehen weitere Steinwälle und Konstruktionen im Fluss aus der Flößerzeit vor uns. Das Rauschen wird lauter, und links neben uns strömt ein Teil des Flusswassers zunächst durch einen künstlichen Kanal, dann den **Tunnel Rauatunnelen** **1** **(0:20 Std.)** hinunter. Weiter oben auf der mit Geländer versehenen Aussichtsstelle können wir auf den kräftigen Wasserfall Rauafossen blicken. Bereits am Parkplatz und hier am Standort sind mehrere Schautafeln auf Norwegisch angebracht und erzählen von der Flößerei, die hier vom Mittelalter bis Ende der 1960er-Jahre betrieben wurde. Da der Wasserfall die Baumstämme oft zerbrach, baute man parallel zum herabstürzenden Wasser zunächst eine Holzrinne. Den Felsdurchbruch für die damalige Rinne können wir noch heute sehen. Da diese Holzrinne jedoch im Lauf vieler Jahrzehnte ständig erneuert werden musste, trieb man mittels des zu Beginn des 20. Jahrhunderts aufgekommenen Dynamits parallel zum Wasserfall einen Tunnel durch den Berg. Der Tunnelauslauf sowie der 42 Meter

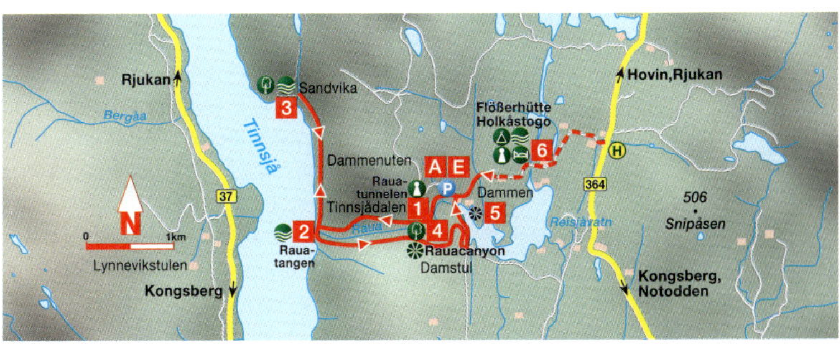

lange Wasserfall können auf einer geführten Tour, mit weiteren Erzählungen (siehe Tipp), auf unmarkiertem Weg hinunter in die sehr steile Schlucht besichtigt werden.
Wir setzen unseren Weg von der Aussichtsstelle nach oben fort und gelangen nach ca. 100 Metern auf den rot markierten Hauptwanderpfad zur Sandvika, dem wir nach links in westlicher Richtung weiter folgen. Der Pfad führt zunächst durch bewaldetes, leicht hügeliges Terrain im Tinnsjådalen, oberhalb des Rauacanyons. Nach einer offenen Forstfläche gelangen wir wieder näher an die Schlucht, und der alte Flößerpfad folgt der Schlucht abwärts bis kurz vor der Mündung der Raua in den Tinnsjå, zu Norwegisch **Rauatangen** **2** **(1:00 Std.)**. Bevor wir der Beschilderung Sandvika folgen, gehen wir den Flusslauf bis zum Tinnsjå weiter und gelangen an die felsige Flussmündung, mit Blick auf den See und die Sandvikabucht im Norden. Von hier wurden damals die Baumstämme zusammengerafft und per Boot bis zum Auslauf des Tinnsjå geschleppt. Von dort ging es das Gewässernetz rund 150 Kilometer weiter abwärts bis nach Skien zur Küste. Für eine mögliche Rundtour über die andere Schluchtseite lohnt es sich, nach Trittsteinen an der Mündung für eine Flussüberquerung Ausschau zu halten. Bei Hochwasser ist eine Überquerung jedoch nicht möglich.
Wir setzen den Weg zur Sandvika fort und gehen ansteigend am bewaldeten, teils steilen Berghang oberhalb des Sees nordwärts. Der Blick auf die Natur und die Aussicht zum See ist ein Genuss. Zum Ende geht es auf dem Pfad wieder abwärts, und wir erreichen die schöne, seichte Sandstrandbucht **Sandvika** **3** **(2:00 Std.)**. Hier stehen verlassene Farmgebäude in einem verwilderten Garten. Je nach Wasserstand des großen Sees ist

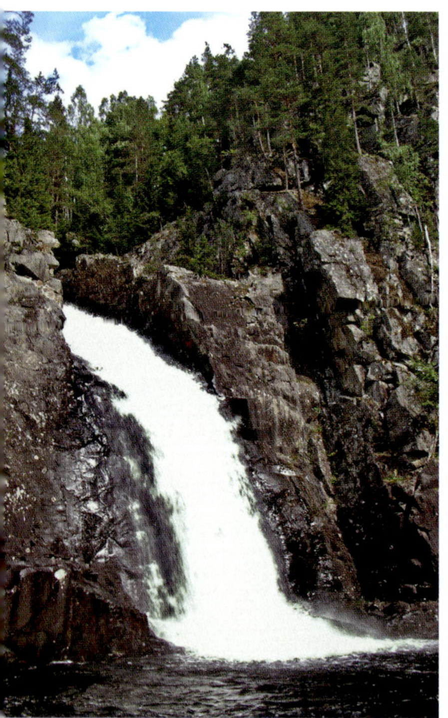

Der Wasserfall Rauafossen in der Rauaschlucht

mehr oder weniger Strand vorhanden, der, trotz kühlen Wassers, zum Baden einlädt. Zurück geht es zur Rauatangen und von hier entweder auf gleichem Wege zurück zum Parkplatz, oder wir überqueren die Raua für eine Rundtour. Auf der anderen Seite befindet sich eine private Hütte. Von dort führt ein unmarkierter, aber gut sichtbarer Pfad in östliche Richtung die Schlucht hinauf. Fast oben angelangt, verbreitert sich der Pfad zum Traktorweg, und schon bald nach einer Wegbiegung erreichen wir in einem lichten Kiefernwald einen Aussichtspunkt über den **Rauacanyon** 4 (4:10 Std.). Die Felsen fallen hier über 100 Meter senkrecht zur Wasserfallschlucht ab. Wir folgen dem Traktorweg hinunter zum See Reisjåvatn und gehen am Ufer nördlich entlang, vorbei an der Hütte Damstul zum Steindamm **Dammen** 5 (4:30 Std.) von 1898. Nach dem zweiten Wasserdurchlass befindet sich links eine Schautafel über den Vorgang des Flößens am Damm. Von der Schautafel aus gehen wir nordwestlich über einen Bachlauf zum wenige Meter entfernten markierten Pfad, der an der nächsten Kreuzung hinauf zum Parkplatz Dammen führt. Von hier gehen wir den Zufahrtsweg 1,5 km ostwärts zur **Flößerhütte Holkåstogo** 6 (5:00 Std.). Die kleine rote Hütte ist Teil des geschützten Flößerdenkmals. Sie liegt direkt am Weg neben der Brücke über den Fluss Holkåe und diente den Flößern als Unterkunft, während sie die Stämme durch diese enge Passage flößen mussten. Im Schaukasten der Hütte befindet sich eine Flößerkarte des Einzugsgebiets. Die Hütte kann heute von Wanderern gemietet werden. Von hier geht es wieder zurück zum **Parkplatz Dammen** E (5:30 Std.).

Freud & Leid

Wo Licht ist, ist auch Schatten. Oder anders ausgedrückt: Wo viel Wasser ist, ist es durchaus auch schon mal glatt und rutschig. Sowohl auf dem Waldweg als auch auf dem felsigen Untergrund sollte man bei Regen bzw. kurz nach Regengüssen ein wenig vorsichtiger unterwegs sein.

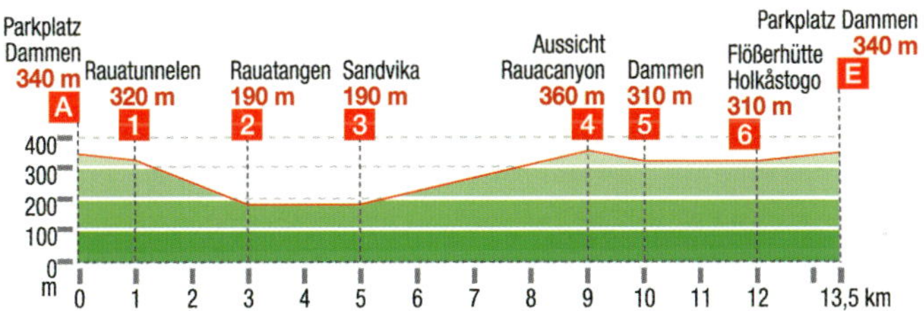

 1:30 Std. ↑ 415 hm ↓ 415 hm ↔ 7 km    

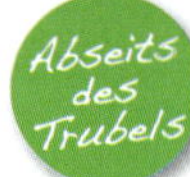

Am Linuten südlich Møsvatn

Der Linuten ist eine kleine Anhöhe mit Rundblick, südöstlich vom südwestlichen Ausläufer des Møsvatn-Stausees. Von der Straße ist der Berg zum Greifen nah und lädt den Reisenden am Südrand der Hardangervidda zu einer Wanderung auf die umliegenden Gebirgsmatten ein.

Der Wegverlauf

Es müssen nicht immer die großen Highlights Norwegens sein. Manchmal genügt es, ganz allein in schöner Landschaft unterwegs zu sein, auf einem Gipfel zu sitzen und den Blick schweifen zu lassen. Wer sich nach so einer – gerne auch mehrtägigen – Tour sehnt, oder einfach mit der Familie Zeit in der Natur verbringen will, der ist hier, nahe der Hardangervidda, genau richtig.

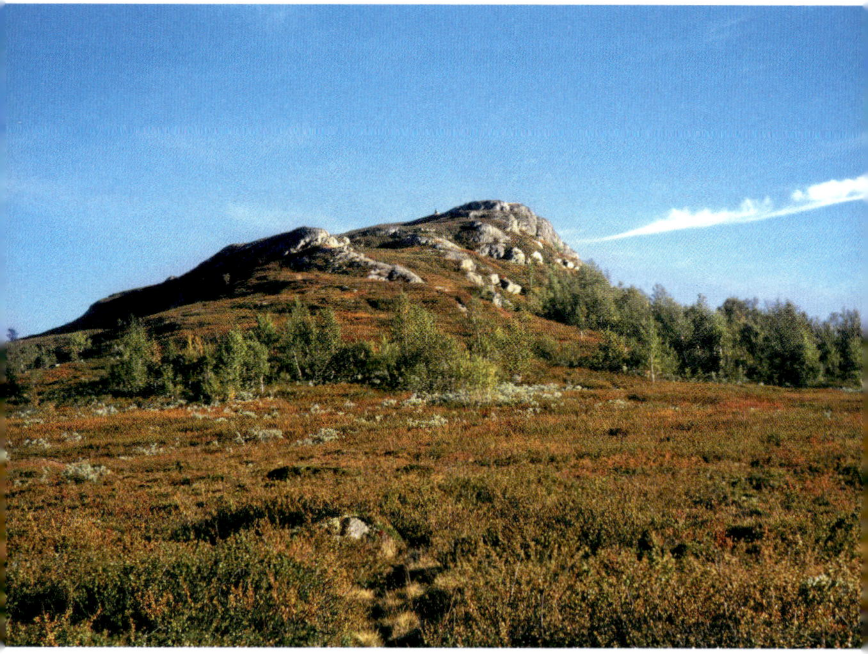

Auf dem Pfad zur Anhöhe des von der Straße gut sichtbaren Linuten (1093 m)

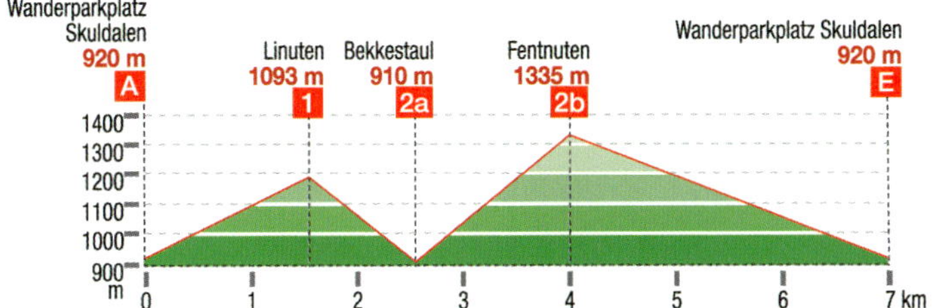

Wir starten am Schild **Skuldalen** A und gehen zum Wegweiser auf der gegenüberliegenden Straßenseite. Dort folgen wir zunächst diesem Pfad durch einen niedrigen, lichten Birkenwald, umsäumt von Krüppelbirken und Weiden, und überqueren nach kurzer Zeit einen Schafweidezaun. Im weiteren Verlauf queren wir einen kleinen Bach und folgen unserem Weg weiter in südöstlicher Richtung – vor uns die Bergspitze des Linuten mit Steinmännchen. Nun verlassen wir den Birkenwald und den Hauptpfad nach Skuldalen und gehen stattdessen einen Pfad direkt zum Gipfel. Wir steigen über Krüppelwuchs den sanften Berghang zum **Linuten** 1 (0:30 Std.) hinauf. Im Hochsommer gibt es bei schönem Wetter hier Sonne beinahe rund um die Uhr. Der freie Rundblick lädt zum längeren Verweilen und Umherschauen ein: nach Osten auf den Höhenzug Lifjell (Fentnuten 1335 m), nach Süden weiter Richtung Skuldalen, nach Westen hinunter zum nahe gelegenen See Veisfitvatn, nach Norden zum Møsvatn und zur Hardangervidda am Horizont.

Von hier aus bieten sich mehrere kürzere oder längere Rundtouren auf eigene Faust an. Eine einfache Route über insgesamt 5 km führt vom Linuten in südlicher Richtung hinunter durch ein Bachtal zur alten Farm **Bekkestaul** 2a (0:45 Std.) am Veisfitvatn. Der Weiterweg führt am Ufer entlang in nordwestlicher Richtung, passiert weitere Hütten und erreicht schließlich das Nordufer. Der Pfad verläuft nun nördlich vom See weg und mündet auf einen Weg, der zur Straße und zurück zum Wanderparkplatz Skuldalen führt.

Wer höher hinaus und noch mehr Aussicht genießen will, der sollte vom Linuten zum Lifjell wandern. Dafür steigt man den Linuten hinun-

Freud & Leid

Eine schöne Wanderung, auf der man nur auf wenige Wanderer treffen wird. Dementsprechend ist auch die Beschilderung teilweise sparsam ausgelegt, und auch den vorgeschlagenen Parkplatz sollte man nicht überbewerten. Wohnmobiltouristen und Fahrer von Fahrzeugen mit wenig Bodenfreiheit werden lieber woanders parken und ein bisschen mehr Wander-Anlauf nehmen.

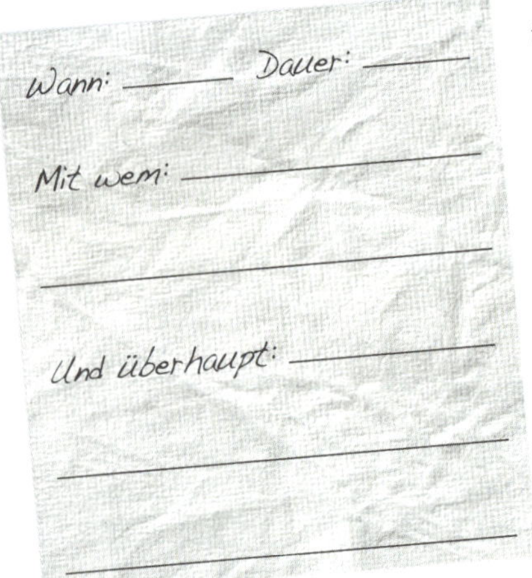

ter, wandert in westlicher Richtung den sanft ansteigenden Höhenzug Lifjell hinauf und erreicht dort den etwas nördlicher gelegenen, höheren Gipfel **Fentnuten 2b (1:00 Std.)**. Vom schlanken Gipfelplateau geht man in einem nach Norden orientierten Halbkreis den Höhenzug wieder hinunter, bis man vor dem Birkenwald wieder auf die anfängliche Skuldalen-Route trifft. Den bekannten Pfad geht es nun zurück zur Straße und zum **Wanderparkplatz Skuldalen E (1:30 Std.)**.

Für eine große Rundtour oder Mehrtagestour bietet sich vom Fentnuten eine Erweiterung der Tour um 9 km (ca. 3 Stunden Gehzeit) nach Skinnarbu am Rv 37 an. Dafür steigt man vom Fentnuten den Höhenzug in westlicher Richtung an geeigneter Stelle ab. Im Tal, nahe des Seeufers Sandsetvatn (991 m), erreichen wir den teilweise markierten Weg, dem wir in nördlicher Richtung folgen. Zunächst geht es am Seeufer entlang – dann, 1 km vom See entfernt, etwa eine Strecke von 2 km in nordöstliche Richtung, vorbei an der Bergfarm Grasfjellsætri und am Fuß des Pultbergs Grasfjell (1206 m) weiter bis zum See Sandvatnet (1071 m). Zwischen See und Grasfjell verläuft ein größerer Pfad, nun wieder in Richtung Norden und mündet schließlich nach weiteren 2 km auf einen Schotterweg, der nach Skinnarbu (940 m) führt.

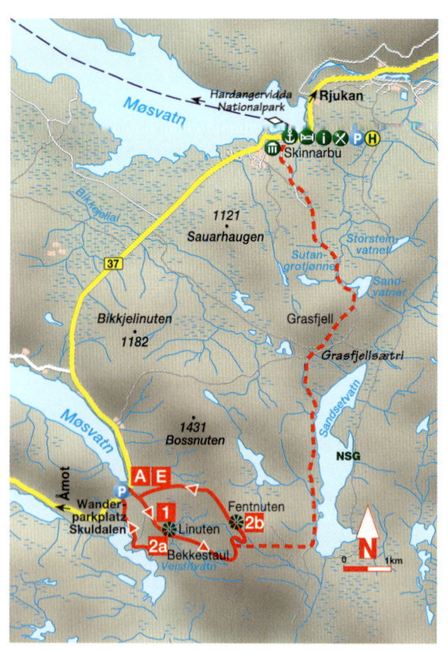

In Skinnarbu steht das ausgesprochen wandererfreundliche Skinnarbu Høyfjellshotell, in dem man sehr gut einkehren und übernachten kann. Das nahe gelegene Har-

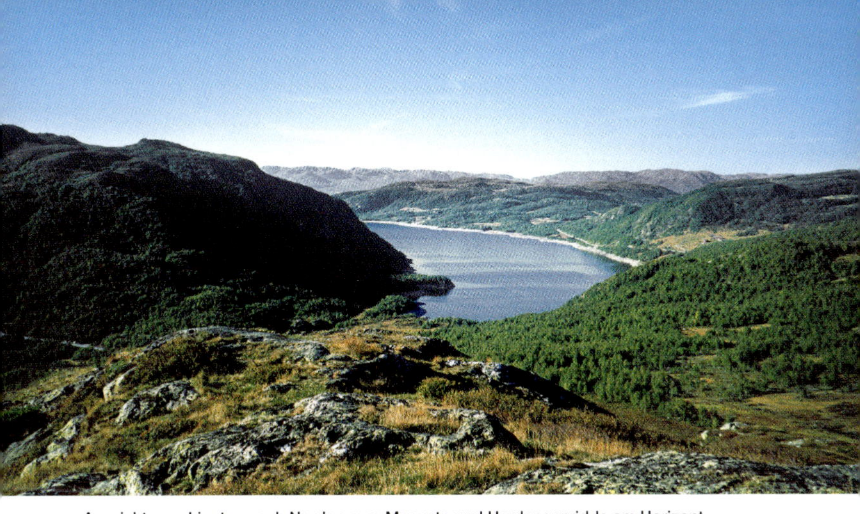

Aussicht vom Linuten nach Norden zum Møsvatn und Hardangervidda am Horizont

dangervidda-Nationalparkcenter lädt zu ausgiebigen Besuchen ein und informiert über die Region. Jedoch ist der Zugang für Sommertouristen wieder in Planung. Am nächsten Tag legt man die 12 km von Skinnarbu entweder zu Fuß am Rv 37 zurück oder nimmt den Bus Richtung Åmot zurück zum Wanderparkplatz Skuldalen.

Bootstour zum Hardangervidda-Nationalpark

Mit dem Boot MB Fjellvåken II kann man von Skinnarbu auf den über 40 km langen Gebirgsstausee Møsvatn (900 m) zur bewirteten Touristenhütte Mogen am schmalen Vinjefjorden fahren. Unweit dieser Hütte beginnt Norwegens größter Nationalpark Hardangervidda. Auf dem landschaftlich interessanten Hochplateau können weitere Tageswanderungen, Mehrtagestouren oder eine Rundtour über die Touristenhütte Kalhovd nach Skinnarbu unternommen werden. Auskünfte zur reizvollen Bootstour MB Fjellvåken II, unter Tel. +47/90 75 02 50, info@fjellvaaken.no, www.fjellvaaken.no.

Wegbeschaffenheit

Meist unmarkierte Pfade bzw. eigene Wegverläufe in übersichtlicher Landschaft

Ausgangspunkt

Wanderparkplatz Skuldalen am Rv 37, ca. 33 km nordöstlich Åmot (E 134)
GPS-Koordinaten: 59.749367, 8.251448

Anfahrt

Per Sommerbusroute Åmot-Rjukan auf dem Rv 37 bis zum Wanderwegweiser Skuldalen fahren. Autofahrer parken auf der gegenüberliegenden Straßenseite am Møsvatn auf der Grünfläche (für Wohnmobile nicht geeignet).

7

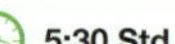

5:30 Std.

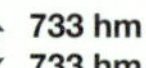

↑ 733 hm ↓ 733 hm

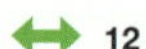

12 km

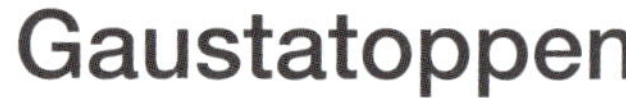

Gaustatoppen

Der markante Berg Gaustatoppen mit seinem Grat und Schneerinnen an den Flanken erinnert durch sein markantes Äußeres ein wenig an den Fudschijama. Er ist der höchste Berg Südnorwegens mit einer sehr weiten Aussicht über rund ein Sechstel des Landes. Der Aufstieg ist anstrengend, aussichtsreich und sehr populär.

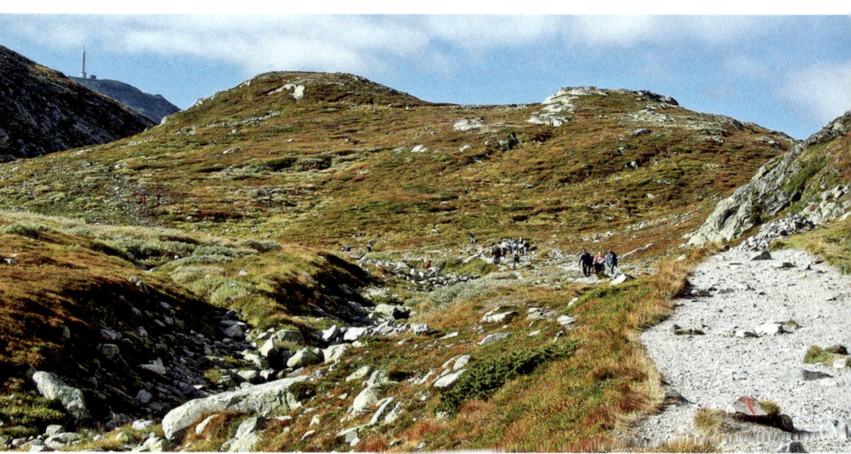

Am Beginn des Wanderwegs, mit Blick zum Gaustatoppen (links)

Der Wegverlauf

Noch Mitte der 1990er-Jahre bot die Parkbucht an der Stavsrohytta für ca. 30–40 Autos Platz. Heute ist der nach wie vor kostenlose Parkplatz für mehr als das Zehnfache dieser Autoanzahl ausgebaut. Mittlerweile ist die einst militärisch genutzte Tunnelbergbahn zum Gaustatoppen nach jahrzehntelangem Tauziehen endlich öffentlich zugänglich. Da sie außerdem für den Bergtourismus beworben wird, platzen seit 2011 die Parkmöglichkeiten am Bergfuß des Gausta von Svineroi bis über Stavsro hinaus aus allen Nähten.

Über etliche Kilometer standen an manchen schönen frühherbstlichen Augusttagen die Autos zu beiden Seiten der schmalen Straße Tuddalsvegen und bereiteten dort oben ein Verkehrschaos. Hier wird sicherlich langfristig etwas geschehen müssen, um dem ständig wachsenden Besucherstrom gerecht zu werden. Dieser wird schon über viele Jahre mit

40 000 Wanderern angegeben. Tatsächlich dürfte sich die Zahl mittlerweile verdoppelt, wenn nicht gar verdreifacht haben. So ist an manchen Tagen regelrecht eine lange Menschenschlange zum Gipfel unterwegs. Selbst das schlechteste Wetter, wie der verregnete Sommer 2011, hielt die Touristen nicht davon ab, auf den ab ca. 1300 Meter in Wolken gehüllten Berg zu wandern, so anziehend und populär ist er. Bei starken Winden wird allerdings von einem Aufstieg bis zur Berghütte oder zum Gipfel abgeraten. In der Regel macht sich an solchen Tagen schon starker Wind an der Bergflanke bemerkbar, der die Wanderer zur Umkehr bewegt. So hoffen wir trotz des Besucherstroms auf einen schönen Tourverlauf.

Freud & Leid

Einen fantastischen Ausblick verspricht der Gaustatoppen nach einer relativ leichten, aber stets ansteigenden Wandertour. Bis weit in die Hardangervidda blickt man beim Erreichen des Gipfels, vorausgesetzt das Wetter spielt mit. Daher sollte man vor der Wanderung einen Blick gen Himmel werfen, ob dieser auch wolkenlos ist.

Die nachfolgende Route ist klassisch vom leichtesten Ausgangspunkt Stavsro beschrieben. Alternativ gibt es jedoch weiter nördlich bei Svineroi eine markierte, etwas steilere Route zum Gipfel sowie an einem Abzweig westlich der Straße die Talstation zur Tunnelbergbahn. Im Übrigen gibt es mittlerweile entlang der Straße zahlreiche Pfade, die den Berghang direkt bis zur markierten Wanderwegroute hinaufgehen.

Wir starten vom Parkplatz **Stavsro** A, an dem man in der Stavsrohytta einkehren kann, überqueren die Straße, passieren die Infotafel und folgen dem breit ausgetretenen Weg entlang des Baches Stavsrobekken, der von Krüppelwuchs gesäumt wird. Der gut gangbare Weg steigt zunächst sanft an, und wir passieren den **Berg Stavsronut** 1 (0:15 Std.) westlich. Von nun an steigt ein breiter Pfad in nordwestlicher Richtung seitlich an der Bergflanke des Gausta ca. 300 Höhenmeter steil an. Der zum Teil steinige, mit kargem Bewuchs versehene Pfad erreicht ein kleines Zwischenplateau und schließlich den Abzweig **Svineroi** 2 (1:45 Std.), die nördlichere Alternativroute. Über grobe Gesteinsblöcke,

Wegbeschaffenheit
Mit rotem T markierter Hochgebirgspfad, z. T. über Gesteinsblöcke/-schutt

Ausgangspunkt
Parkplatz an der Stavsrohytta zwischen Rjukan und Tuddal am Fv 653
GPS-Koordinaten: 59.834689, 8.714566

Anfahrt
Per Rjukanbus bis Dale/Abzweig Gaustatoppen und per Taxi bis Stavsro (alternativ bis Svineroi). Autoanreise von Rjukan (Rv 37) oder Tuddal (E 134) auf den Fv 653 zum Parkplatz Stavsro

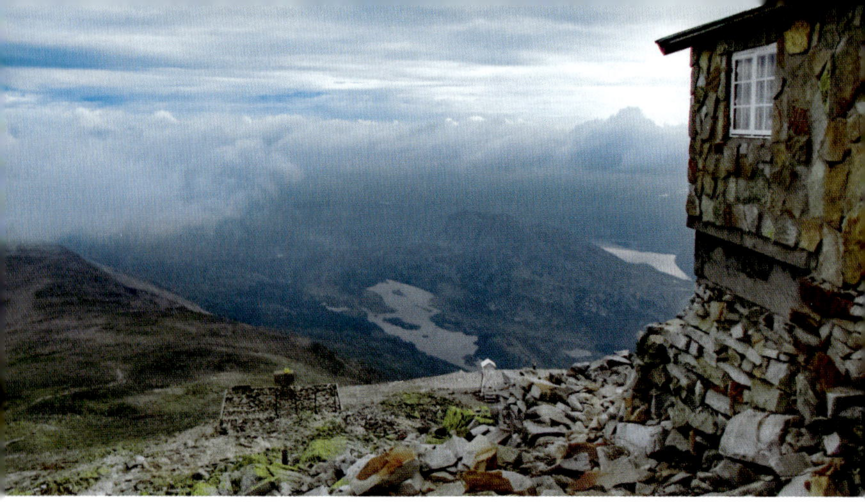

Vom Gaustatoppen kann man bei schönem Wetter weit in die Ferne blicken.

aus deren Spalten die Lemminge hin und wieder hervorschauen, setzt sich der Weg nach oben fort, und wir erreichen nach wenigen Hundert Metern den Sattel des Gausta sowie einen weiteren **Abzweig Selstali** **3** **(2:00 Std.)**, der in das Tal auf der Westseite des Gausta führt. Wir setzen den Weg in nordwestlicher Richtung fort. Nach einem anfänglich flachen Abschnitt über verwitterten Gesteinsschutt verläuft der Pfad wieder steil und schlängelt sich das obere felsige Bergmassiv hinauf. Dort erreichen wir die Bergstation der Tunnelbahn sowie die im Sommer bewirtschaftete **Gaustatoppen Turisthytte** **4** **(2:45 Std.)**. In dieser Steinhütte bietet sich eine Rast an. Zum Beispiel, um die beliebten Waffeln kosten und dabei draußen die Aussicht genießen. Mit Reservierung ist hier auch eine Übernachtung möglich (https://gaustatoppen.dnt.no/). Außerhalb der Saison besteht Zugang zu einem geschützten Vorraum. Am großen Sendeturm vorbei gelangen wir auf dem schmalen, ebenen Grat des Gausta weiter zum eigentlichen Gipfel im Nordwesten. Das letzte Wegstück führt uns zwischen großen Steinblöcken und mit leichtem Klettereinsatz auf den 1883 Meter

Wann: ______ Dauer: ______

Mit wem: ______________

____

Und überhaupt: ______________

____

____

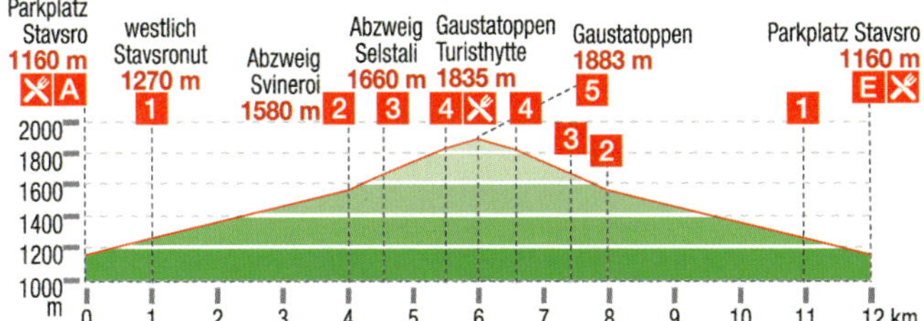

hohen **Gaustatoppen** 5 (3:15 Std.). Von hier ist die Aussicht insbesondere hinunter in das tief eingeschnittene und schmale Tal der Stadt Rjukan überwältigend. Nach Norden sehen wir auf die Hardangervidda und können den Gletscher Hardangerjøkulen ausmachen. Nach Osten sehen wir hinüber zum Blefjell und weiter bis Richtung Oslo. Nach Süden blickt man an klaren Tagen bis hinunter zur Küste.
Zurück geht es auf gleichem Wege, vorbei an der Touristenhütte, wieder hinunter zum **Parkplatz Stavsro** E (5:30 Std.), den wir in nur ca. 2 Stunden bergab erreichen. Sicherlich weniger anstrengend geht es mit der Tunnelbahn, einer steilen Schienenseilbahn mit Umsteigestation, die ein eigenes Erlebnis ist.

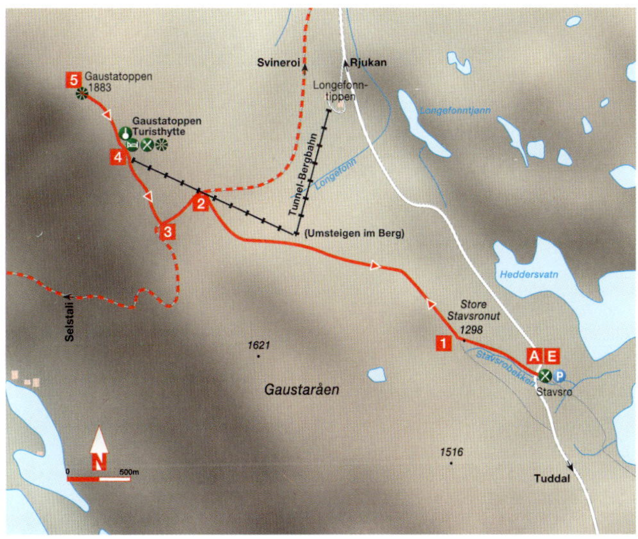

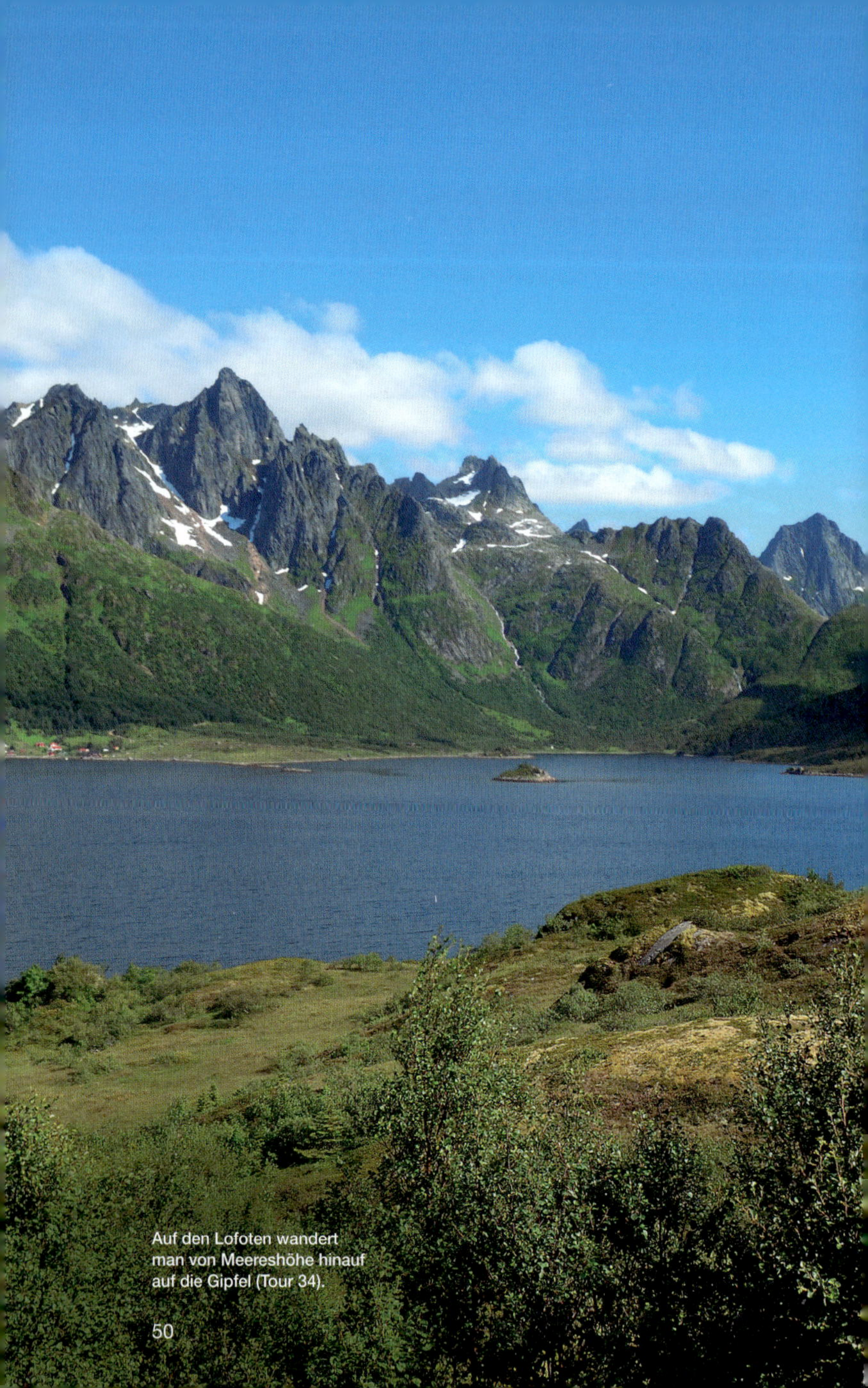

Auf den Lofoten wandert man von Meereshöhe hinauf auf die Gipfel (Tour 34).

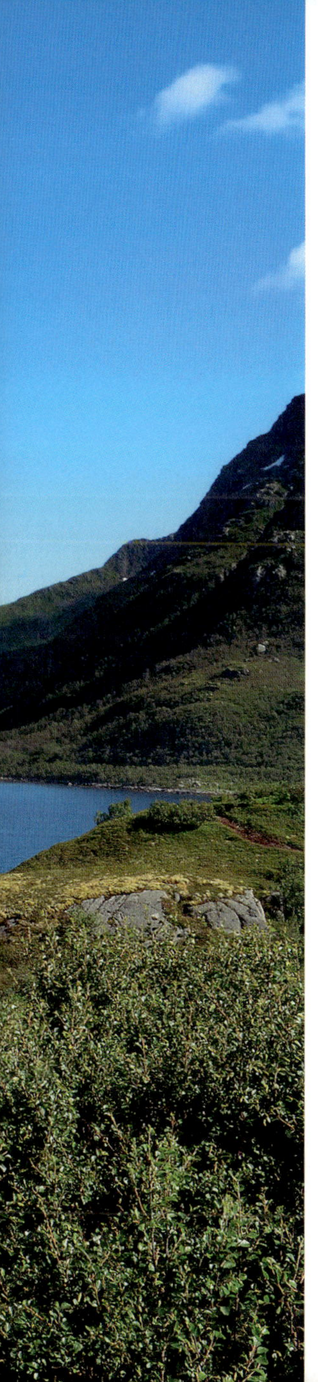

Top 5

Tolle Aussichten

Gaustatoppen

Wenn das Wetter stimmt, kann man auf ein Sechstel der norwegischen Landesfläche blicken (Tour 7).

Der Grat Besseggen

Ein unglaublicher Anblick zweier Seen, von denen sich einer 400 m höher befindet als der andere (Tour 20).

Schneekappe Snøhetta

Fantastischer Rundblick vom höchsten Berg Norwegens außerhalb von Jotunheimen (Tour 27).

Lofoten – zum Reinebringen

Einen der tollsten Blicke auf die Berglandschaft der Lofoten hat man vom Reinebringen (Tour 34).

Zum Polarlichtobservatorium

Großartiges Panorama von einem Ort, wo früher das Polarlicht beobachtet und erforscht wurde (Tour 38).

8 | 4:30 Std. | ↑ 400 hm ↓ 400 hm | ↔ 12 km  

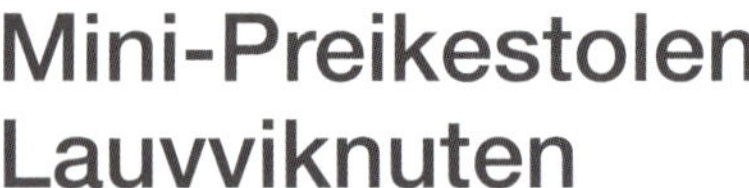

Mini-Preikestolen Lauvviknuten

Der Landesteil (norw. Fylke) Telemark ist Norwegen im Miniaturformat. Er spiegelt zahlreiche Landschaftsformen im Kleinen wider. Der Berg Lauvviknuten hat die Qualitäten eines kleinen Preikestolen (s. Tour 4) mit toller Aussicht, 560 m steil oberhalb des fjordartigen Sees Tinnsjå.

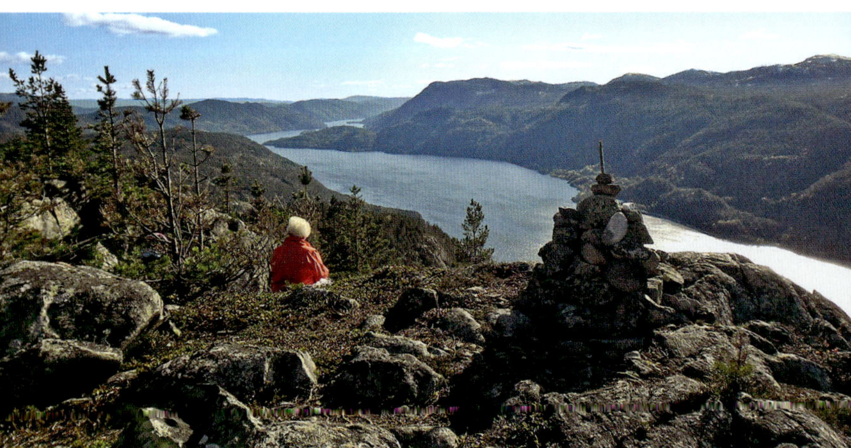

Aussicht nach Süden vom Mini-Preikestolen Lauvviknuten (748 m)

Wegbeschaffenheit
Markierter Bergpfad auf altem Traktorweg, später Elchpfade, z. T. recht sumpfig

Ausgangspunkt
Parkplatz am Abzweig Heia Skule, ca. 12 km von Austbygde/Hovin (Fv 364)
GPS-Koordinaten: 59.919801, 8.940147

Anfahrt
Per Rjukanbus, dann Taxibus Richtung Hovin (Fv 364) bis Wegweiser »Heia Skule«. Für Autofahrer auf den Fv 364 Hinweisschild 1 km vor dem Abzweig, Parken auf beiden Seiten der Straße möglich

Der Wegverlauf

Diese Route mit herrlicher Aussichtsstelle erwacht allmählich aus dem Dornröschenschlaf. Nachdem die Einheimischen von diesem Bergvorsprung, 550 Meter oberhalb der Lauvviken (dt. Laubwaldbucht) am Tinnsjå, Notiz nahmen, wurde im Jahr 2009 die Erschließung der Wanderroute finanziell unterstützt und markiert. Inzwischen hat das lokale Gesundheitszentrum diese Bergtour (norw. Topptur) in ihre Fitnessinitiative aufgenommen und wirbt für diese Route, die von Jahr zu Jahr mehr frequentiert wird.

Ähnlich wie bei der Preikestolen-Tour in der Fylke Rogaland geht diese Tour durch lichte Wälder, Sümpfe und über karge Felshöhen bis zur steil abfallenden Aussichtsstelle. Ein kleiner Anstieg ist ebenfalls dabei.

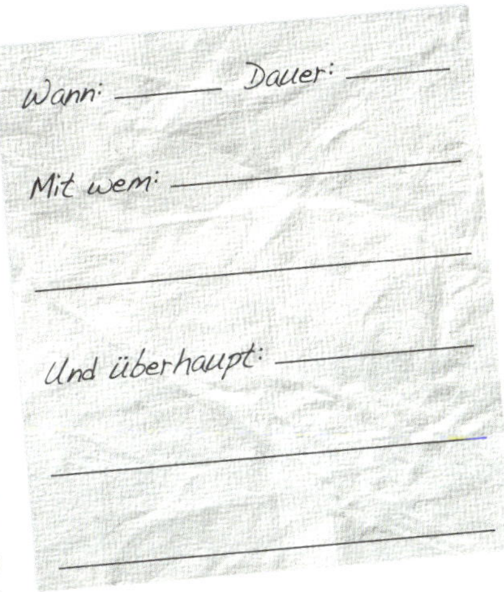

Wir beginnen unsere Tour vorsorglich am **Parkplatz beim Abzweig Heia Skule** A, direkt am Fv 364. Zwar ist es möglich, den Fahrweg Richtung Sehenswürdigkeit Heia Skule (ein altes Schulgebäude) weiterzufahren, doch sind die Park- und Wendemöglichkeiten direkt am Abzweig zum Lauvviknuten oder an der Heia Skule sehr begrenzt. Neben der Hauptroute zum Lauvviknuten sind noch zwei Abstecher auf dieser Tour eingebaut, die nach Belieben genutzt werden können. Der erste Abstecher ergibt sich bereits an der ersten **Fahrweggabelung** 1 **(0:10 Std.)**, die wir in wenigen Gehminuten den Weg hinunter erreichen. Nach links gelangen wir in einen Steinbruch und gleich danach, hinter der Wegschranke, eröffnet sich der idyllische See Tovstjønn mit seinen Seerosen. Wir folgen dem guten Fahrweg, der bis 1970 Teil der alten Verbindungsstraße (»Gamle Heie« oder »Hovinvegen«) zwischen Rjukan und Kongsberg war, zum Ende des Sees, wo sich auf Fels ein netter **Picknickplatz am Tovstjønn** 2 **(0:25 Std.)** bietet. Diese Raststelle lädt auch zum Ende der Tour in der Abendsonne zum Baden ein. Zurück durch den Steinbruch gehen wir den Fahrweg weiter Richtung

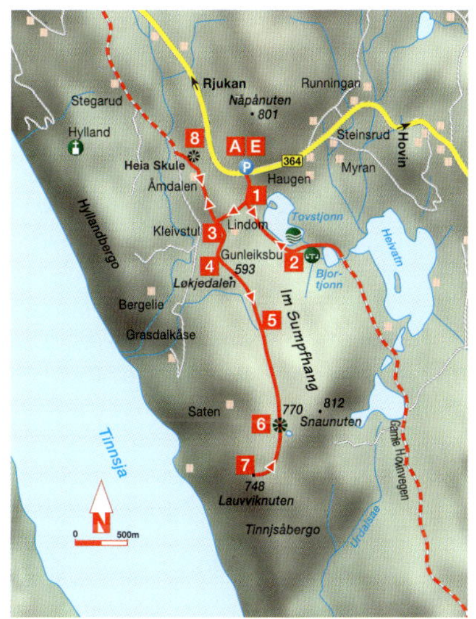

Heia Skule. Unmittelbar vor der scharfen Rechtskurve des Wegs zweigt der **Pfad zum Lauvviknuten** **3** **(0:50 Std.)** nach links in einen jungen, stark bewachsenen Wald ab. Nach wenigen Metern sehen wir die ersten Markierungen und erkennen noch den einstigen Traktorweg. In einem schönen Fichtenhochwald mit Moosteppich erreichen wir eine **Traktorweggabelung** **4** **(1:00 Std.)**. Wir gehen weiter in südliche Richtung den Weg geradeaus hinauf und gelangen an ein erstes Feuchtgebiet, das am Rand zum Wald gut überquert werden kann.

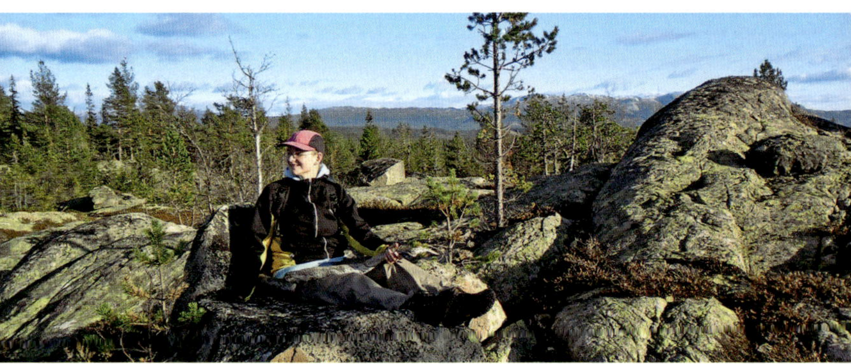

Der schlafende Steintroll (rechts) und seine Sonnenliege oberhalb des Snaunutentjønn

Weiter geht es auf einen Waldpfad anfangs leicht aufwärts, und wir gelangen zur nächsten Sumpfstelle, die am besten linksseitig weiträumig umgangen werden kann (weiße Bänder). Wir überqueren ein kleines Bächlein und gehen wieder auf ein breiteres Wegstück des Traktorweges bergauf, bis wir zum nächsten Feuchtgebiet gelangen. Spätestens hier wird klar, warum die Norweger oftmals in Gummistiefeln bergwandern. Rechts- oder linksseitig (weiße Bänder) kommen wir am trockensten den Hang hinauf und gelangen auf ein schmales Felsband im **Sumpfhang** **5** **(1:25 Std.)**. Von hier und im weiteren Verlauf eröffnen sich erste Aussichten, auch auf die bei Norwegern begehrten Moltebeeren. Der nun vorwiegend trockene Pfad führt anschließend ein kurzes Stück steiler den Berghang hinauf und wird oben von einem kleinen murmelnden Bächlein rechts am Fels begleitet. Es erwartet uns ein weiteres kleines Sumpfgebiet, das wir am linken Rand passieren und danach der Waldschneise nach links parallel zum Bach hinauffolgen. An geeigneter Stelle überqueren wir den Bach und folgen dem lichten Pfad weiter aufwärts, bis wir an ein größeres Sumpfgebiet gelangen. Hier gehen wir ebenfalls links vorbei bis zum gegenüberliegenden Hang. Auf Elchpfaden gehen wir nun einen trockenen, sanften Bergrücken hinauf und erreichen den kleinen Tümpel **Snaunutentjønn** 6 (2:05 Std.) am Berg Snaunuten (812 m). Am schlafenden Troll und Stuhl vorbei geht der Pfad von dieser höchsten Stelle nun leicht abwärts durch eine karge, offene Felslandschaft. Nach Osten sehen wir den Gebirgszug Blefjell (1342 m) und nach Süden den See Tinnsjå. Wir gelangen wieder in lichten Krüppelkiefernwald, und der angenehme Pfadverlauf wird durch zwei kleine Taleinschnitte kurz unterbrochen, bis er schließlich auf das flache, offene Bergplateau des Lauvviknuten mündet. Kurz vor Ankunft am Steinmann auf dem kleinen Felspodest des **Lauvviknuten** 7 (2:35 Std.) eröffnet sich über den steil abfallenden Felsterrassen ein freier Blick über den gesamten See, weit in Richtung Norden und Süden. Der 35 km lange und 2 km breite Tinnsjå ist hier 461 Meter tief und damit Europas dritttiefster Binnensee. Auf der gegenüberliegenden Seeseite steigt die steile Bergflanke des Håkånesfjells auf über 1300 Meter an. Nach dieser schönen Genießer-Aussicht, ganz ohne Touristenrummel, geht es auf gleichem Wege etwas über eine Stunde zurück zum Fahrweg. Als letzten Abstecher folgen wir dem Fahrweg, ebenfalls Teil des alten Hovinweges, nordwestlich hinunter zur alten Schule **Heia Skule** 8 (4:00 Std.), die bis 1956 für die Kinder der verstreut liegenden Farmen auf der Heia (Höhe) in Betrieb war. Zurück auf den Fahrweg geht es wieder hinauf zum **Parkplatz am Abzweig Heia Skule** E (4:30 Std.).

Freud & Leid

Eine tolle Landschaft mit verschiedenen Felsformationen, die sich nicht hinter dem berühmteren Preikestolen verstecken muss. Allerdings ist sie kaum bekannt, was natürlich kein Nachteil ist. Man wandert hier weite Strecken ohne näheren Kontakt zu anderen Wanderern und sollte daher für den Notfall eine Nachricht über die Tour hinterlassen haben.

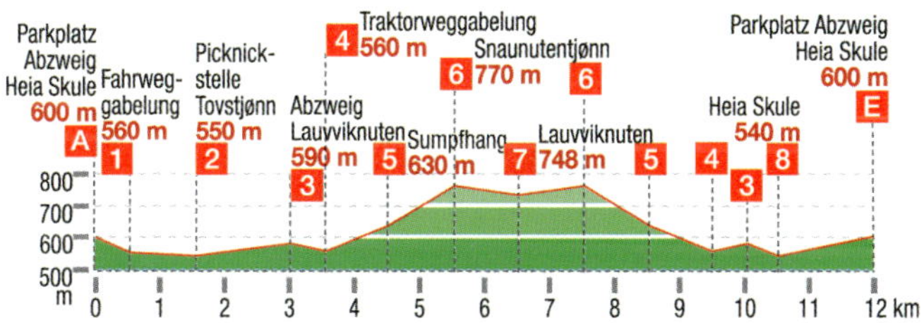

9 3:30 Std. ↑ 577 hm ↓ 577 hm ↔ 7 km 

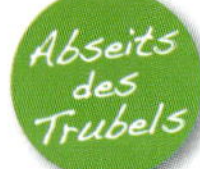

Hovlandsnuten auf Tysnesøya

An der Westküste zwischen Bergen und Haugesund befindet sich die beschauliche Insel Tysnesøya. Sie ist reizvoll gelegen zwischen dem malerischen und beliebten Hardangerfjord im Süden und dem Bjørnafjord im Norden. Diese Tour verspricht somit sehr schöne Küstenaussichten.

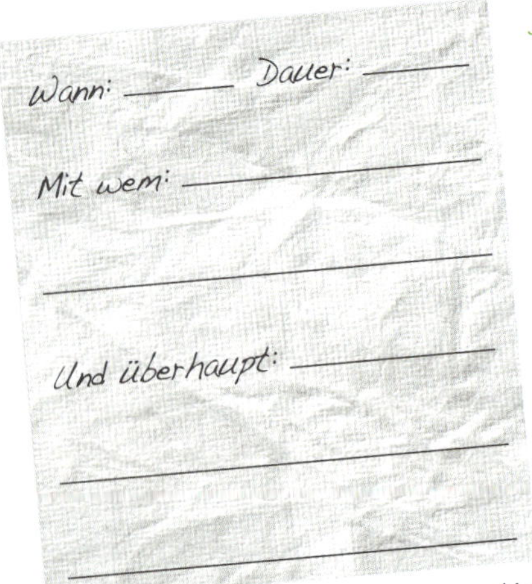

Der Wegverlauf

Kurz hinter Hovland Richtung Norden fällt der hölzerne Wanderwegweiser »Hovlandsnuten« ins Auge. Gleich links neben der Straße befindet sich der kleine **Parkplatz Hovlandsnuten** **A**. Von dort führt ein Traktorweg zum Teil über grobe Steine einen Berghang hinauf. Schon nach wenigen Minuten wird der Weg steiler, und der Wanderer wird bald mit dem Anblick eines idyllischen Wasserfalls belohnt. Der Wirtschaftsweg folgt weiter dem Bachtal und führt westwärts in Kehren hinauf zum Ufer des Sees **Vasstøltjørna** **1** (0:45 Std.), der zu einer ausgiebigen Rast einlädt. Felsblöcke am Seeauslauf, ein lichter Birkenwald am Nordufer sowie Krüppel- und Grasvegetation am Südufer zieren diesen See. Hinzu kommen ein paar Schafe, die hier einige Pfade ausgetreten haben. Wir überqueren den Abfluss des Sees an geeigneter Stelle und folgen einem Pfad am Südufer, bis wir nach wenigen Hundert Metern zu einem Bach, der den See speist, gelangen. Von dort biegt der Pfad nun in südliche

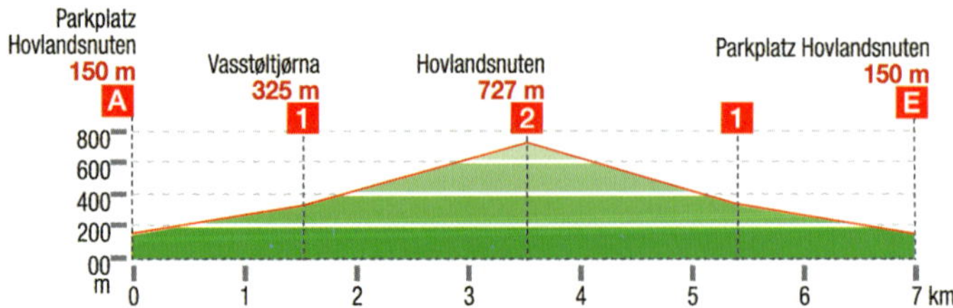

Richtung in das Tal Sandløpeskardet ab. Der Steig schlängelt sich oberhalb dieses Bachtals mit spärlicher Baumvegetation steil hinauf. Schon bald erreichen wir den kleinen Gipfelgrat **Hovlandsnuten** **2** **(2:00 Std.)** mit einem »Steinvarde« (Steinhaufen). Über die Steilhänge hinweg genießen wir sehr schöne Ausblicke zum Folgefonn-Gletscher im Osten, Hardangerfjord im Süden, Bjørnafjord im Norden sowie zur Insel Stord im Westen, die der lange Sund Langenuen von Tysnesøya trennt. Zurück folgen wir dem gleichen Weg und erreichen am Ende wieder unseren Ausgangspunkt, den **Parkplatz Hovlandsnuten** **E** **(3:30 Std.)**. Einkehren oder Übernachten kann man z. B. bei den deutschen Gastgebern Juliane und Ingo von Langenuen Motel & Camping an der E 39 in 5414 Stord, ca. 1,5 km nördlich von der Tysnesfähre Hodnanes-Jektevik. Tel. 0047/53 49 58 15, info@langenuen.com, www.langenuen.com.

Freud & Leid

Eine Wanderung mit einem deutlichen Anstieg von fast 600 Hm – diese sind durchgehend zu bewältigen. Belohnt wird man für die Anstrengung schließlich mit einem tollen Rundumblick vom Hovlandsnuten und natürlich mit dem entsprechend durchgehenden Abstieg, der – als Streckenwanderung – dann schon bekannt ist.

Wegbeschaffenheit
Markierte Wanderroute auf Traktorweg, dann steiler Pfad zum Gipfel

Ausgangspunkt
Parkplatz Hovlandsnuten, ca.1 km nördlich von Hovland
GPS-Koordinaten: 60.021964, 5.686305

Anfahrt
Von Bergen/Haugesund per Bus/Auto und Fähre zur Tysnesøya. Vom Anleger Våge den Rv 49 bis Lunde, dann den Rv 78 Richtung Hovland oder von Hodnanes Rv 78 Richtung Onarheim/Hovland fahren

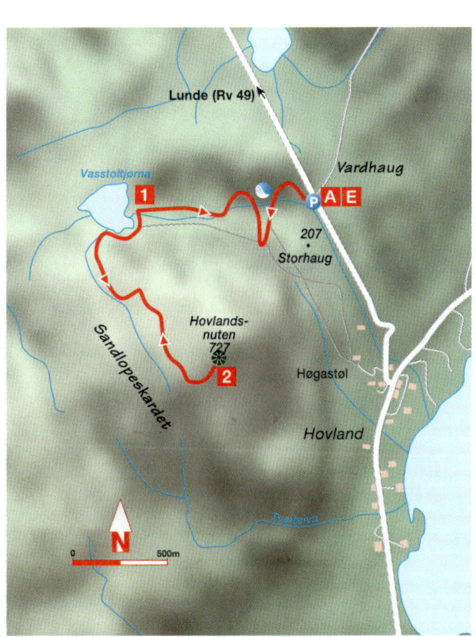

Zum Buerbreen bei Odda

Der Folgefonna ist Norwegens drittgrößter Gletscher. Er bildete sich erst vor 2500 Jahren. Seine Gletscherzunge Buerbreen auf der sonnigeren Ostseite ist am leichtesten zu erreichen. Vom 19. Jahrhundert bis heute ist das schroffe Gletschertal Buerdalen ein beliebtes Wanderziel.

Der Wegverlauf

Bei Jordal endet die asphaltierte kleine Anfahrtsstraße und geht in einen schmalen Schotterweg über. Dort muss stets mit Gegenverkehr gerechnet werden, zudem sind die Ausweichmöglichkeiten begrenzt. Wanderer, die mit dem Bus nach Odda anreisen, sollten daher weitere 6 Kilometer von der Abzweigung Richtung Buerbreen/Odda Camping bzw. 8 Kilometer vom Zentrum einplanen oder ein Taxi vor oder nach der Tour nutzen. Anreisende mit dem Auto, die bis zum Parkplatz fahren, werden erfahrungsgemäß so ihre Mühen haben. Bei Ausbesserungen 2011 war der Weg sogar zeitweilig im Sommer gesperrt, sodass Autofahrer die 3 Kilometer von Jordal bis Buer zusätzlich zu Fuß zurücklegten. Die Parkmöglichkeiten bei Buer sind sehr begrenzt. In der Vergangenheit hat es sich bewährt, möglichst vor 9 Uhr morgens zum

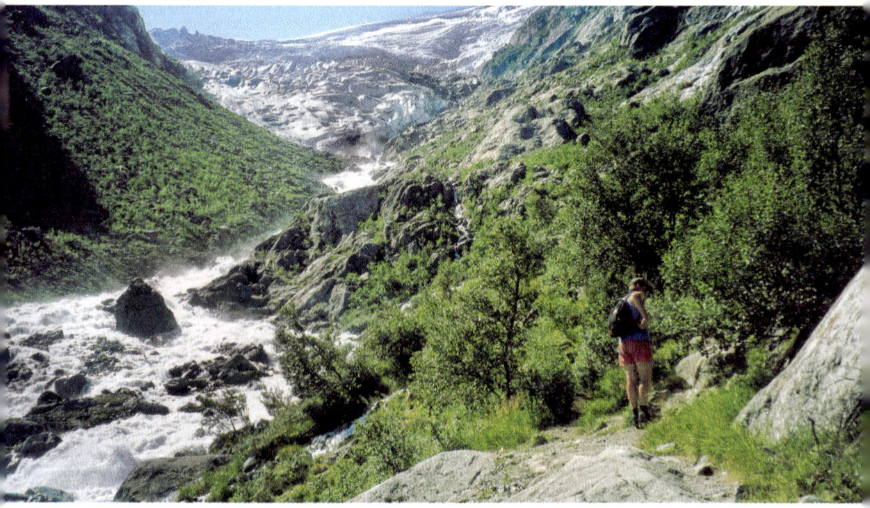

Am tosenden Buerelvi unterhalb der Gletscherzunge Buerbreen

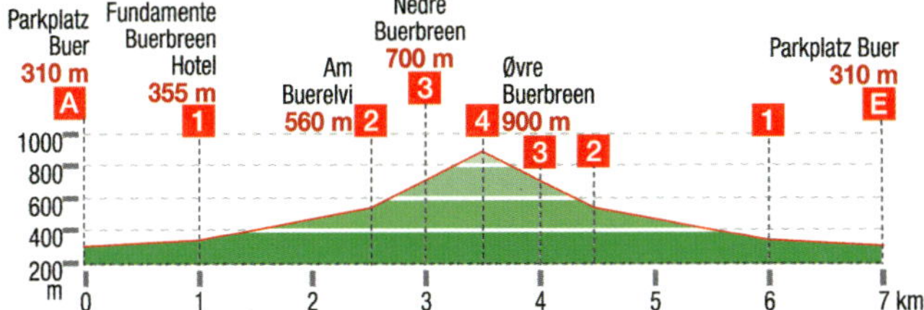

Parkplatz anzureisen, dann stehen die Chancen gut, ohne Parkplatzfrust auf Tour zu gehen.
So beginnen wir nun unsere Tour, mehr oder weniger weit entfernt vom **Parkplatz Buer A**. Eine Infotafel und Schilder zum Reinanuten und Buerbreen weisen den Weg. Links über eine Brücke des Jordalselvi, vorbei an einem Haus des Buerhofes zweigt eine steile Alternativroute zum 1296 Meter hohen Reinanuten ab, für die ca. 3 Stunden Aufstieg eingeplant werden sollten. Vom Reinanuten gelangt man an den oberen und flacheren Gletscherrand des Folgefonn sowie an den Beginn der Gletscherzunge Buerbreen. Von hier bietet sich eine sehr schöne Aussicht über die beiden Zungen des Buerbreen, über das Buerdalen und östlich weit darüber hinaus bis auf die Hardangervidda. Sehenswert und einladend für eine Rast bei schlechtem Wetter sind hier oben die »Steinhellene«, große Gesteinsbrocken, unter denen man sitzen oder auch übernachten kann.
Zum Buerbreen folgen wir das Buertal weiter hinauf und gehen zunächst sehr bequem auf dem Hofweg von Buer weiter westwärts. Nach wenigen Hundert Metern verlassen wir die Weidegründe und gelangen in einen Laubmischwald. Der Weg wird steiniger, zunächst gehen wir über Flussschotter, später oberhalb des Flusses auf Felsuntergrund. Der Weg entwickelt sich mehr und mehr zum Pfad. Nach dem flachen ersten Teil gelangen wir auf einer lichten Anhöhe an die alten **Fundamente des Buerbreen Hotels 1** (0:20 Std.). Um 1910 erlebte der Tourismus in Odda seinen Höhepunkt, und das Hotel war ein be-

Freud & Leid

Tosendes Wasser ist naturgemäß sehr laut, daneben wohnen möchte man in den seltensten Fällen. Doch bei einer Wanderung ist diese Naturerscheinung nur von kurzer Dauer, denn man wandert ja weiter. Sie hat lediglich den Nachteil, dass man sich bei einer Gruppenwanderung kaum verständigen kann. Aber das muss nicht in jedem Fall schlecht sein.

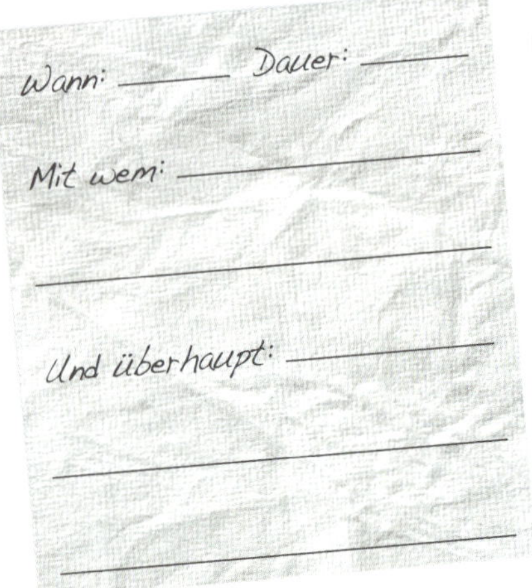

liebtes Ausflugsziel. Zu seiner Zeit war es bloß einen Steinwurf von der Gletscherzunge hinter dem nächsten Felsvorsprung entfernt. Heute, mehr als 100 Jahre später, hat sich die Gletscherzunge ca. einen Kilometer weiter in das obere Buerdalen zurückgezogen.

Wir wandern den Felsvorsprung weiter hinauf und gehen am Bergfuß des Langgrøtnuten entlang, bis wir auf den Fluss aus dem steilen Seitental Langgrød stoßen. Den Hauptstrom passieren wir bequem über eine kleine Brücke, kleinere Nebenarme werden übersprungen. Nun lichtet sich die Baumvegetation, und der Blick ins Buerdalen hinauf zu den Gletscherzungen ist frei. Wenig später überqueren wir einen zweiten Fluss mit Namen Nordbakkelvi, der bereits vom Gletscherwasser gespeist wird. Anschließend kommen wir dem Hauptstrom im oberen Buerdalen, dem tosenden Fluss **Buerelvi** 2 **(1:00 Std.)** sehr nahe. Seine kühle, frische Brise verspüren wir schon von Beginn der Wanderung an. Das Gletschertor des unteren Buerbreen schon im Blick, geht es nun steiler hinauf. Fest angebrachte Taue sind uns bei dieser leichten Kletterpartie behilflich. Wir gelangen schließlich an die Sicherheitszone der unteren Zunge, des **Nedre Buerbreen** 3 **(1:20 Std.)**, und haben von dort aus direkten Blick zum Gletschertor und den darüberliegenden

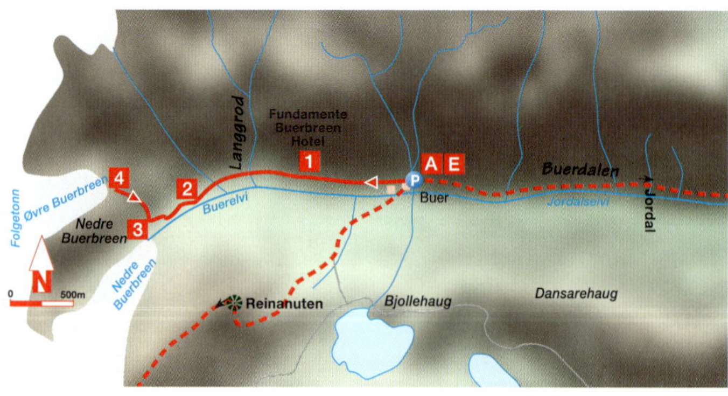

zerklüfteten Eismassen. Von hier aus geht der Weg noch ca. 500 Meter weiter zur oberen Zunge, zum **Øvre Buerbreen** 4 (1:45 Std.), ebenfalls über einen steilen Felsanstieg. Hier erleben wir einen fantastischen Blick auf den Nedre Buerbreen sowie über das gesamte Tal Buerdalen mit seinen steilen, schroffen Felshängen, hinunter zum türkisfarbenen Sandvinvatn und dem dahinterliegenden, von Bächen eingeschnittenen Gebirgsfuß der Hardangervidda.
Wer gerne klettert, der kann sich von hier aus noch höher die Felshänge hinaufwagen. Ansonsten geht es den gleichen Weg zurück zum **Parkplatz Buer** E (3:00 Std.). Wer auf dem Gletscher klettern oder wandern möchte, der kann sich mit der Touristeninformation in Odda in Verbindung setzen und an einer professionell geführten Gletschertour teilnehmen.

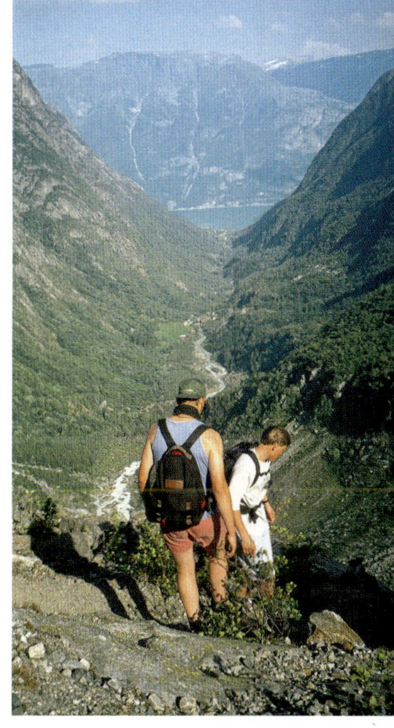

Abstieg vom Øvre Buerbreen mit grandioser Aussicht über das Buerdalen

Odda am Sørfjord

Odda ist eine der Städte, die vor mehr als hundert Jahren vom Bau der ersten Wasserkraftwerke profitierten und zum Erz verarbeitenden Industriestandort gebaut wurden. Ein Besuch in der Touristeninformation im Zentrum von Odda ist empfehlenswert, um sich über weitere Tourvorschläge (Tour 11, 12), Sehenswürdigkeiten und Aktivitäten, wie z. B. Klettern oder Gletscherwandern auf dem Buerbreen zu informieren.
Tel. 0047/53654005.
Übernachtung und Einkehr nahe des Zentrums bietet exklusiv das traditionelle Hardanger Hotel am Sørfjord, 5750 Odda, Eitrheimsveien 13, Tel. 0047/53646464, post@hardangerhotel.no, www.hardangerhotel.no.

Wegbeschaffenheit
Markierter Wanderweg, anfangs Schotterweg, dann Pfad mit leichten Kletterpartien

Ausgangspunkt
Parkplatz Buer im Buerdalen, ca. 8 km von Odda-Zentrum
GPS-Koordinaten: 60.044524, 6.476316

Anfahrt
Per Bus bzw. Auto auf den Rv 13 nach Odda. 2 km südlich vom Zentrum Odda die ausgeschilderte Abzweigung Buerbreen/Campingplatz nehmen, später dem schmalen Schotterweg folgen

11 7:00 Std. ↑ 1000 hm ↓ 1000 hm ↔ 24 km 

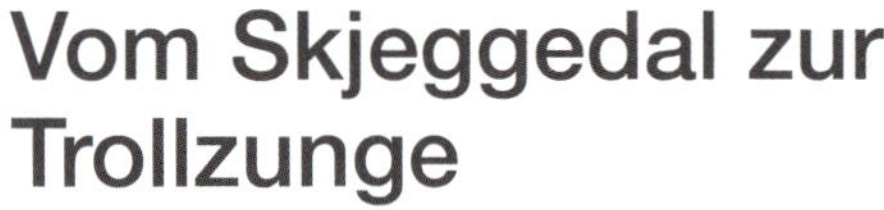

Vom Skjeggedal zur Trollzunge

Die Trollzunge (norw. Trolltunga) ist ein flacher, etwa zehn Meter langer und zwei bis vier Meter schmaler Felsvorsprung, der sich in luftiger Höhe 750 Meter oberhalb des Sees Ringedalsvatn befindet. Diese Tour am Westrand der Hardangervidda ist eines der grandiosen Erlebnisse in Norwegen.

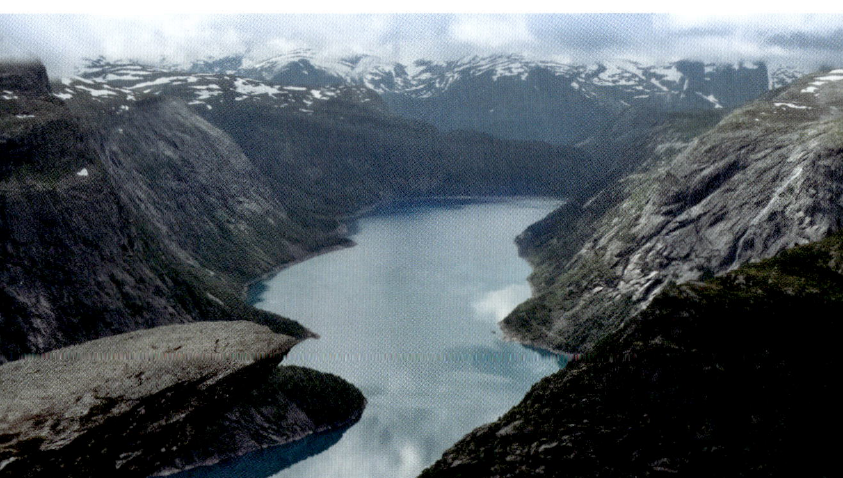

Die Trollzunge unten links im Bild bietet eine fantastische Aussicht.

Der Wegverlauf

Odda ist ein idealer Ausgangspunkt für einige spektakuläre Touren zwischen Folgefonna-Gletscher und dem weitläufigen Gebirgsplateau Hardangervidda (s. Tour 12). Tiefdruckgebiete, die westlich vom Meer heranziehen, regnen sich meistens an der Westflanke des Gletschers ab. In Odda auf der Ostseite ist daher oft gutes Wetter. Diese günstige Wetterlage wirkt sich auch auf diese Tour zur Trollzunge, ca. 10 km nordöstlich von Odda, aus.

Wanderer, die den Bus bis Tyssedal nehmen, können alternativ vom Wasserkraftwerk Tyssedal (Museum) einen Pfad bzw. eine Schienenbahn nach oben zum Gebirgssockel der Hardangervidda nehmen. Von dort oben wandert man einen Pfad in östlich/nordöstlicher Richtung ca.

4 km und ca. 500 Höhenmeter bergauf bis zum Wanderweg im Gebirgstal Mogelidalen. Den Weg begleiten grandiose Tiefblicke hinunter zum Sørfjord. Auskünfte über die Schienenbahn und den Wegverlauf können z. B. im Tyssedal-Museum eingeholt werden.

Freud & Leid

»Flat«, sagte der Mitarbeiter im Tourismusbüro in Odda auf die Frage, wie der Weg sei, und machte dabei eine horizontale Handbewegung. Bemerkenswert, was Norweger als flach bezeichnen. Einmal oben angekommen, geht es wirklich fast eben zu, aber um das zu erreichen, muss man schon ein wenig Kondition mitbringen.

Statt der Alternative starten wir diese Tour vom **Parkplatz Mågeli** **A** im Skjeggedal. Über die kleine Zufahrtsstraße, die nicht gerade für Gegenverkehr tauglich ist, erreichen wir den See Vetlavatnet. Links den steilen Berghang empor führt eine große Rohrleitung zum kleinen Wasserkraftwerkshaus Mågeli sowie davor eine steil nach oben verlaufende Schienenbahn, die auf einer aufwendigen hölzernen Unterkonstruktion gebaut wurde.

Genau hier an der Mågelibanen beginnt unsere Tour und fordert uns am steilen Berghang gleich mit über 400 Höhenmeter heraus. Früher konnte man ein Ticket für die offene Schienenseilbahn kaufen und sich auf einer luftig steilen Fahrt nach oben ins Mogelidalen befördern lassen. Der Betrieb der Bahn war allerdings nur noch sporadisch, da der Antriebsmotor an der Bergstation oftmals an heißen Sommertagen wegen Überlastung und Überhitzung ausfiel. So gab es auch keine Garantie, mit dem Ticket ganz nach oben zu gelangen. Wer dann Pech hatte, dass die Bahn nicht weiterfahren konnte, dem wurde per Funk mitgeteilt, dass er nun die Holztreppe entlang der Bahn zu Fuß nach oben zu gehen hatte. Mittlerweile ist die Bahn gar nicht mehr in Betrieb. Schon unten im Tal reizen diese 2430 Stufen hinaufzusteigen. Die Aussicht von der Bahnstrecke ist einfach fantastisch! Das Betreten der Treppenanlage ist grundsätzlich nicht erlaubt. An gut besuchten Sommertagen weist eine provisorische Tourismusinformation auf diesen Umstand hin. Allerdings halten sich nicht alle Wanderer an dieses

Wegbeschaffenheit
Mit rotem T markierter Gebirgspfad mit zwei längeren steilen Anstiegen/Abstiegen

Ausgangspunkt
Parkplatz Mågeli im Skjeggedal am Vetlavatnet, ca. 5 km östlich Tyssedal (Rv 13)
GPS-Koordinaten: 60.132869, 6.627280

Anfahrt
Per Bus/Auto von Odda nach Tyssedal (Rv 13). Zu Fuß (per Taxi) die kleine Straße ca. 5 km hinauf ins Skjeggedalen wandern (ca. 1 Std.). Autofahrer parken dort an der Schienenbahn Mågeli.

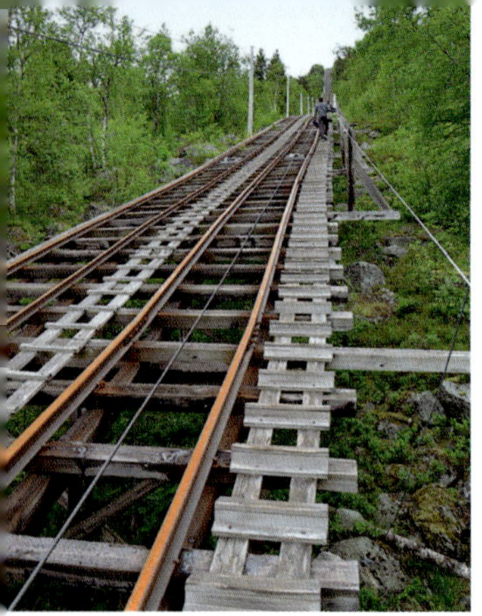

Trotz Verbots wagen sich viele Wanderer auf die hölzerne Treppe der ehemaligen Bahn.

Verbot. Das monotone Treppensteigen macht sich schon bald in den Beinmuskeln bemerkbar – da ist es ein schwacher Trost, an einem noch steileren Streckenabschnitt (Schwindelfreiheit absolut erforderlich), kleinere Stufen vorzufinden – denn wenn man denkt, man ist doch gleich oben, zieht sich die Strecke wieder flacher und noch ein knappes Drittel weiter bis zur Bergstation. Für die Muskulatur ist sicherlich der markierte, steile Pfad unterhalb der Bahn in einem schattigeren Krüppelwald angenehmer, besonders, weil man hier auch mal leicht stolpernd den Weg erklimmen kann. Auf der Holztreppe hat ein Stolpern zwischen den morschen Holzstufen möglicherweise schlimme Folgen. Außerdem ist der dünne Draht als Handlauf eher unangenehm. Beide Varianten benötigen rund eine Stunde hinauf in das Ferienhüttental **Mågelidalen** 1 (1:00 Std.).

Durch dieses Tal führt ein breiterer, angenehmer Weg, dem wir etwa einen Kilometer nordöstlich folgen, bis sich die markierte Route nach rechts in östlicher Richtung vom Weg trennt. Wir wandern nun auf felsigem Grund durch das Tal **Gryteskar** 2 (1:15 Std.), mit Aussicht auf das Mogelidalen, weitere 300 Höhenmeter bergauf. Nun erreichen wir das Tal Trombeskar. Die Bäche hier oben laden zu einer Trinkpause ein. Nach dem **Abzweig Tyssevassbu** 3 (2:00 Std.) wandern wir, begleitet von schönen Aussichten auf die umliegenden Berge, leicht abwärts und erreichen die steil zum Ringedalsvatn abfallende Bergflanke **Hestaflåene** 4 (2:30 Std.). Ein gewaltiger Blick eröffnet sich ostwärts zum schroffen Talende Ringedalen, in das einst der mächtige Wasserfall Ringedalsfossen hinunterfloss und vor mehr als 100 Jahren die Touristen hierher anzog. Im Zuge der Wasserkraftnutzung im 20. Jahrhundert wurde der Wasserlauf reguliert. Wir setzen den Weg zunächst am

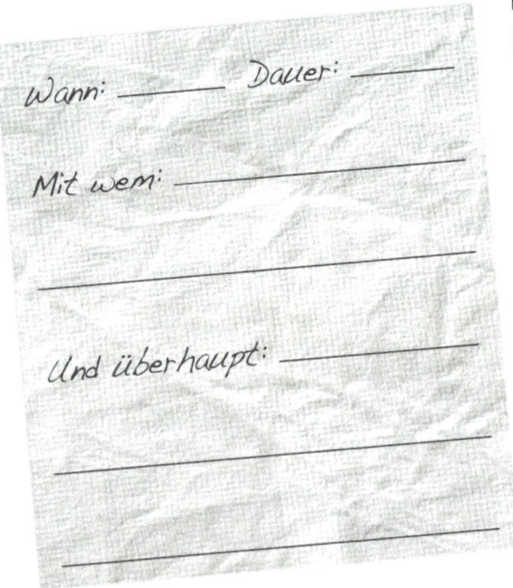

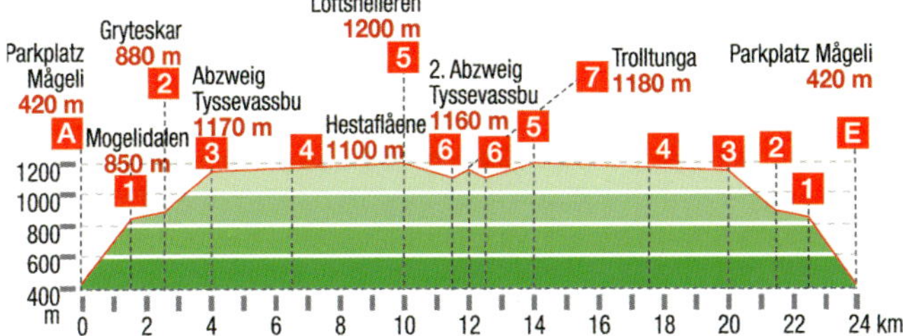

Hang, dann wieder leicht aufwärts fort. Nach einer Bachüberquerung erreichen wir bei **Loftshelleren** 5 (3:30 Std.) die große Schlucht Tyssebotn. Der einst hier zu Tal stürzende Fluss Tysso war mit 300 Meter freiem Fall der höchste Wasserfall Norwegens. Auch er fiel der Wasserregulierung zur Stromgewinnung zum Opfer. Leicht abwärts gehend, passieren wir die kleineren Abflüsse Tyssestrengene und den See Tyssehylen und gelangen zum **zweiten Abzweig Tyssevassbu** 6 (3:50 Std.). Von hier gehen wir in südwestlicher Richtung zum Rand der Tyssoschlucht und erreichen das ersehnte Ziel, den Felsvorsprung **Trolltunga** 7 (4:00 Std.), der stets mit Bedacht und nur bei absoluter Trittsicherheit begangen werden sollte. Fantastische Aussichten über den eingeschnittenen Stausee Ringedalsvatn bis zum Gletscher Folgefonna im Westen liegen vor uns. Wer hier länger bleiben möchte, der findet ganz in der Nähe, ca. 500 Meter weiter südlich der Hauptroute folgend, die kleine DNT-Selbstversorgerhütte Reinarskorsbu (wird erweitert). Eine Übernachtung mit Ausflug zum hiesigen Preikestolen oder Klettersteig Himmelsstigen (per Guide) sowie Rund-/Mehrtagestouren sind hier sehr zu empfehlen, bevor es wieder zum **Parkplatz Mågeli** E (7:00 Std.) zurückgeht.

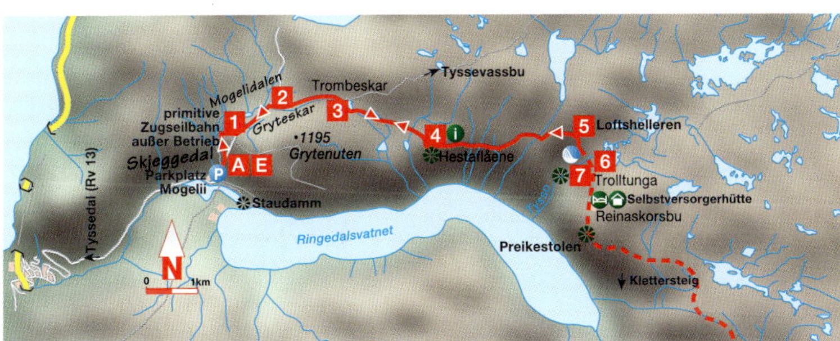

4:00 Std. ⬆ 270 hm ⬇ 270 hm ↔ 11 km 

Zum Bondhusbreen am Folgefonna

Auf der Westseite des Gletschers Folgefonna lockt eine leichte, familienfreundliche Tour zur Gletscherzunge Bondhusbreen. Mittlere bis schwierige Touren sowie Klettertouren führen zum Gletscher hinauf. Auch eine Gletscherüberquerung mit Abstieg nach Odda ist möglich.

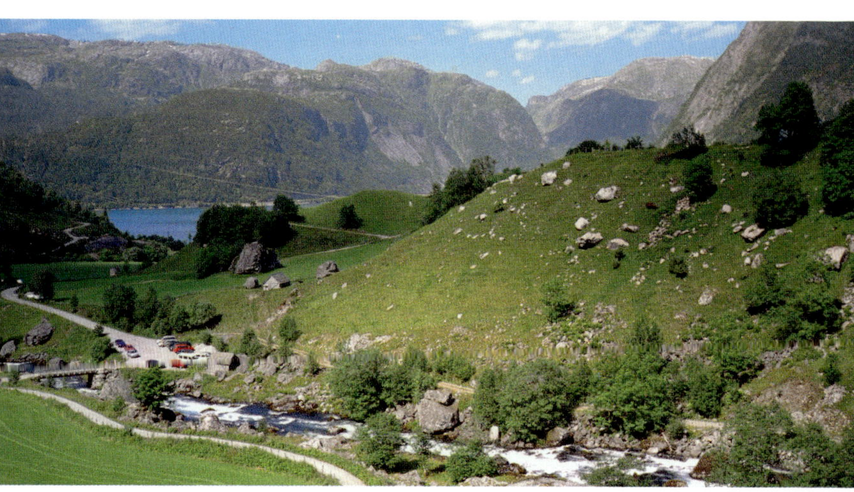

Blick zurück in das Bondhusdalen oberhalb des Parkplatzes nach Sunndal

Wegbeschaffenheit
Beschilderter Fahr- bzw. Schotterweg bis Bondhusvatnet, danach Pfad zur Moräne

Ausgangspunkt
Parkplatz Bondhus, ca. 1 km südlich Sunndal (Fv 551), Kvinnherad Kommune
GPS-Koordinaten: 60.109806, 6.271062

Anfahrt
Per Bus/Auto von Rosendal (Fv 48) oder Odda (Rv 13, Fv 550) nach Sunndal (Fv 551), dort dem Straßenschild Bondhusbreen folgen

Der Wegverlauf

Von Tysnesøya (Tour 9) ist es nur ein kurzer Weg per Fähre über den Hardangerfjord und weiter die kleine Straße nach Sunndal am Nebenarm des Maurangerfjords entlang. Wenige Kilometer vor Sunndal beeindruckt der mächtige Wasserfall Furebergsfossen direkt an der Straße. Von Odda (Tour 10) erreicht man Sunndal bequem über den 2002 eröffneten Folgefonnatunnel.

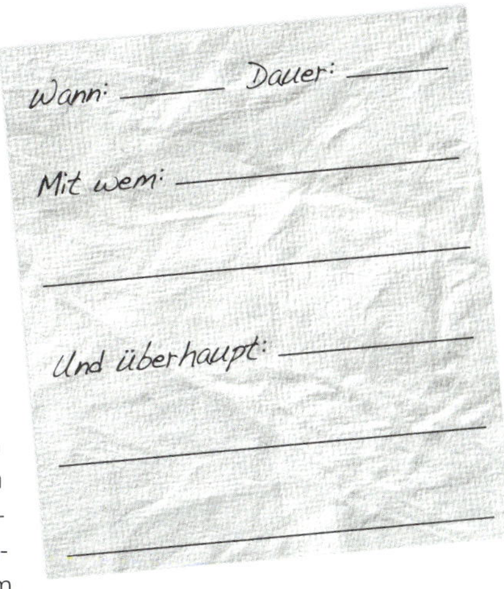

Von Sunndal das Tal Bondhusdalen hinaufschauend, können wir schon von Weitem die Gletscherzunge Bondhusbreen in einer Gebirgsrinne ausmachen.

Am **Parkplatz Bondhus A** mit Infotafel folgen wir dem Wegweiser zum Bondhusbreen, gehen über die Brücke des Flusses Bondhuselva und erreichen in südlicher Richtung das Tal Bondhusdalen. Der geschotterte Fahrweg durch das Flusstal führt leicht ansteigend an Kuhweidegründen entlang. Wir befinden uns auf dem alten »Isvegen« (Eisweg), auf dem die Bauern des Tals im 19. Jahrhundert Eis vom Gletscher abtransportierten und es von Sunndal für den Export verschifften. In einer kleinen Flusstalmulde gelangen wir zum **Abzweig Breidablikk/Fonnabu 1** (0:30 Std.). Dieser rot markierte Wanderweg führt steil hinauf zum oberen Gletscherplateau des Folgefonna und eignet sich für eine Mehrtages- bzw. Hochtour. Dort befinden sich die gleichnamigen Selbstversorger-Berghütten des Norwegischen Wandervereins DNT. Von der Hütte Fonnabu können erfahrene Gletscher-Wanderer das Gletscherplateau auf ca. 1650 Höhenmetern in nordöstlicher Richtung zur Hütte Holmaskjerbu überqueren (siehe Tipp). Von dort steigt man auf einem markierten Pfad mehr als 1500 Höhenmeter nach Odda ab.

Auf dieser Tour folgen wir jedoch dem Abzweig nach rechts und gehen den etwas steiler verlaufenden Weg zwischen größeren Felsen hinauf bis zum **Rastplatz Bondhusvatnet 2** (0:45 Std.). Von hier

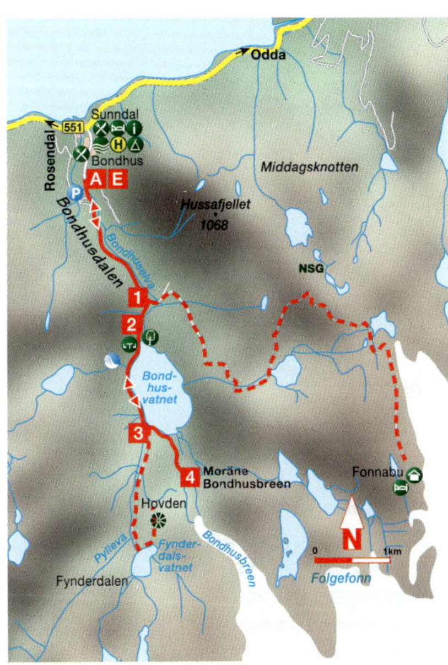

bietet sich ein schöner Blick über den grünen, mit Gletschersediment gespeisten See und hinüber zum nun stets gut sichtbaren Bondhusbreen, der sich, ähnlich wie der Buerbreen, in seinem Bergtal nach oben zurückgezogen hat. Noch vor mehr als 100 Jahren reichten die Ausläufer dieser Gletscherzunge bis nahe an das Ufer des Bondhusvatnet heran. Der Gletscher wuchs in der sogenannten Kleinen Eiszeit um das Jahr 1750 am stärksten an, und die Gletscherzungen drangen, oft zum Leidwesen der existenzbedrohten Bauern, bis weit in die Täler vor.

Wir folgen weiterhin dem mit Gras bewachsenen Weg am Ufer des Sees, der sich nach dem Wasserfall Krokafossen zu einem Pfad verjüngt. Nach kleineren Bächen erreichen wir den Fluss Pylteelva, den wir mittels zweier Brücken überqueren. Hier teilt sich der Pfad am **Abzweig Fynderdalen** **3** (1:15 Std.). Weiter zum Gletscherzungental Vetladalen folgen wir dem regulären Pfad oberhalb des Seeufers noch ca. 500 Meter, dann geht es durch lichten Birkenwuchs direkt südlich in Richtung Gletscherzunge aufwärts, und wir erreichen schließlich die **Moräne Bondhusbreen** **4** (2:00 Std.). Weiter heranzugehen ist wegen des Eisfalls und des teilweise schlammigen Moränenuntergrundes nicht zu empfehlen. Sehr beliebt ist der Bondhusbreen bei Eiskletterern, die auf

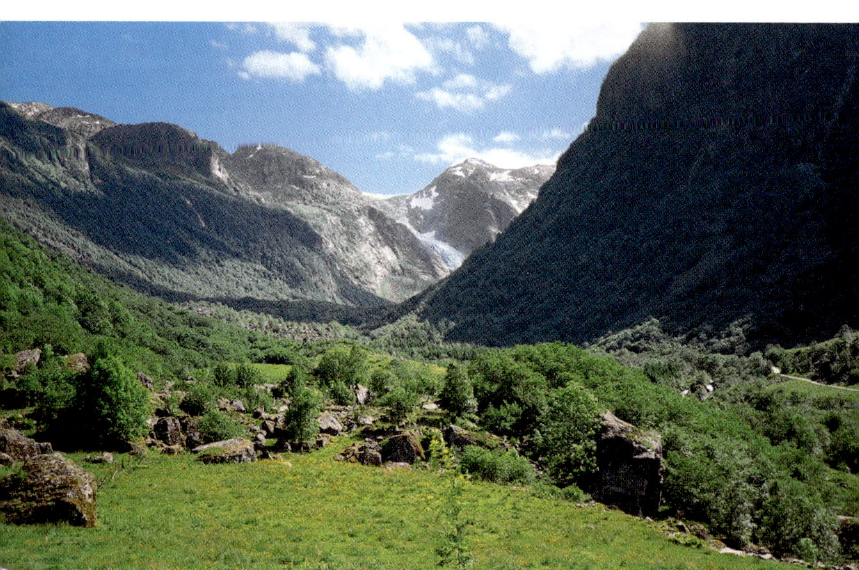

Die Gletscherzunge Bondhusbreen in der Gebirgsrinne

der Gletscherzunge mit entsprechender Ausrüstung ihrem Hobby nachgehen.
Für eine sehr schöne Aussicht auf die Gletscherzunge, den Bondhusvatnet und das Bondhusdalen lohnt sich eine Tourvariante vom letzten Abzweig hinauf in das Fynderdalen. Der unmarkierte Pfad geht jedoch recht steil bergauf und bedeutet einen mittelschweren Abstecher von etwa einer Stunde. Am kleinen Bergsee Fynderdalsvatnet angekommen, geht man nun nach Norden den Berghang noch ca. 500 Meter zum Berggipfel Hovden (650 m) hinauf.
Nach den schönen Aussichten zum Gletscher, auf das Tal und die Naturlandschaft geht es den gleichen Weg zurück zum **Parkplatz Bondhus E (4:00 Std.)**. Einkehren kann man ca. 500 Meter vom Parkplatz entfernt in der Siedlung Bondhus im Gasthaus Olaløa. In Sunndal bestehen zudem verschiedene Übernachtungs- und Einkehrmöglichkeiten.

Freud & Leid

So eine schöne Landschaft, dass man kaum weiß, wo man als Nächstes hingehen möchte. Klingt seltsam, aber Sätze wie: »Komm, wir schauen noch, was hinter der Kurve ist« oder: »Wo mag dieser Abzweig wohl hinführen?« zeigen, dass es eine große Auswahl an Möglichkeiten in der Region gibt und man immer die Wahl hat, spontan zu sein.

Folgefonna-Nationalpark

Dieser Nationalpark wurde erst im Jahr 2005 gegründet und hat in 5470 Rosendal am Skålakaien ein eigenes »Nationalparkcenter« mit Touristeninformation. Das Center informiert über die Natur rund um Gletscher, Hochgebirge und Fjordküste sowie über die reizvolle Geschichte der Kulturlandschaft. Touristen können neben Tourkarten und weiteren Tourvorschlägen auch Übernachtungs- und Einkehrmöglichkeiten sowie Aktivitätsangebote wie Gletschertouren/-klettern einholen, unter Tel. 0047/53484280, turistinfo@kvinnherad.kommune.no, www.visit-sunnhordaland.no, www.rosendal.net.

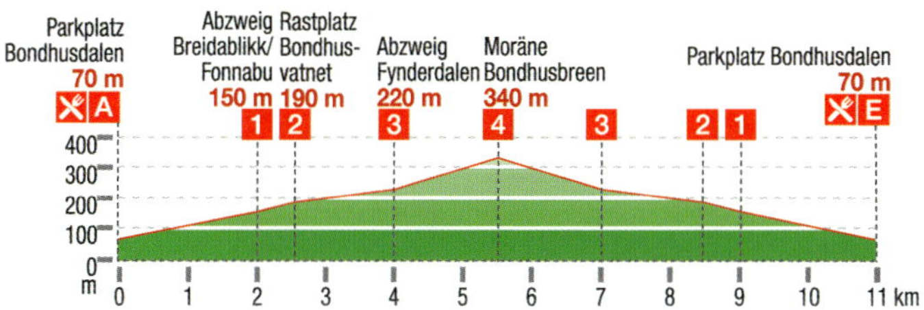

13 5:15 Std. 823 hm 737 hm 16,5 km   

Bergen: Fløyen – Ulriken

Das »Byfjell« (Stadtgebirge) von Bergen bietet eine Tour der Gegensätze: vom städtischen Treiben in die Stille des Hinterlandes mit vielen schönen Aussichten auf Berglandschaft, besiedelte Täler und Meeresküste! Mit den populären Bergbahnen ist die Tour auch kinder-/familiengeeignet!

Der Wegverlauf

Die Fløibanen ist eine Standseilbahn, die sowohl Touristen als auch Anwohner am Berg Fløyen bzw. die Bewohner der Stadt Bergen zum Aussichtspunkt Fløyen und ins schöne Naherholungsgebiet (norw. friluftsområdet) befördert. Von der **Stadtstation Fløibanen** A kann man in ca. 45 Minuten auch zu Fuß über einem markierten Weg parallel zur Bahnlinie mit Haltestellen hinaufgelangen. Für Familien mit Kindern ist die Bahn die erste Wahl, da 300 von insgesamt 823 Höhenmetern sowie Zeit eingespart werden. Wir nehmen die Fløibanen, die alle 15 Minuten verkehrt, steigen in den interessant konstruierten Wagen und fahren in wenigen Minuten hinauf zum ersten Aussichtspunkt Fløyen.

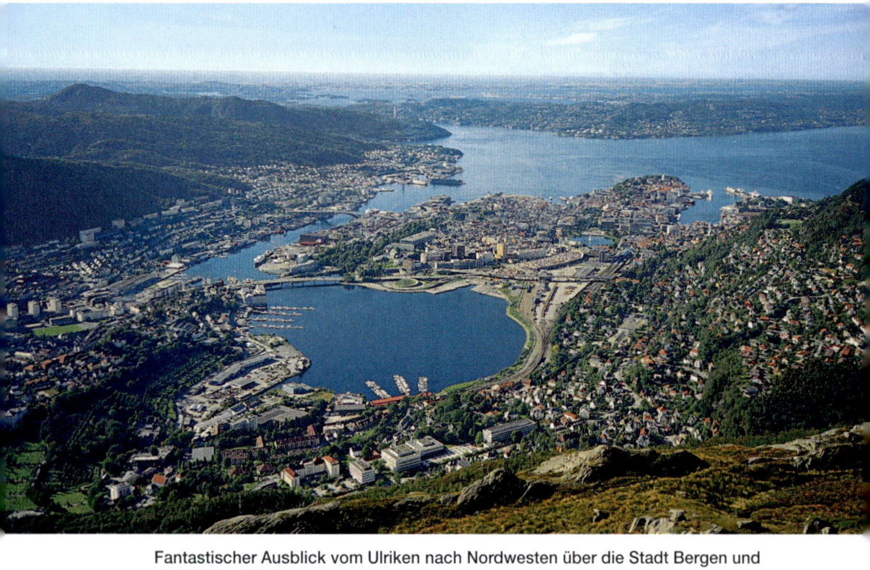

Fantastischer Ausblick vom Ulriken nach Nordwesten über die Stadt Bergen und die Schärenküste

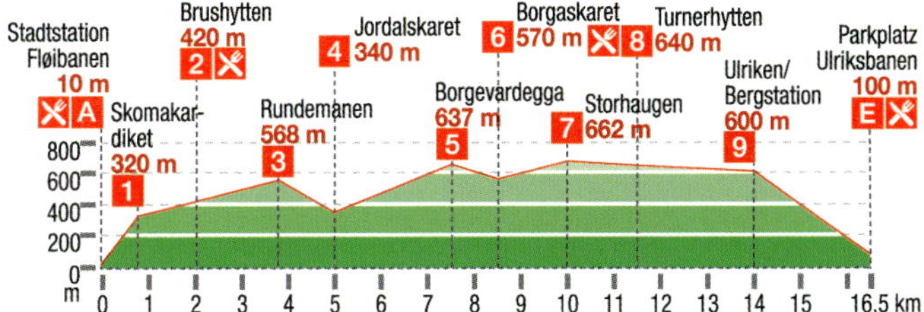

Reges Touristentreiben herrscht zwischen dem Souvenirkiosk und dem Geländer der Aussichtsplattform, lockt doch hier der Blick auf die geschichtsträchtige mittelalterliche Hansestadt Bergen an Norwegens Westküste. Von hier wandern wir einen Schotterweg nach Osten in den stillen Wald zum Badeteich **Skomakardiket** 1 (0:30 Std.) mit schönem Picknickplatz am Nordufer. Dieser See ist der Einzige im Byfjell, in dem Baden erlaubt ist. Alle anderen dienen zur Trinkwasserversorgung der Stadt. Von dort geht es durch hügeliges, noch bewaldetes Terrain zunächst nordwestlich, dann entgegengesetzt nordöstlich auf dem Wanderweg Rundemannsveien Richtung Berghütte **Brushytten** 2 (0:50 Std.). Die Hütte ist sonntags zwischen 11 und 16 Uhr zur Einkehr geöffnet und bietet Süßigkeiten sowie Getränke. Von der Hütte geht es nordwärts einen asphaltierten Weg durch ein Tal mit steilen Felswänden bergauf zum Berg Rundemanen. Hier lassen wir die Baumvegetation für die restliche Tour hinter uns. Kurz hinter dem Nordufer des Sees Store Tindevatnet zweigt ein markierter Pfad zur Hütte Hyttelien ab. Auf dieser Route machen wir einen kurzen Schwenk nach links auf die Aussichtsstelle des **Rundemanen** 3 (1:20 Std.) und genießen die weite Aussicht über die runde, felsige Berglandschaft. Weiter auf dem Pfad passieren wir die Wegkreuzung bei Hyttelien und gehen nun zunächst nordöstlich Richtung Vikinghytten, ab **Jordalskaret** 4 (1:40 Std.) Richtung Südost zum See Øvre Jordalsvatnet und lassen den Abzweig zur Vikinghytten links

Wegbeschaffenheit
Gut beschilderter, markierter Wanderweg, zunächst Fahrwege, später Bergpfade

Ausgangspunkt
Fløibanen-Stadtstation im Zentrum Bergens, nordwestlich des Fischmarktes (Torget)
GPS-Koordinaten: 60.396369, 5.328377

Anfahrt
Per Auto nach Bergen (E39) zur Ulriksbanen (Rv 585), dort parken und per Bus ins Stadtzentrum. Dort bzw. vom Busterminal, Bahnhof, Fährkai zu Fuß über Zentrum/Fischmarkt zur Fløibahnstation

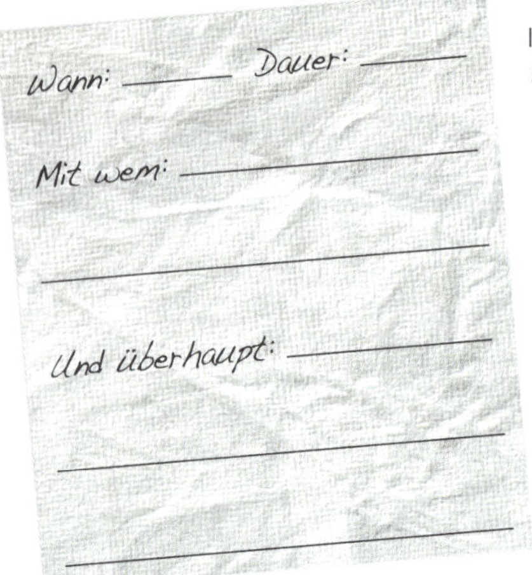

liegen. Vom Südufer dieses Sees steigen wir auf das steile Trappefjellet, einen aussichtsreichen Berggrat mit steilen Flanken, der sich bis zum Alfjellet etwas verbreitert und weniger steil fortsetzt. Dort passieren wir die höchste Erhebung **Borgevardegga** **5** **(2:40 Std.)** auf 637 Meter. Wenig später unterbricht die Schlucht **Borgaskaret** **6** **(3:00 Std.)** diesen Höhenzug. Wir steigen hier etwa 50 Meter hinunter und wieder steil die andere Bergseite hinauf. Südwärts auf dem sich erweiternden Höhenzug machen wir einen kleinen Schwenk nach rechts zum Steinmann (norw. Varde) des **Storhaugen** **7** **(3:30 Std.)** und erreichen die höchste Erhebung der Tour mit 662 Meter. Hier ist der Blick nach Westen sehr lohnenswert, hinunter zur Stadt über das schroffe Tal Isdalen mit dem Trinkwassersee Svartediket und nach Osten zum Gletscher Folgefonna. Wir setzen den, insbesondere bei

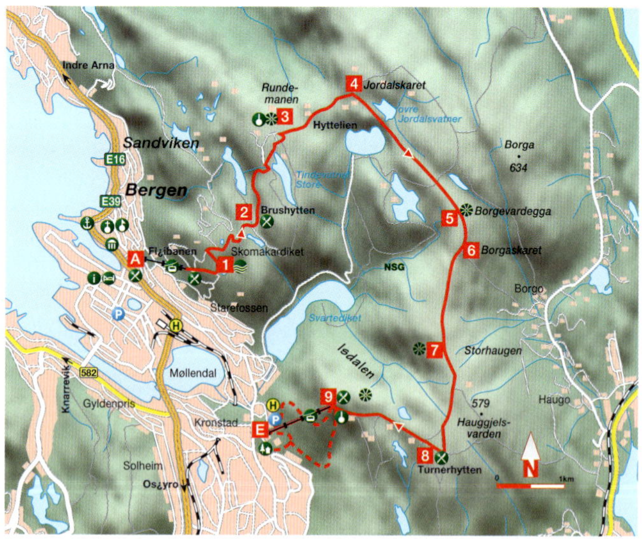

dichtem Nebel, hilfreich mit Steinvarden markierten Weg nach Süden fort, passieren einen Abzweig in das Isdalen und gelangen wenig später zu einer weiteren Weggabelung. Hier nehmen wir den Weg zur **Turnerhytten** 8 (3:50 Std.), die an Wochenenden bis 15 Uhr geöffnet hat und kleine Wegzehrungen anbietet. Von der Hütte oder bereits vom letzten Abzweig aus gehen wir nun in nordwestlicher Richtung allmählich zum Berg Ulriken, vorbei an der Årstadhytten und unterhalb der höchsten Erhebung des Ulriken. Mehrere kleine Bergpfade weisen auf die Möglichkeit hin, hier nochmals sportlich diese Anhöhe auf 643 Meter hinaufzusteigen und abermals die Aussichten zu genießen. Schließlich erreichen wir auf dem hügeligen Hauptpfad den großen Sendemast und die **Bergstation zur Seilbahn Ulriksbanen** 9 (4:30 Std.). Hier oben kann man in einem Café-Restaurant einkehren und die Aussicht nach Bergen mit vorgelagerter Küstenlandschaft genießen. Für den Abstieg bieten sich mehrere Möglichkeiten. Die einfachste Variante ist die Seilbahn, die 500 Höhenmeter einspart! Ein steiler Pfad beginnt z. B. unterhalb der Bergstation und geht am Hang der Seilbahn hinunter. Vom Parkplatz der Seilbahn fährt der Doppeldeckerbus Ulriken 643 zurück ins Zentrum. Etwas weniger steil führt eine Route südlich hinunter und trifft auf einen Fahrweg, der zur Jugendherberge Montana führt. Von dort gelangt man ebenfalls per Bus ins Zentrum oder auf einem Pfad noch vor der Herberge zum **Parkplatz der Ulriksbanen** E (5:15 Std.).

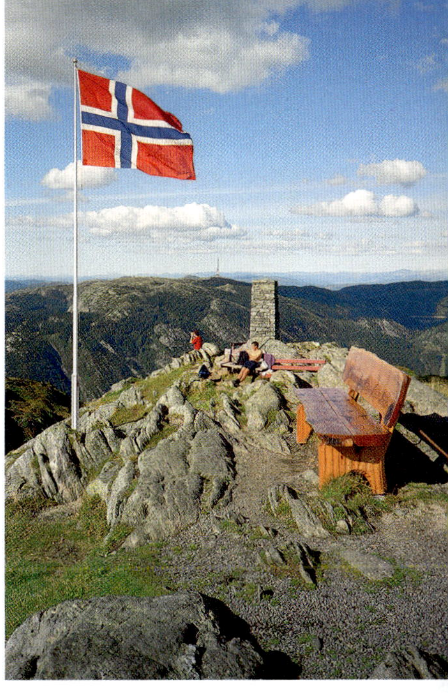

Am Ziel: die Aussichtsstelle an der Bergstation Ulriken

Freud & Leid

Gewiss ist es angenehm, wenn man mehr als ein Drittel des Höhenunterschieds mit der Bahn zurücklegen kann. Aber die Konsequenz aus dieser Möglichkeit ist natürlich, dass man hier die Einsamkeit suchen muss. Doch keine Sorge, Tagestouristen aus Bergen bleiben für gewöhnlich in der Nähe der Bergstation.

14 4:00 Std. ↑ 475 hm ↓ 475 hm ↔ 11 km 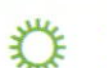 

Von Finse zum Sankt Pål

Skarvheimen ist der Name dieses Wandergebiets, das erst 1995 vom norwegischen Wanderverein DNT und der Bevölkerung etabliert wurde. Skarv beschreibt dabei die nackte, schroffe, zerklüftete und hügelige Gebirgslandschaft, die von kleinen Gletscher- und Schneefeldern durchzogen ist.

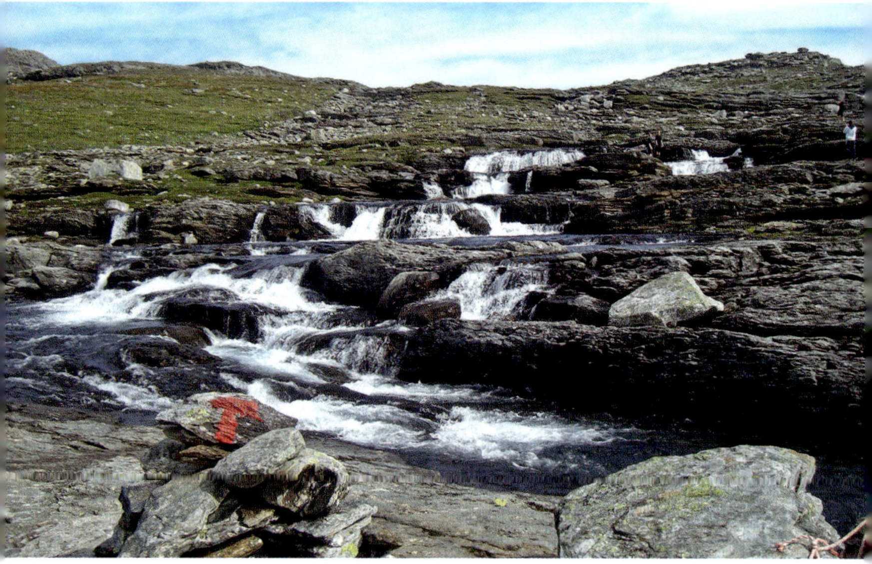

Überquerung des Kaskadenflusses Finseå

Der Wegverlauf

Die Wanderung startet am Bahnhof **Finse Stasjon** A, einem stark frequentierten und beliebten Tourenausgangspunkt und -ziel. Dort anzutreffen sind bis in den Mai hinein Skiwanderer, ab dann Berg- und Gletscherwanderer sowie auch Radwanderer auf dem »Rallarvegen« (alter Schotterweg aus den Zeiten des Bahnstreckenbaus über das Hochgebirge von Haugastøl nach Flåm).

Wir verlassen das Bahnhofsgebäude und gehen in nordwestlicher Richtung. Dort überqueren wir die Bahnlinie und wandern anschließend nordwärts durch ein Ferienhüttengebiet. Wir folgen den roten Markierungen/Wegweisern, zumeist Ts, zur »Geiterygghytta«. Der Wanderweg führt nun in nordnordöstlicher Richtung am Bergfuß des Sanddalsnuten (1554 m) mit leichter Steigung hinauf. Vor und nach dem Fluss Finseelvi oder auch »Finseå« genannt, ist es flacher. Der Wasserlauf mit einem schönen kleinen Kaskadenwasserfall wird an der **Sommerbrücke Finseå** **1** **(1:00 Std.)** – Aluminiumstege mit einem Handlauf – bequem überquert. Einige Hundert Meter nach dem Fluss geht es weiter durch hügeliges und anschließend etwas steiler ansteigendes Terrain, zum Teil über Fels, Geröll und Blockschutt. Mit zunehmender Höhe treffen wir entlang unseres Weges, vor allem in schattigen Bereichen, im Juli aber auch noch im August vermehrt auf Schneeflächenreste. Hier lohnt sich auch schon ein Blick in Richtung des zurückgelegten Weges Richtung Finse im Süden. Oberhalb des Sees Finsevatnet erhebt sich das Gletschergebiet des Hardangerjøkulen (1825 m) mit einer seiner Gletscherzungen Middalen. Etwas flacher geht es den Weg weiter, und wir erreichen die **Klemsbu-Hütte** **2** **(2:00 Std.)**. Sie dient u.a. den Rentierjägern als Unterkunft, ist aber auch als Notunterkunft über die erste Etage begeh- und nutzbar, während der eigentliche Eingang im Erdgeschoss normalerweise verschlossen ist.

Von hier aus können wir, gutes Wetter und normale Sichtverhältnisse vorausgesetzt, den »Steinvarde« (Steinmann) vom Berg Sankt Pål im Norden ausmachen. Wir folgen noch ca. 20 Minuten dem markierten Weg auf diesem Plateau in nordöstlicher Richtung. So nähern wir uns dem Bergfuß des »Kathedralenbergs« auf seiner Südostseite. Dort zweigt ein unmarkierter, aber gut sichtbarer Weg nordwestwärts ab, der zum höchsten Punkt, zum Steinhaufen des **Sankt Pål** **3** **(2:30 Std.)** auf 1695 Metern hinaufführt.

Von hier aus bietet sich eine weite Aussicht über Skarvheimen und Hallingskarvet mit seinen vielen Schnee-

Freud & Leid

Eine angenehme und relativ ruhige Wanderung mit schönen Ausblicken, wenn man den Gipfel erreicht hat. Je nach Wetterlage und Jahreszeit sollte man hier aber auch schon mal mit der Überquerung kleinerer Schneefelder oder Bächen mit Schmelzwasser und dadurch rutschigen Steinen rechnen. Festes Schuhwerk ist hier also besonders gefordert.

Wegbeschaffenheit
Sanfter Anstieg auf z. T. steinigen, schneebedeckten, mit rotem T markiertem Bergpfad

Ausgangspunkt
Bahnhof »Finse Stasjon«, 1220 m
GPS-Koordinaten: 60.602148, 7.502968

Anfahrt
Finse liegt an der Bahnstrecke zwischen Oslo und Bergen. Autoreisende fahren bis Haugastøl (bei Geilo) am Rv 7 und nehmen die mautpflichtige Straße oder den Zug nach Finse.

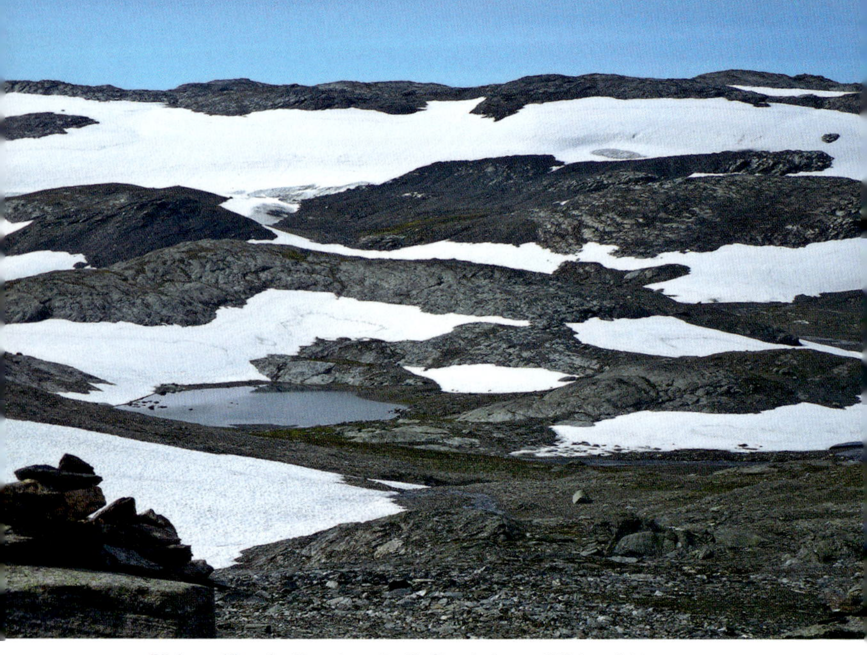

Blick von Klemsbu über das schroffe Skarvheimen mit Schneefeldern

flächen, kleineren Gletschern und kargem Hochgebirge. Bei guter Fernsicht sehen wir darüber hinaus den bereits erwähnten Hardangerjøkulen im Süden und im Norden sogar das südliche Jotunheimen mit den 2000-Meter-Gipfeln des Hurrungane-Gebirges (2403 m). Im Südosten, in der Telemark, ragt klein, aber markant sichtbar, der höchste Berg von Südnorwegen, der Gaustatoppengrat, mit 1883 Höhenmetern (Tour 7) hervor. Erfolgt der Abstieg vom Berg zu vorgerückter Stunde, könnten dem Wanderer im Licht der Abendsonne Ähnlichkeiten des Berges mit der Londoner St. Paul's Cathedral auffallen. So erging es dem englischen Lord Garvagh, einem Jäger und Angler, als er 1860 nach Aurland kam und in der Gegend um den markanten Gipfel auf Rentierjagd war. Seitdem trägt der Berg den Namen Sankt Pål.

Wann: ________ Dauer: ________

Mit wem: ________

____

Und überhaupt: ________

____

____

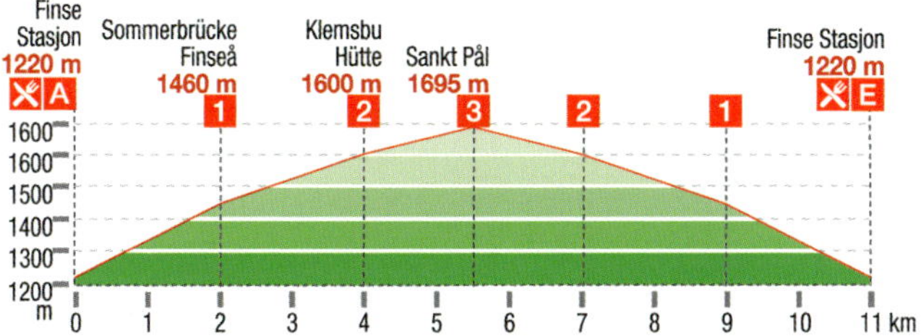

Wer auf dieser Route mit Trekking- oder Tourgepäck unterwegs ist, der kann vom Sankt Pål und auf der markierten Route nun hinabsteigen und ca. 3 weitere Stunden zur Geiterygghytta wandern. Von dort geht es zur Raggsteindalshytta und dann zurück nach Finse durch das Bergportal Kyrkjedøri.

Tagesausflügler gehen auf dem gleichen Weg, den sie gekommen sind, zurück nach Finse. Bergab benötigen sie hierfür ca. 1:30 Stunden und erreichen wieder die **Finse Stasjon** E (4:00 Std.).

Übernachtungsmöglichkeit Finsehytta

Wer eine weitere Tour unternehmen möchte (siehe auch Tour 15), findet in Finse nahe dem Bahnhof Einkehrmöglichkeiten mit Unterkünften. Die vom DNT bewirtschaftete Finsehytta südlich des Bahnhofs bietet den klassisch norwegischen Berghüttenkomfort des Touristenvereins mit insgesamt 150 Betten. Die Wirte der DNT-Hütten garantieren auch ohne Voranmeldung für Unterkunft und Verpflegung. Weitere Tourvorschläge und Kontakt: Finsehytta, 5719 Finse, Tel. 0047/56 52 67 32, finsehytta@turistforeningen.no, https://finsehytta.dnt.no/.

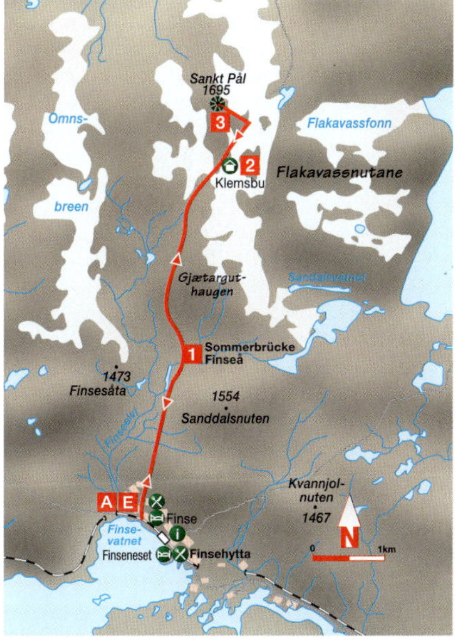

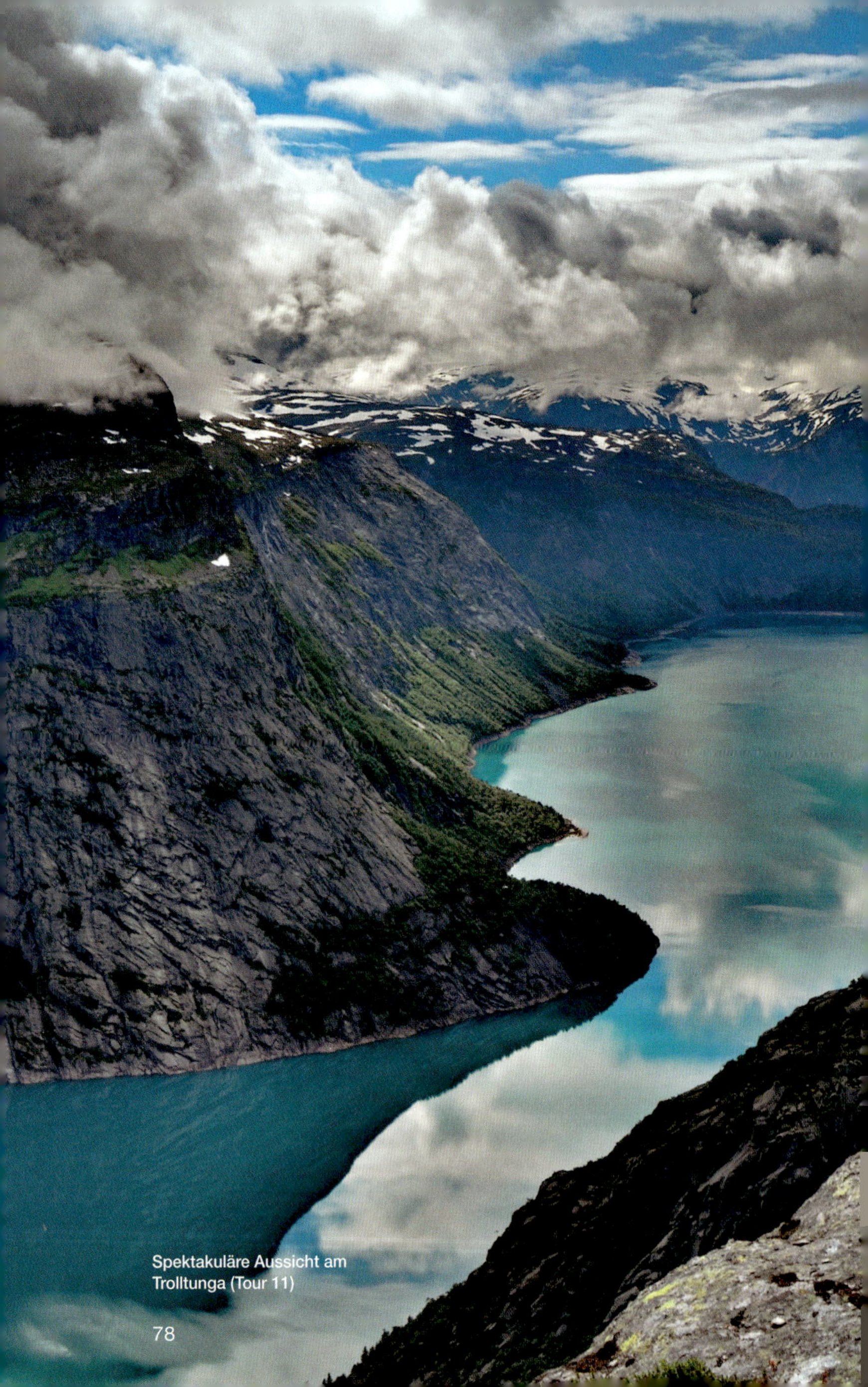

Spektakuläre Aussicht am Trolltunga (Tour 11)

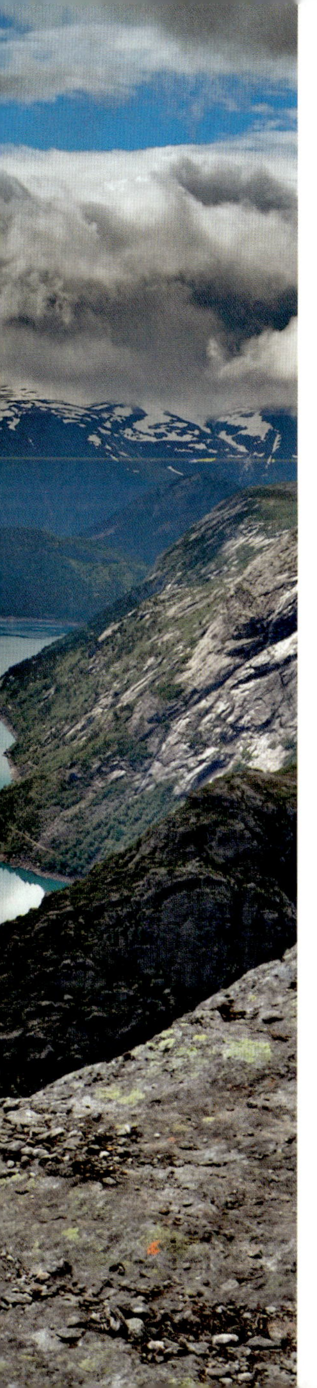

Top 5

Spektakuläre Landschaften

Zum Kjerag am Lysefjord

Ein kleiner Felsbrocken steckt zwischen zwei Felswänden in 1000 m Höhe fest und lockt zu Mutproben (Tour 3).

Zum Preikestolen am Lysefjord

Der Klassiker: die berühmte Plattform, wo man die Beine in einer Höhe von 600 m baumeln lassen kann (Tour 4).

Nordkap und Knivskjelodden

Wer will nicht den nördlichsten Punkt Europas besuchen und den Globus oberhalb der Felskante besichtigen? (Tour 39)

Vom Skjeggedal zur Trollzunge

Trolltunga ist eine Plattform, die horizontal in die Luft ragt und zu atemberaubenden Bildmotiven einlädt (Tour 11).

Am Lochberg Torghatten

Höhlen gibt es viele, aber ein natürliches Loch durch einen Berg bieten nur wenige Landschaften (Tour 32).

15 6:00 Std. ↑ 840 hm ↓ 840 hm ↔ 20 km  

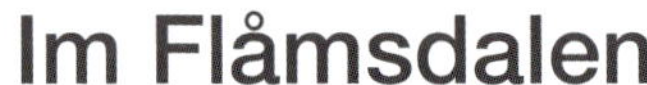

Im Flåmsdalen

Auf dem Rallarvegen, einem alten Bahnstreckenbauweg, wandern wir auf teilweise asphaltierten, geschotterten, schmalen Fahrwegen und folgen dem engen Tal Flåmsdalen, mit grandioser Landschaft an der spektakulären Bahnlinie entlang, vom Aurlandsfjorden hinauf zur Myrdal-Bahnstation.

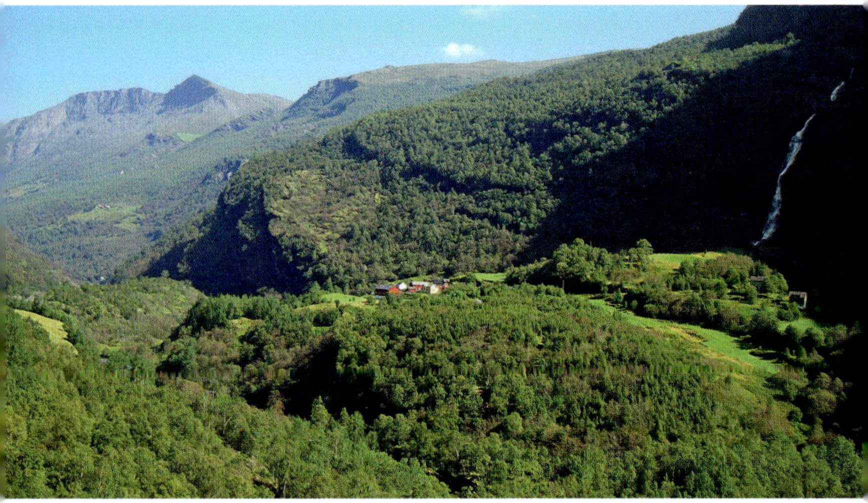

Blick vom Berekvam hinunter in das wilde Flåmsdalen

Wegbeschaffenheit
Befestigter Weg, Radwandermarkierung, zum Ende steiler Serpentinenanstieg

Ausgangspunkt
Bahnhof Flåm Stasjon am Aurlandsfjord, einem Ausläufer des Sognefjords
GPS-Koordinaten: 60.863365, 7.113007

Anfahrt
Von Oslo mit Zug oder Bus, von Bergen u. a. Küstenorten mit einer Passagierschnellfähre durch den Sognefjord nach Flåm. Mit dem Auto auf der E 16 Oslo–Bergen nach Flåm, Parkplatz am Bahnhof

Der Wegverlauf

Auf Meeresniveau am Bahnhof Flåm Stasjon beginnt unsere Wanderung ins Flåmsdalen hinauf zur Myrdal Stasjon auf 865 Meter. Alternativ kann natürlich die Tour auch in umgekehrter Richtung unternommen werden. Dann würden wir zunächst mit dem Zug von Flåm nach Myrdal fahren und von dort beschwingt hinunterwandern. Von Finse (siehe Tour Nr. 14), ist dies zudem eine mögliche Anschluss-

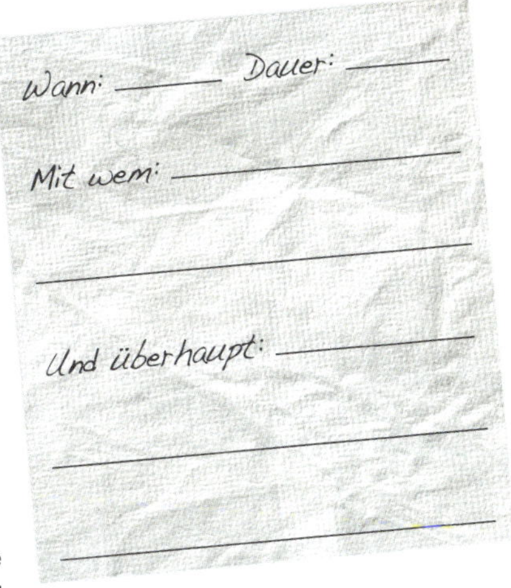

tour ab Myrdal oder von Flåm aus. Zu Beginn oder zum Ende der Tour kann man das Museum Flåmsbana Museet im alten Bahnhofsgebäude besuchen. Dort wird die zwanzigjährige Geschichte über den Bau der wohl wagemutigsten Bahnteilstrecke von Anfang 1920 dokumentiert. Sie ist eine der steilsten Eisenbahnstrecken der Welt dieses Normalschienenspurtyps. Der größte Teil der Strecke, hinauf zur Gebirgshochebene und zur Hauptbahnlinie Oslo – Bergen, überwindet mehr als 5 % permanente Steigung. Seit den 1990er-Jahren ist diese Bahnstrecke durch das wilde Flåmsdalen eine Haupttouristenattraktion mit zahlreichen Rundtourangeboten. Ende der 1990er-Jahre wurde zudem in Flåm ein neuer Kai für Kreuzfahrtschiffe aller Größen fertiggestellt, sodass die an Norwegens Küste und im 204 km langen Sognefjord fahrenden Kreuzfahrtschiffe im Aurlandsfjord Station für einen Passagierausflug mit der Flåmsbahn machen können. In der Hauptsaison Juli/August sollte man sich vor der Wanderung um die Bahntickets (ohne Sitzplatzgarantie) bemühen, insbesondere wenn man eine der 8 Haltestellen auf der Tour nutzen möchte.

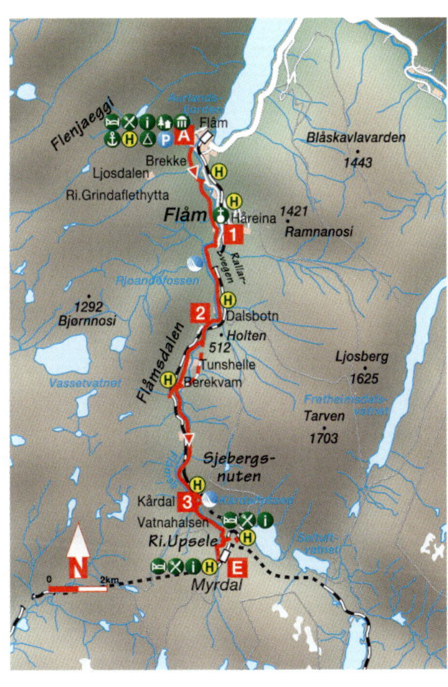

Wir verlassen nun den Stations- und Hafenortsteil von **Flåm** A und wandern das reizvolle, vor uns liegende Flåmsdalen am Fluss Flåmselvi und der Bahnstrecke entlang, dabei in meist leichter Steigung bergauf. Vom Bahnhofsgebäude der Flåm Stasjon haben wir zwei Möglichkeiten, weiter Richtung Håreina/Flåm Kirke zu gehen. Die Straße auf der Ostseite des Flusses Flåmselvi ist der Hauptweg, der auch von den Radwanderern auf dem Rallarvegen befahren wird. Der verkehrsmäßig ruhigere Teil befindet sich auf der Westseite des Flusses. Dafür wandern wir in Richtung Campingplatz/Jugendherberge und überqueren den Fluss. Noch befinden wir uns auf der Hauptzubringerstraße von der E 16 zum Bahnhof. Nachdem wir unter der Brücke der E 16 hindurchgegangen sind, wandern wir weiter in südlicher Richtung, zunächst bis zu den Höfen Brekke. Nach ca. 1 km zweigt ein Wanderweg in das Seitental Ljosdalen zur Grindaflethytta ab, und wenige Hundert Meter danach passieren wir eine Brücke. Wir bleiben auf der Westseite, wandern weiter dicht am Flussufer entlang und passieren weitere Hofstellen, bis wir wieder zu einer Brücke gelangen. Wir überqueren diesmal die Brücke und besichtigen in diesem Dorfteil die **Flåm-Kirche** 1 (1:00 Std.). Diese dunkle Holzkirche wurde im Jahre 1667 erbaut. Teile der Dekoration und des Altars stammen ebenfalls aus dem 17. Jahrhundert. Im Jahr 2014 wurden Teile der Ortschaft durch ein Hochwasser zerstört, und auch die Kirche musste renoviert werden und war im Jahr 2015 für den Besucher geschlossen. Die Neueröffnung ist für den Sommer 2016 geplant. Wir wandern nun auf der Ostseite des Tals weiter, in einem Bogen vorbei an einem Wasserkraftwerk, und nach einer 90-Grad-Flusskehre gelangen wir zum imposanten 140 Meter frei fallenden Rjoandefossen. Auf unseren Weiterweg passieren wir die Abzweigung zur Haltestelle Dalsbotn sowie danach die rechts von uns gelegene Hofstelle Dalsbotn. Am Fuße des Berges Holten überqueren wir den Fluss. In der darauf folgenden Kehre belohnt uns am **Holten-Aussichtspunkt** 2 (2:15 Std.) ein schöner Blick auf das untere Flåmsdalen mit seinen alten Berghöfen an den steilen Berghängen. Oberhalb der Höfe geben im Nordosten der Berggrat und der Berg Ramnanosi (1421 m)

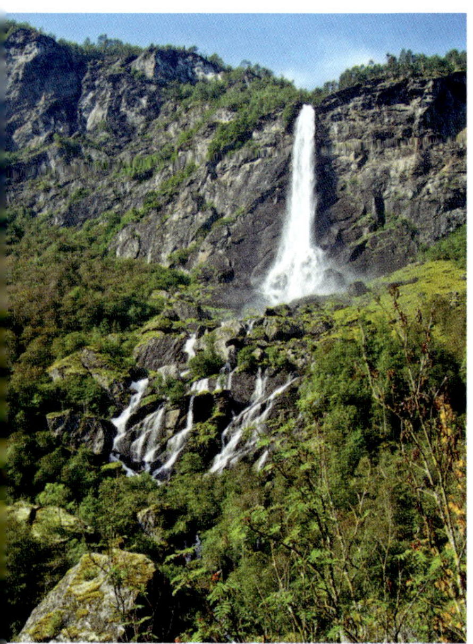

Der mächtige Wasserfall Rjoandefossen zwischen Håreina und Dalsbotn

eine eindrucksvolle Kulisse. Wir wandern nun wieder auf der Westseite des Flusses, haben aber nach ca. 1 km wieder die Alternative, den Fluss über eine Brücke zu queren und einen Abstecher zu den Höfen Tunshelle und Berekvam zu machen. Dieser Weg, wie auch der Hauptweg durch das enge Tal, führen an der Wegkreuzung nahe der Haltestelle und dem Zugkreuzungspunkt Berekvam wieder zusammen. Von dort geht es auf der Westseite weiter mit Bahnlinienüberquerungen durch das schmale Tal, vorbei an Wasserfällen. Nach zwei Kehren überqueren wir kurz vor der Hofstelle Melhus erneut den Fluss und wandern parallel mit der Bahnlinie und der Haltestelle Blomheller auf der Ostseite weiter. Am Bergfuß des Sjebergs verschwindet die Bahnlinie nun des Öfteren in mehreren langen Tunneln bis hinauf nach Myrdal. Bald darauf passieren auch wir auf unserem Weg einen kurzen Tunnel und gelangen in einen sehr engen Talabschnitt, der sich an der Hofstelle Kårdal wieder weitet. Von der dortigen Brücke aus können wir dem Wasserfall **Kårdalsfossen** 3 (4:30 Std.) zuschauen. Nach weiteren 2 km auf der Westseite gelangen wir nun zum anspruchsvollen Teil dieser Wanderung. Der geschotterte Fahrweg schlängelt sich von 570 Meter in 21 scharfen Kehren den steilen Felshang hinauf auf 800 Meter. Oben angekommen, weitet sich der Ausblick über das Tal und die umliegende Gebirgslandschaft. Der Fahrweg teilt sich nach links Richtung Finse/Haltestelle Vatnahalsen/Vatnahalsen Hotell (siehe Tipp) und nach rechts weiter aufwärts, aber weniger steil, nach Myrdal. In wenigen Hundert Metern erreichen wir die Bahnstation **Myrdal Stasjon** E (6:00 Std.).

Freud & Leid

Kultur und Geschichte lernt man auf dieser Tour kennen. Natur selbstverständlich auch, doch bei dieser Wanderung ist man nicht in einsamer Wildnis unterwegs, sondern auf breiten Wegen und Strecken durch ein Tal, dass man sich mit einer Bahntrasse teilt. Dennoch bleibt die wirklich sehenswerte Streckenwanderung idyllisch.

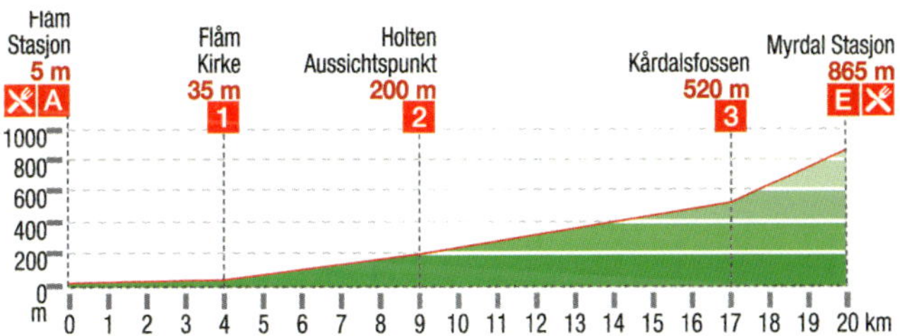

16 6:30 Std. ↑ 780 hm ↓ 80 hm ↔ 20 km  

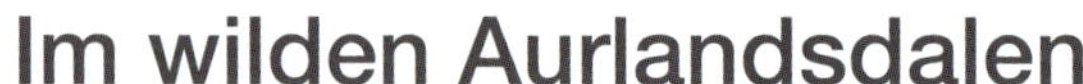

Im wilden Aurlandsdalen

Vom Flåmsdalen weiter westwärts erwartet uns am Aurlandsfjorden das nächste, noch wildere Tal Aurlandsdalen. Diese Tour führt uns auf einer alten Alm- und Transportroute durch ein canyonartig eingeschnittenes Tal auf spektakulären Pfaden hinauf auf das Sleipafjellet bei Østerbø.

Der Wegverlauf

Spätestens auf dieser Route kommt bei so manchem Wanderer die Frage auf: Was trieb die Menschen eigentlich hier entlang, durch dieses enge Schluchtental, sodass es heute als Wanderweg »bequem« begehbar ist? Die günstige Lage, nahe am Meeresarm Aurlandsfjorden des langen Sognefjords, machte diese Route interessant für Waren- und vor allem Tiertransporte. Während der letzten Jahrhunderte hat dieser Pfad mehrere Änderungen erfahren. Statt unpassierbare Schluchten großräumig über die angrenzenden Berge zu umgehen, wurden im Lauf der Zeit Stege und Leitern seitlich in Felsspalten verankert, so bei Sønnerheimsgalden und Nesbøgalden. Um 1930 bzw. 1950 wurde dann an diesen steilen Schluchtstellen mittels Dynamit ein Pfad in den Fels

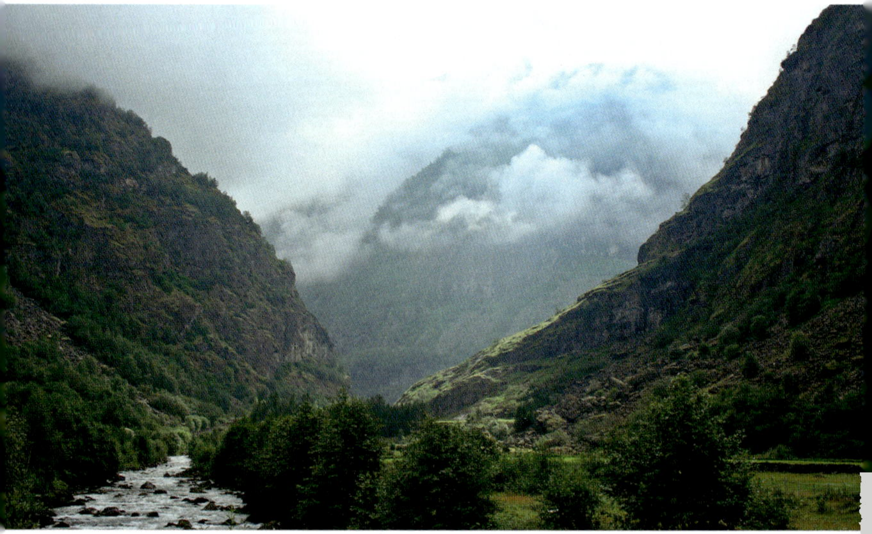

Blick vom Start in Vassbygdi in das enger werdene Tal Aurlandsdalen

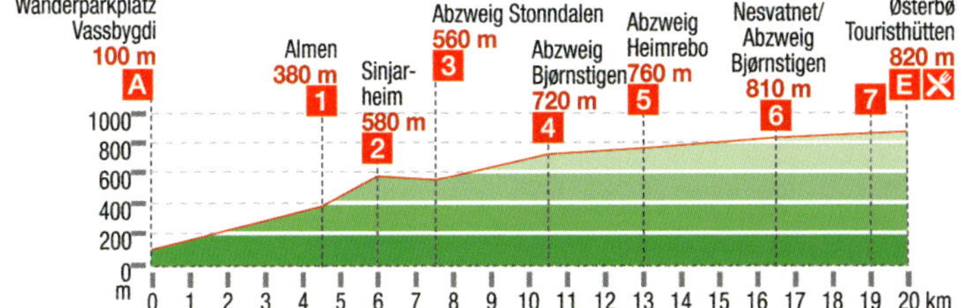

gesprengt. Bis 1970 war dieser »modernere« Pfad bei den angrenzenden Hofbewohnern noch in Gebrauch. Mit dem Ölfund sowie dem massiven Ausbau von Straßen und Wasserkraftwerken in den 1970er-Jahren, begann in Norwegen ein extremer Kulturwandel, der das Aus für die traditionelle Landwirtschaft bedeutete.

Vom **Wanderparkplatz in Vassbygdi** A machen wir uns nun auf, diesen faszinierenden Schluchtweg Richtung Østerbø zu entdecken, und lauschen seinen Naturschauspielen und alten Siedlungsgeschichten. Zunächst folgen wir im flachen Tal des Flusses Aurlandselvi am Nordufer einem Fahrweg in Richtung Osten, der schon bald in einen Pfad übergeht. Das Flusstal verengt sich, Geröllfelder sind zu überqueren, und schon bald erfolgt an einer Schlucht der erste steile Anstieg hinauf zur alten Sommerfarm **Almen** 1 (1:20 Std.).Von hier wandern wir oberhalb einer langen Flussbiegung in südlicher Richtung. Nach der zweiten Seitenbachüberquerung mittels einer Sommerbrücke steigt der Pfad am ehemaligen Sønnerheimsgalden (s.o.) auf ausgesprengtem Fels steil zum Bergbauernhof **Sinjarheim** 2 (2:00 Std.) an. Dieser Hof, an landschaftlich sehr reizvoller Stelle, wurde am längsten im Aurlandsdalen betrieben und auch heute, nach jahrzehntelangem Stillstand und anschließenden umfangreichen Renovierungen, wird die alte Almwirtschaft als anschauliches Kulturgut hier wieder aufrechterhalten. Wir wandern nun abwärts zum Seitenfluss Veiverdalselvi und überqueren ihn über eine feste Brücke. Im weiteren Verlauf zweigt links ein Pfad zur Alm Skori ab. Am rechtsseitigen

Freud & Leid

Durch ein wunderbares Tal verläuft die Wanderung großteils in Ost-West-Richtung. Das und die Tatsache, dass das Tal stellenweise eng ist – nicht umsonst ein Canyonpfad –, haben zur Folge, dass man durch schattiges Terrain wandert. So sollte man auch im Hochsommer über die Mitnahme von wärmerer Kleidung nachdenken, besonders auch wegen der Höhenlage am Ziel.

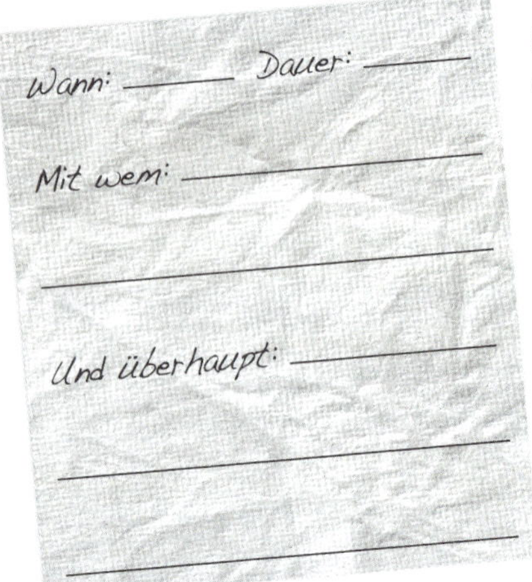

Hügel Haugane vorbei kommen wir zur Flusstalbrücke Bridlebrui und zum **Abzweig Stonndalen** 3 (2:30 Std.). Zunächst weiter am Fluss mit steilem Felshang entlang, überqueren wir anschließend den Bach Bakkegrovi und steigen dann sehr steil in Kehren zu einem Zwischental auf. Hier passieren wir den südlichen Almpfad von Skåri. Nach einem Kilometer machen wir nahe des Tümpels Svartatjødn einen kurzen Abstecher zum Talfluss und besichtigen an einer Felsengstelle die mächtigen Strudellöcher Vetlahelvete. Gleich nach dem Tümpel am Wanderpfad passieren wir den **Abzweig Bjørnstigen** 4 (3:30 Std.), einen der anstrengenden Bergpfade, die die nachfolgende Schlucht umgehen. Wir folgen dem Flusslauf und passieren die Hängebrücke nach Berekvam. Danach verengt sich die Schlucht wieder. An einer Flussschleife erreichen wir den **Abzweig Heimrebo** 5 (4:15 Std.).

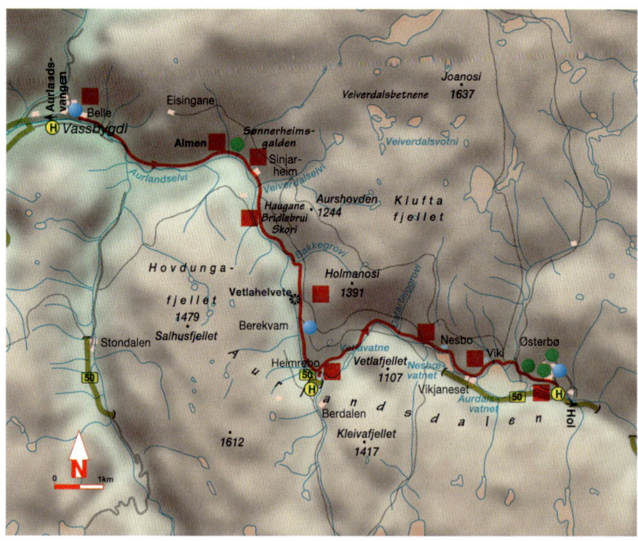

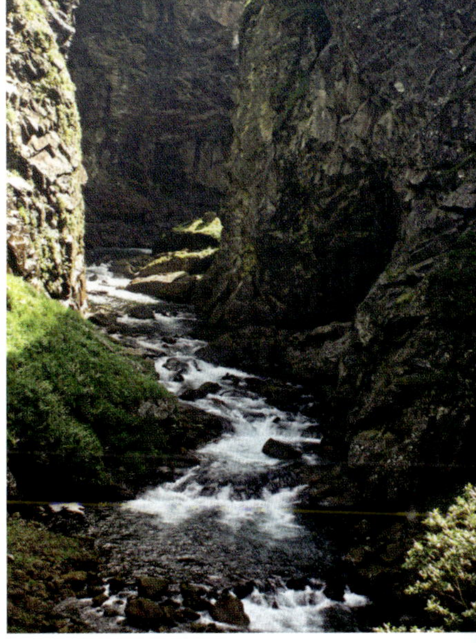

Die canyonartige Schlucht des Flusses Aurlandselvi bei Almen

Über die Flussbrücke gelangt man, bei eventueller Tourverkürzung, zum nahe gelegenen Straßenabschnitt des Rv 50. Wir steigen aber den Pfad nordöstlich, abseits des Flusstals, bergan und gelangen zum Flussgewässer Vetlavatnet. Es erfolgen ein kurzer steiler Abstieg und ein Wiederanstieg an einem engen Schluchtabschnitt mit zum Teil überhängendem Fels. Wieder im Flusstal, gehen wir nach einer weiteren Flussschleife weiter in südöstlicher Richtung, passieren den Bach Dalarteiggrovi und gelangen an der Brücke am See **Nesbøvatnet zum südlichen Abzweig Bjørnstigen** 6 (5:30 Std.). Am Ufer dieses Flusssees gelangen wir zum alten Hof Nesbø. Dann steigen wir in Richtung des legendären Stegpfades Nesbøgalden den heutigen, ausgesprengten Pfad im Steilhang hinauf und gelangen auf leichter Strecke an das Ufer des nächsten Sees Aurdalsvatnet, an dessen Nordufer wir den Hof **Viki** 7 (6:15 Std.) passieren. Nach der zweiten Flussüberquerung der Langedøla erreichen wir schließlich einen Fahrweg nach Østerbø, an dem wenige Hundert Meter südwärts die **Østerbø Touristhütten** E (6:30 Std.) liegen. Hier können wir einkehren und übernachten oder etwa einen Kilometer weiter bis zur Straße Rv 50 gehen, wo regelmäßig zur Sommerzeit ein Bus nach Vassbygdi und Aurlandsvangen verkehrt. Alternativ kann man von Østerbø starten und die Route flussabwärts wandern oder von hier morgens den Bus nach Vassbygdi nehmen und abends nach der Tour in Østerbø einkehren.

Wegbeschaffenheit

Markierter Canyonpfad, z. T. kräftig ansteigend mit steilen, schmalen Felspassagen

Ausgangspunkt

Wanderparkplatz Vassbygdi (Rv 50), ca. 10 km südöstlich Aurlandsvangen (E 16/Rv 50)

GPS-Koordinaten: 60.874230, 7.336701

Anfahrt

Von Oslo per Auto/Bus die E 16 bis Aurlandsvangen und nach Vassbygdi (Rv 50). Per Zug bis Flåm und per Bus nach Aurlandsvangen und Vassbygdi. Parken am Wanderparkplatz mit Kiosk

17 | 4:00 Std. | ↑ 850 hm ↓ 850 hm | ↔ 12 km

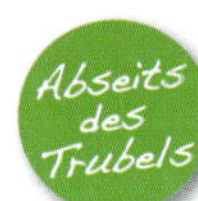

Tafelberg Lihesten am Sognefjord

Das markante Tafelgebirge Lifjell an der Westküste nördlich der Sognefjordmündung weist die Silhouette eines Pferdes auf und trägt zudem den Namen »Lihesten« (hest = Pferd). Die steil aufragende, zerklüftete Felsformation verlockt zu einer erlebnis- und aussichtsreichen Tour.

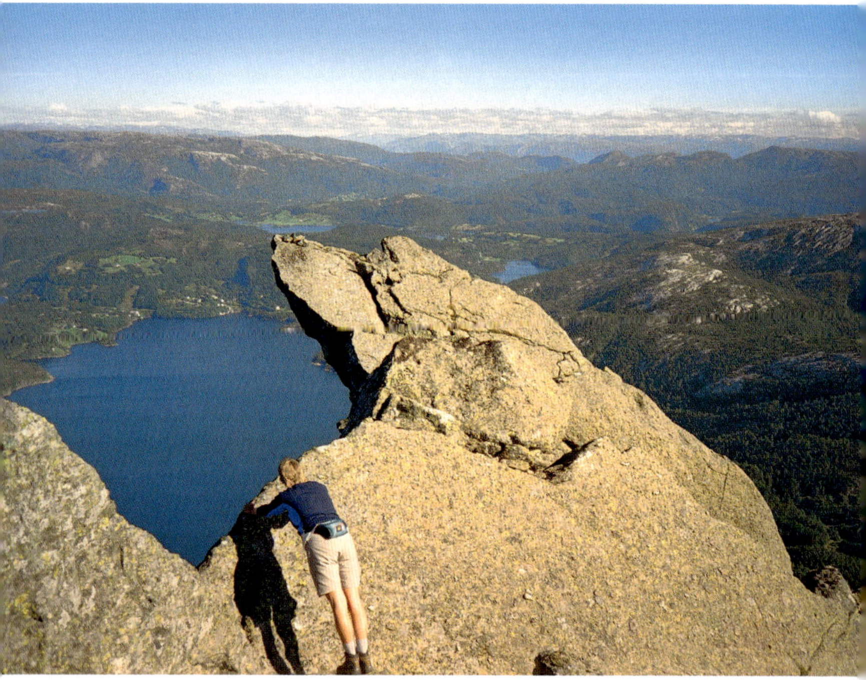

Luftiger Ausblick vom Trollweibszahn

Der Wegverlauf

Wer von der Stadt Bergen an der Westküste Norwegens nordwärts reist, dem wird dieses aufragende Bergmassiv, insbesondere bei schönem Wetter, garantiert ins Auge fallen. Hebt es sich doch von den umliegenden Bergen der zerstückelten Küstenlandschaft ab. Aus der alten Seefahrerzeit haben manche Bergmassive zur Orientierung Eigennamen erhalten wie hier der Lihesten. Interessant an diesem Felsmassiv ist die steile und brüchige Ostseite. Hier hat die höchste Erhebung dem Aussehen nach den norwegischen Namen »Gygrekjeften«, was auf Deutsch so viel bedeutet wie »die Schnauze eines Trollweibes«. In der Tat kann man schon, vom Parkplatz aus zum Gygrekjeften hinaufblickend, ein Gesicht in der Felsformation erkennen. Oben am Gipfel findet sich an der Steilkante ein Fels wie ein langer hervorstehender »Schneidezahn«, hier »Tanna« genannt, der charakteristisch ist bei vielen Trollfiguren.

Freud & Leid

Eine abwechslungsreiche Wanderung in traumhafter Landschaft. Die Abwechslung besteht darin, dass man nach Erreichen der Scharte zunächst wieder bergab wandern muss – rund 120 Hm, die man gerade erklommen hat. Und das auf dem Rückweg gleich noch einmal. Aber das gehört nun mal dazu und sollte einen auf keinen Fall von der Tour abhalten.

Wir starten vom **Parkplatz Lihesten** A, und der erste Wegabschnitt führt von den Höfen über einen Traktorweg in den Wald am Bergfuß. Wir gelangen nach wenigen Hundert Metern in den teils bewaldeten, teils offenen Kuhweidegrund am Berghang, passieren ein Gatter und folgen der Beschilderung nordwestlich den Hang aufwärts über einen recht zertretenen, teilweise matschigen Pfad. An einer hohen Steinstufe kommen wir an ein weiteres Gatter und verlassen die Kuhweide. Die Baumvegetation wird lichter und wechselt sich mit Büschen ab. Der Blick nach Süden zum Lifjorden und Sognefjorden bzw. Sognesjøen wird mit jedem weiteren Höhenmeter sehenswerter. Wir gelangen nun an den Routenabzweig **Nipestien/Lundelandstien** 1 (0:30 Std.). Der kürzere, aber steilere Nipestien, geht von hier am Geröllhang direkt zum Felsmassiv Gygrekjeften in nordöstlicher Richtung. An der steilen Felspartie sind zwei, schon etwas in die Jahre gekommene Taue angebracht, die den Aufstieg von mehreren Metern hinauf in eine Felsscharte nahe des Gygrekjeften erleichtern. Diese Route mit Klettereinsatz ist die Tourvariante. Die längere und weniger steile Route des Lundelandstien führt weiter in nordwestlicher Richtung den Berghang hinauf, der zunehmend aus

Wegbeschaffenheit
Überwiegend markierter Pfad, zunächst Kuhweidepfade, später Gebirgspfad

Ausgangspunkt
Parkplatz Lihesten/Lekva Siedlung, ca. 7 km westlich Hyllestad (Fv 607)
GPS-Koordinaten: 61.163941, 5.222701

Anfahrt
Per Bus/Auto von Bergen die E 39 bis Lavik am Sognefjord. Von dort über Fv 607 bis Hyllestad und weiter Richtung Risnes (Kv 62), dann nach rechts dem Schild Lihesten bis zum Parkplatz folgen

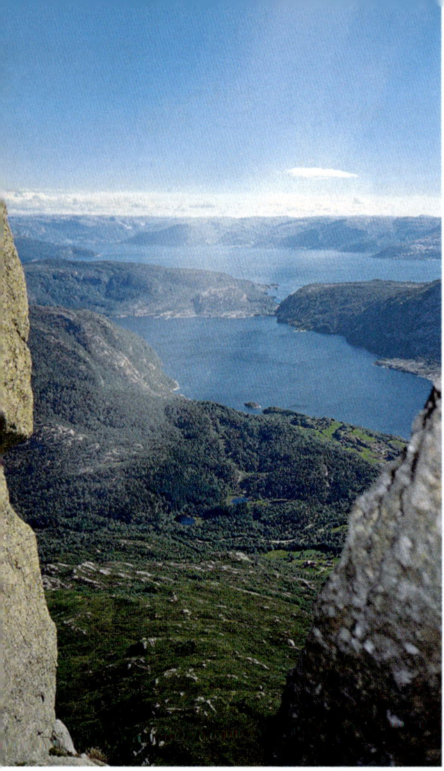

Blick von der Felsscharte des Nipestien auf den Lifjorden

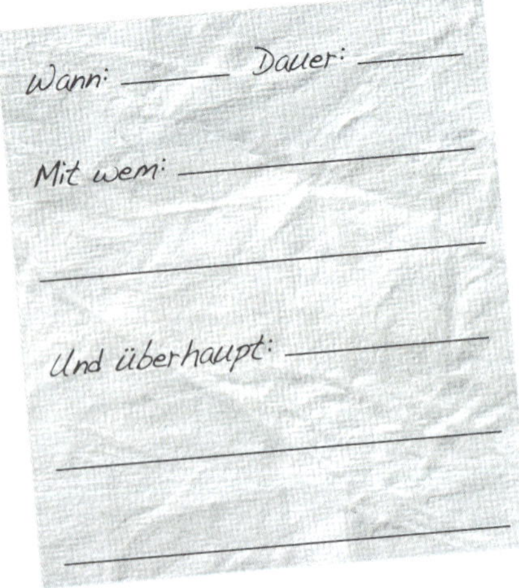

Geröll besteht. Schließlich gelangt dieser an einem sehr steilen Anstieg, hinauf in eine **Felsscharte beim Berg Fløfjell** **2** **(1:00 Std.)**. Bevor wir weiter nordwärts in das hügelige Innere des Plateaus weiterwandern, genießen wir abermals die schönen Fjordaussichten. Weiter führt der Pfad, vorbei an einer kleinen Hütte, über Grasmatten und Felsbänder hinunter zur Wegkreuzung **3L-stølane** **3** **(1:15 Std.)**. Hier, nahe des Sees Lauvvatnet, befinden sich 3 kleine Almhütten (norw. stølane). Wir überqueren den Bachlauf vom See Blomvatnet und folgen dem Wegweiser Gygrekjeften nun in nordöstlicher Richtung, zunächst etwas steiler einen Hang hinauf, dann weiter parallel zum Blomvatnet. Vom östlichen Seeende geht es jetzt südöstlich abermals über Fels und Grasmatten stufenweise aufwärts bis zur östlichen Steilkante des Massivs. Die Pfadmarkierungen verlieren sich teilweise auf dem blanken Felsanstieg, jedoch ist es leicht, das Terrain an der Steilkante entlang bis hinauf zum **Gygrekjeften** **4** **(2:15 Std.)** zu begehen. Der Gipfel ist mit einem Steinmann markiert. Oben angekommen, ergibt sich ein fantastischer Rundblick: westlich über den hügeligen Tafelberg mit glattem Fels, grünen Tälern und blausilbrig schimmernden Bergseen. Nach Norden und Süden beeindruckt die Fjordküstenlandschaft mit zahlreichen Inseln und Berg-

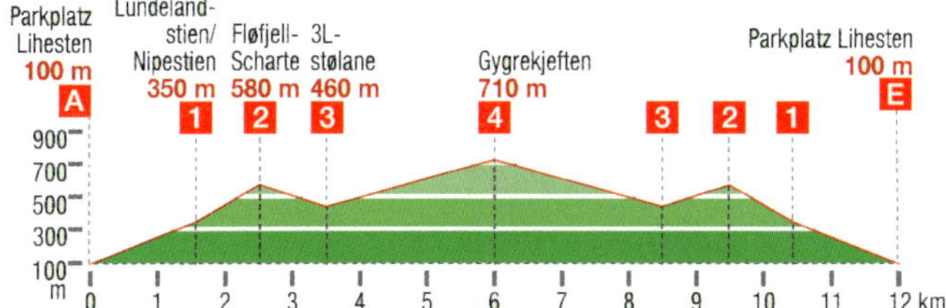

formationen. An der Ostseite des Gygrekjeften werden wir aufmerksam auf den Tanna, ein aus der verwitterten Steilwand übrig gebliebener langer Felszahn.

Vom Gygrekjeften haben wir nun die Möglichkeit, westwärts über den Nipestien von einer Felsscharte per Seil den steilen Fels hinunterzuklettern und den Geröllhang anschließend hinunterzuwandern bis zum Routenabzweig 1. Diese Variante zurück benötigt etwa eine Stunde. Ansonsten geht es auf unseren Hinweg wieder zurück zum **Parkplatz Lihesten** E **(4:00 Std.)**.

Familientour zur Kolgrovheia

Vom Zentrum Hyllestad am Weg Richtung Kolgrov zweigt nach rechts ein beschilderter, markierter Wanderweg zum Berg Kolgrovheia (497 m) ab. Diese Tour ist eine leichte Alternative zu den steilen Hängen am Lihesten. Parken kann man entweder entlang des Weges oder im Zentrum am Mühlensteinpark Kvernsteinparken. Der Pfad zu diesem Berg im Snaufjellet führt durch Wald in nordwestlicher Richtung hinauf. Vom Berg erhält man ebenfalls einen schönen Blick zum Lihesten mit Gygrekjeften sowie Sognesjøen und Hyllestadfjorden. Verschiedene Übernachtungsstätten bieten sich entlang des Fv 607.

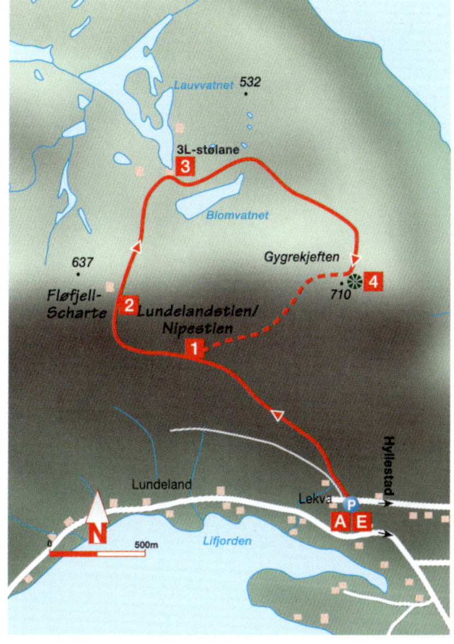

18 3:45 Std. ↑ 410 hm ↓ 410 hm ↔ 15 km 

Zum Wasserfall Vettisfossen

Im wilden, steilen Tal der Wasserfälle Utladalen befindet sich derzeit Norwegens höchster, frei fallender Wasserfall. Der Vettisfossen mit 275 m Fallhöhe ist von Wasserregulierungen zur Stromgewinnung verschont geblieben. Diese leichte Tour bietet zudem anspruchsvolle Varianten.

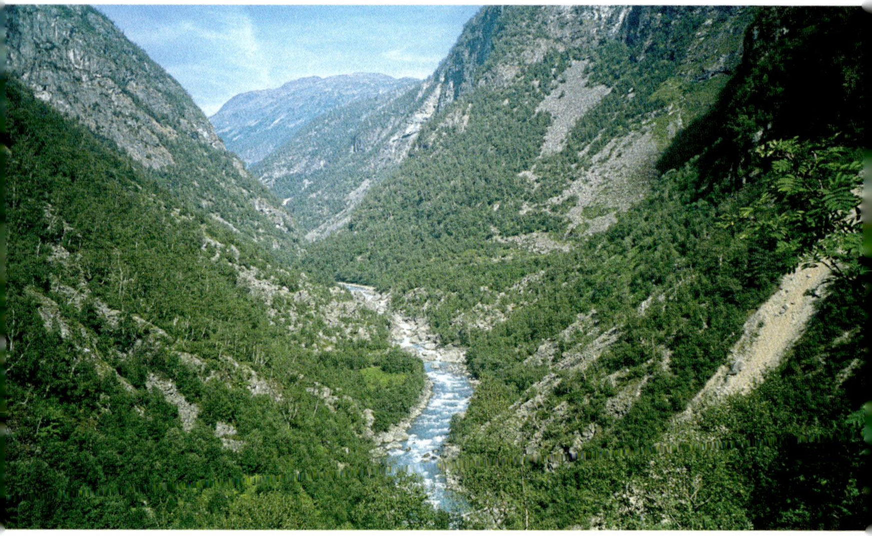

Das wilde, schroffe Tal Utladalen nordöstlich von Vetti Gård

Wegbeschaffenheit
Beschilderter und markierter Wanderweg auf Fahrweg, später Pfad am Fluss

Ausgangspunkt
Parkplatz Hofsiedlung Hjelle, ca. 8 km von Øvre Årdal (Rv 53) entfernt
GPS-Koordinaten: 61.347041, 7.879248

Anfahrt
Per Bus/Auto die E 15 Oslo-Bergen und Rv 53 nach Øvre Årdal. Dort den Abzweig zu Fuß, Fahrrad oder Auto nach Hjelle bis zum Parkplatz folgen

Der Wegverlauf

Am östlichsten Ausläufer des über 200 Kilometer langen Sognefjords befindet sich der Ort Årdalstangen. Hier mündet, zunächst im See Årdalsvatnet, ein Teil der Wässer aus dem Gebirge Jotunheimen. Die zahleichen Wasserfälle und damit einhergehenden Wasserkraftwerke sowie die Anbindung zum nahen, schiffbaren Fjord haben Øvre Årdal die Standortgunst für die Aluminiumproduktion beschert. Das schroffe Tal Utladalen, nordöstlich von Øvre Årdal, profitierte jedoch, wie andere Orte in Norwegen auch, schon vor über 100 Jahren vom Wasserfall-Tourismus.

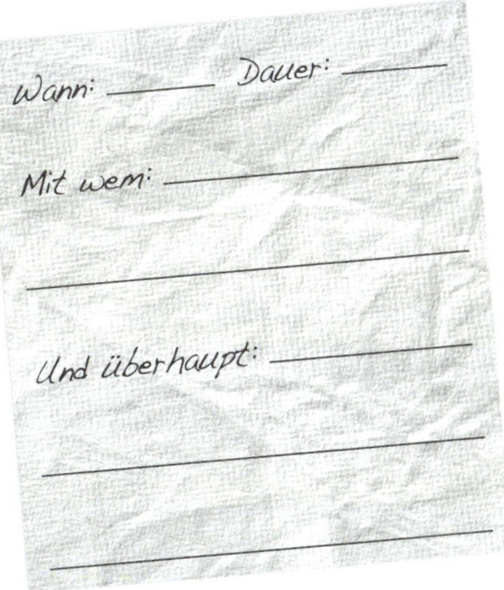

Am **Parkplatz Hjelle A**, vor der Brücke über den Nebenfluss Hjeledøla, beginnen wir diese Tour auf einem geschotterten, leicht begehbaren Fahrweg das Tal Utladalen hinauf. Von der Brücke blicken wir bereits auf den ersten Wasserfall Hjellefossen in diesem Tal. Vorbei am Hof Hjelle wo damals wie heute Pferdekutschen starten und Touristen die sechs Kilometer bis zum Hof Vetti transportieren. Alternativ kann man diesen guten Fahrweg, von den Anliegern in den 1970er-Jahren in Eigenleistung ausgebaut, auch mit dem Fahrrad zurücklegen, wenn man keine Steigungen scheut. Nach dem Hof Hjelle passieren wir über eine

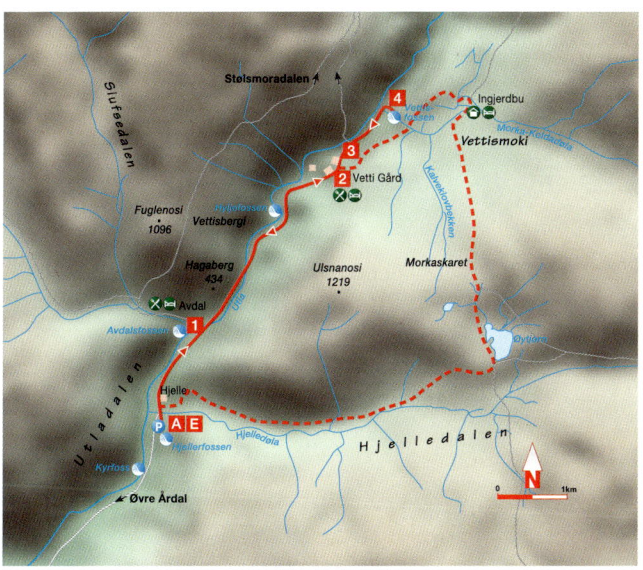

Brücke den rauschenden Hauptfluss Utla, dessen Wassereinzugsgebiet im Jotunheimen bis südlich Leirvassbu reicht (s.a. Tour 21). Der Utla im Tal folgend, passieren wir im weiteren Verlauf drei weitere Brücken und wechseln dadurch mehrmals die Talseite. Nach der zweiten Brücke fällt unser Blick auf den Wasserfall **Avdalsfossen** **1** **(0:30 Std.)** auf der nordwestlichen Talseite. Seine Fallhöhe beträgt 173 Meter, und die Gischt erreicht uns sogar auf der gegenüberliegenden Talseite. An der dritten Brücke gelangen wir an einen Abzweig nach Avdal zur privat bewirtschafteten Berghütte Avdalen Gård. Wir folgen weiter dem sanft ansteigenden Flusstalweg, überqueren eine vierte Brücke und passieren in einem längeren, steileren Anstieg zwei Höfe und haben Aussicht auf weitere Wasserstränge am gegenüberliegenden Talhang. Schließlich gelangen wir zum ebenfalls privat bewirtschafteten Berghof **Vetti Gård** **2** **(1:30 Std.)** (siehe Tipp), der seit mehr als 100 Jahren Touristen beherbergt. Gleich oberhalb des Hofes endet der Fahrweg, und wir gelangen an eine Wanderweggabelung. Der Pfad nach Osten ist eine anspruchsvolle Alternative mit schönem Ausblick auf das Utladalen mit den langen, weißen Bachsträngen am steilen Talhang. Der markierte Pfad führt einen sehr steilen und mit Drahtseilen gesicherten Felshang 300 Höhenmeter hinauf und erreicht nach etwa anderthalb Kilometer das sumpfige Plateau Vettismorki und den Abzweig zur Fallkante des Wasserfalls auf ca. 660 Meter. Vom Fluss Morka-Koldedøla, der den Vettisfossen speist, sind es dann weitere anderthalb Kilometer bis zu der privaten Selbstversorger-Hütte Ingjerdbu (siehe Tipp), in der übernachtet werden kann. Von hier lässt sich eine aussichts- und erlebnisreiche Mehrtagestour auf

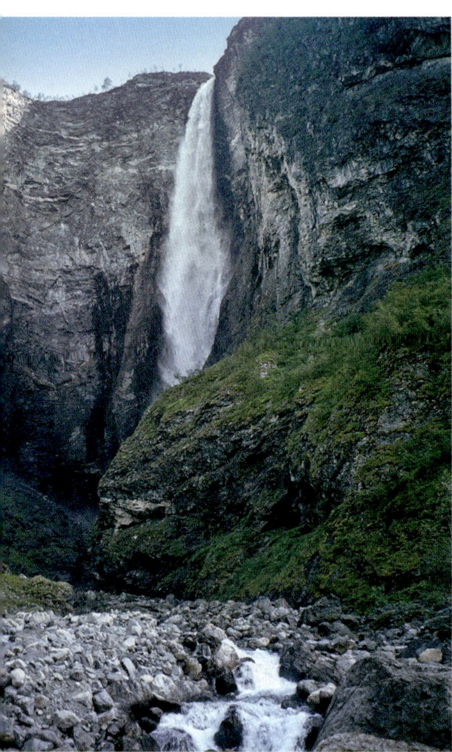

Der mächtige, 275 Meter hohe Wasserfall Vettisfossen

markierten Bergpfaden ins Jotunheimen (Anschluss an Tour 21) oder südlich durch das Bergtal Morkaskaret und anschließend westlich hinunter im Hjelledalen zurück nach Hjelle/Utladalen Camping unternehmen.

Zum Vettisfossen gehen wir allerdings den Pfad nördlich hinunter in das Flusstal der Utla. An einer weiteren Brücke befindet sich der **Abzweig Stølsmaradalen** 3 (1:45 Std.), ein Bergpfad zu einer DNT-Selbstversorgerhütte. Wir bleiben jedoch auf dem Pfad im Flusstal nordostwärts zum Vettisfossen. Der allgemein gute Pfad schlängelt sich im weiteren Verlauf jedoch über Geröll zunächst zum Auslauf des Flusses Morka-Koldedøla und anschließend diesem Fluss südostwärts folgend, zur Wasserfallschlucht des **Vettisfossen** 4 (2:15 Std.). Auf den ersten Blick sieht dieser Wasserfall gar nicht nach 275 Meter Fallhöhe aus. Bei der Verfolgung der Höhenlinien auf topografischen Karten gewinnt man ebenfalls den Eindruck, dass die allgemein publizierte und danach immer wieder abgeschriebene Fallhöhe möglicherweise ca. 100 Meter zu viel beträgt. Vielleicht erging es dem Vettisfossen ähnlich wie dem Rjukanfossen in Rjukan, der um 1810 als welthöchster Wasserfall galt und dadurch die ersten Touristen anlockte. Später stellte sich heraus, dass seine Fallhöhe lediglich 104 Meter betrug. Vielleicht hat der Vettisfossen eine ähnliche Geschichte, die heute in Vergessenheit geraten ist. Unabhängig von der korrekten Fallhöhe, lohnt es sich in jedem Fall, diese Naturgewalten zu bestaunen und seine Erfrischung zu erleben! Zurück gehen wir den gleichen Weg nach **Hjelle zum Parkplatz** E (3:45 Std.).

Freud & Leid

Früher Vogel fängt den Wurm. Was für viele Wanderungen in Norwegen gilt, trifft hier eher nicht zu. Der Vettisfossen ergießt sich von Südosten in das Tal – wer also vor dem Nachmittag am Wasserfall ankommt und ihn fotografieren möchte, wird gegen das Licht blicken. Die schönsten Aufnahmen gelingen daher am frühen Nachmittag oder am Abend.

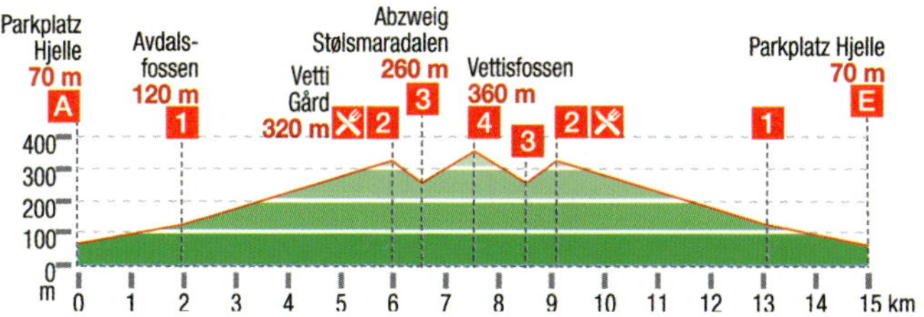

19 6:00 Std. ↑ 1270 hm ↓ 1270 hm ↔ 17 km 

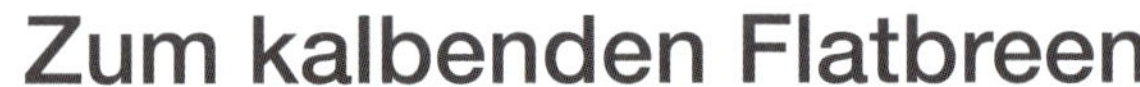

Zum kalbenden Flatbreen

Der Flatbreen ist eine Gletscherzunge des Supphellebreen, ein südlicher Ausläufer des 60 km langen Jostedalsbreen, größter Gletscher des europäischen Kontinents. Den steilen Ausläufern kann man beim Kalben, dem Losbrechen von Eismassen, zuschauen, die ein kleines Gletscherfeld im Tal speisen.

Der Wegverlauf

Der Weg zum Flatbreen ist als schwierige Tour eingestuft, sind doch mehr als 1200 Höhenmeter hinauf zu absolvieren. Sie offeriert aber verschiedene Tourvarianten, sodass sich auch für Familien ein kurzer Abstecher

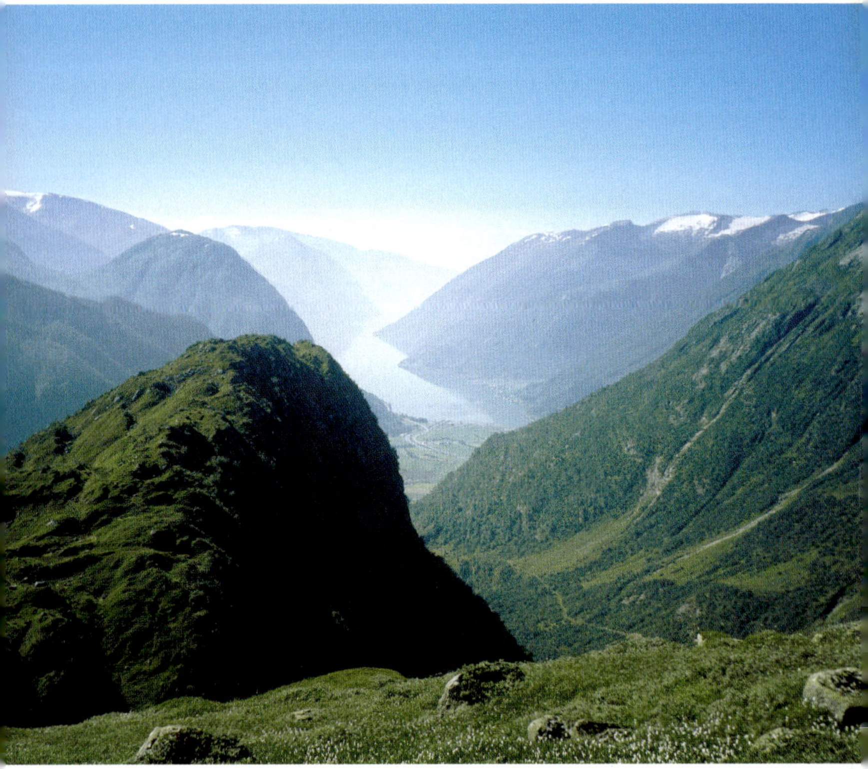

Ausblick hinunter zum Fjærlandsfjorden vom Brefallet

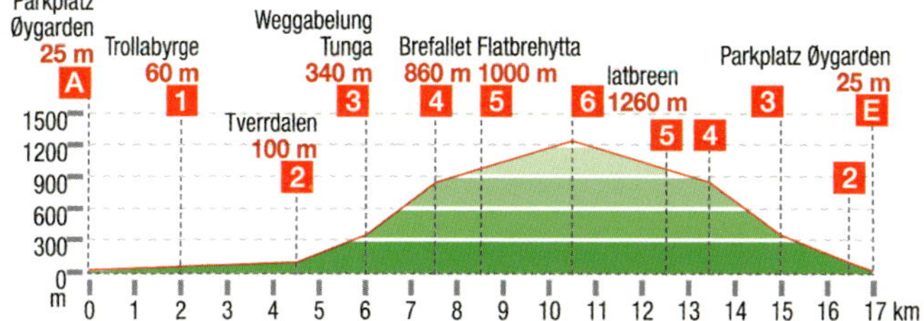

zum kleinen Gletscherfeld Nedre Supphellebreen im Tal lohnt. Gletscherfans haben die Möglichkeit, für eine Mehrtagestour auf der Selbstversorgerhütte Flatbrehytta zu übernachten (siehe Infotafel am Parkplatz) und die Umgebung mit fantastischen Aussichten rund um diesen Gletscherausläufer zu erkunden oder mit Gletscherguide und Ausrüstung eine Gletscherwanderung zu unternehmen. Wem bereits stattliche 800 Meter Aufstieg genügen, der kann einfach der Gletscherzunge beim Schauspiel des Kalbens am Brefallet zuschauen. Die nachfolgende Routenbeschreibung schließt alle Varianten ein mit der maximalen Gehzeit von ca. 6 Stunden sowie ca. 17 Kilometer Weglänge.

Wir starten vom kleinen **Parkplatz Øygarden** A und schauen uns zunächst den leichten, für Kinder geeigneten Abschnitt, das kleine Gletscherfeld Trollabyrge bzw. Nedre Supphellebreen, an. Dafür folgen wir dem Zufahrtsweg weiter nordöstlich bis zum Hof Fjellstølen. Vor uns liegt ein kleiner Gletschersee und unweit davon entfernt auf nur ca. 70 Meter über dem Meeresspiegel der kleine Gletscher **Trollabyrge** 1 (0:25 Std.), der von herabfallenden Eismassen bzw. Eiswasser des Flatbreen-Ausläufers gespeist wird. Zurück zum Parkplatz, folgen wir nun von hier dem Traktorweg durch lichten Birkenwald zum Flatbreen bzw. Flatbrehytta. Nach dem ersten Anstieg in Richtung Nordwest folgt der Weg nun nördlich im **Tverrdalen** 2 (1:00 Std.) parallel zum Fluss Tverrdøla hinauf. Der Weg wird im Hauptteil etwas unwegsamer und biegt nach einer Bachüberquerung links auf den Berghang ab. Wir bleiben im Tal und wandern jetzt auf einem Pfad über Moränen weiter

Freud & Leid

Der Besuch bei einem Gletscher ist immer eindrucksvoll und eine Reise wert. Doch sollte man die Wanderung nicht unterschätzen. Sowohl die Länge als auch der Höhenunterschied, um zum Flatbreen zu gelangen, sind keine Kleinigkeiten und erfordern entsprechend Kondition und sinnvollerweise ausreichend Proviant.

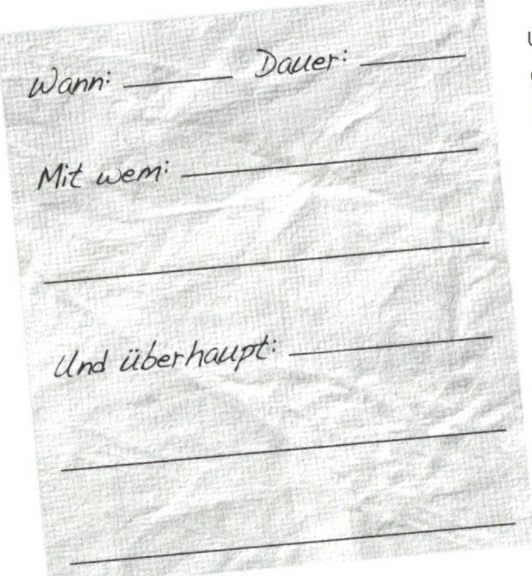

und kommen sogleich zu der **Weggabelung Tunga** **3** **(1:45 Std.)**. Der Pfad links ist die steilere Variante direkt zur Flatbrehytta, der Pfad nach rechts durch das Nipeskardet die längere und etwas weniger steile Route, die an der Aussichtsstelle **Brefallet** **4** **(2:45 Std.)** am kalbenden Gletscher vorbeiführt. Immerhin sind es von der Gabelung auch auf dieser Route bis hier 500 Höhenmeter, sodass wir eine längere Pause machen und gespannt dem zerfurchten, senkrechten Gletscherhang beim Kalben zuschauen. Anschließend geht es weiter auf dem bewachsenen Moränengrund unterhalb des hier von Gesteinsmassen abgeschirmten Flatbreen hinauf zur stets für Wanderer offenen **Flatbrehytta** **5** **(3:15 Std.)**. Hier können wir einen sehr schönen Blick auf die umliegenden Berggrate, die zum Teil mit Schnee bedeckten Berge sowie das Tal hinunter nach Fjærland auf den Fjærlandsfjorden genießen! Noch mehr Gletscheraussichten erhalten wir, wenn wir von der Hütte weiter nordwärts parallel zum südlichen Ausläufer des Flatbreen gehen. Auf Moränengeröll und Fels gelangen wir schließlich an das flachere Hauptgletscherfeld des **Flatbreen** **6** **(4:00 Std.)**, welches bis zum Gletschergipfel Supphellenipa auf 1731 Meter ansteigt. Wer hier weiterwandern möchte, benötigt Gletschererfahrung oder einen Gletscherführer sowie entsprechende Ausrüstung. Ansonsten besteht von hier zum Beispiel die Möglichkeit, selbstständig einen weiteren Abstecher parallel zum Gletscherrand in nordwestlicher

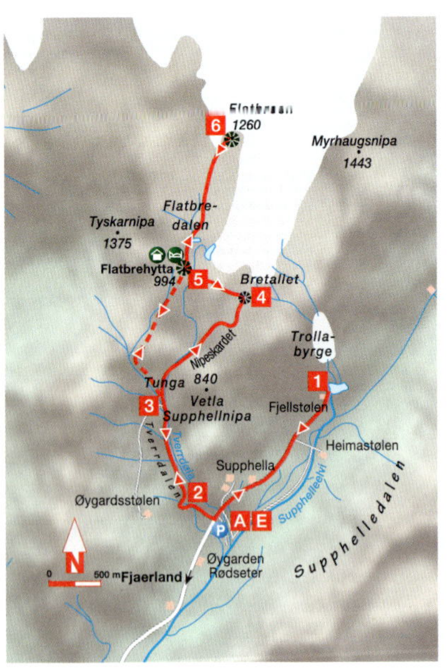

Richtung bis zu dem Berggrat Kvannholtnipa auf knapp 1600 Höhenmeter zu unternehmen. Vom Gipfel kommt eine weitere Gletscherzunge in das aussichtsreiche Blickfeld, der Bøyabreen, der bis weit ins Tal hinunterreicht. Zurück geht es zur Hütte, die sich trotz eines anstrengenderen Aufstiegs mit Mehrgepäck für eine Übernachtung hier oben lohnt. Den weiteren Abstieg können wir entweder auf gleichem Weg oder auf der Variante südwestlich der Hütte absolvieren. Beide Routen führen bei der Weggabelung Tunga wieder zusammen sowie anschließend auf den Traktorweg und zum **Parkplatz Øygarden** **E (6:00 Std.)**. Weitere Touren am Jostedalsbreen siehe auch Tour 22 und 23.

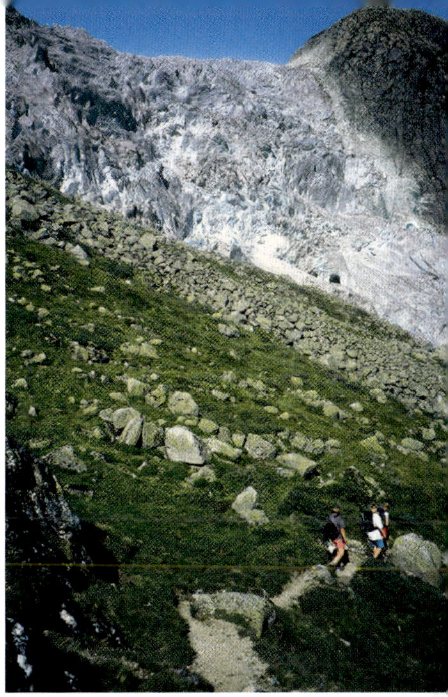

Abstieg von der Flatbrehytta unterhalb des kalbenden Flatbreen

Gletschermusem und Unterkunft in Fjærland

Nach der Gletschertour lohnt sich ein Besuch im »Norsk Bremuseum«. Die Gletschernatur, der Nationalpark Jostedalsbreen und Klimaveränderungen sind hier zentrale Themen. Sehr beeindruckend ist die Filmpräsentation im 180°-Weitwinkelkino, gefilmt per Helikopter und mehreren Kameras, die unsere Tour noch einmal spektakulär aus der Vogelperspektive erleben lässt. Eine Übernachtung in Fjærland ist daher zu empfehlen, z.B. bei Fjærland Hytter, Maria und Endre Distad, Hamrum, Tel. 0047/95 26 92 17, info@fjaerlandhytter.no, www.fjaerlandhytter.no

Wegbeschaffenheit
Beschilderter, unmarkierter Traktorweg, später steiler Bergpfad auf Moränengeröll
Ausgangspunkt
Parkplatz Øygarden, ca. 4,5 km nordöstlich von Fjærland (Rv 5)
GPS-Koordinaten: 61.452088, 6.800524
Anfahrt
Per Bus/Auto bis Fjærland am Rv 5 (nun ohne Tunnelmaut). Von dort ca. 4,5 km einen Schotterweg nach Øygarden folgen bis zum kleinen Parkplatz mit Infotafel 200 m hinter dem Hof Øygarden

20 7:00 Std. 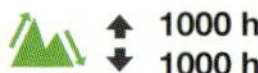 1000 hm 1000 hm 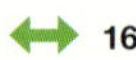 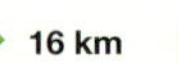 16 km   

Der Grat Besseggen

Die Route über den Grat Besseggen ist eine der populärsten Touren in Norwegen. Hier erwarten uns steile Passagen, leichtes Klettern am Grat und fantastische Aussichten über das alpine Gebirge Jotunheimen, den grün schimmernden See Gjende und den blauen Bergsee Bessvatnet.

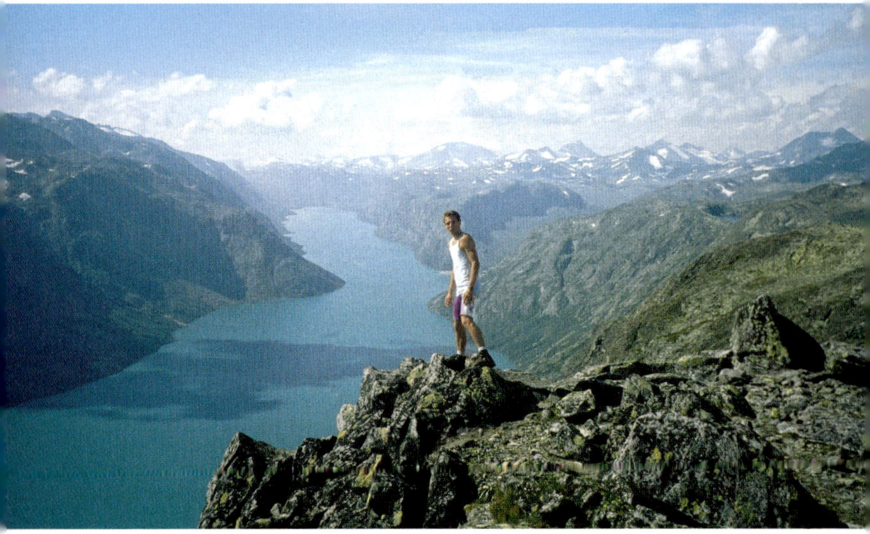

Panoramablick vom Bergplateau Besseggen über Gjendesee und Jotunheimen

Der Wegverlauf

Den Tagesrucksack bepackt mit Allwetterbekleidung, Proviant und Thermoskanne, steigen wir in der Frühe in das Boot am Anleger von Gjendesheim, das uns zum Ausgangspunkt der Besseggen-Tour nach Memurubu bringt. Wir haben Glück, wir dürfen noch mitfahren und lösen die Tickets, wie die bis zu 100 weiteren Fahrgäste, die sich bereits auf dem kleinen Boot befinden. Jährlich zieht es zur Sommersaison etwa 40 000 Wanderer zum Besseggen.

Die empfohlene Route beginnt am Anleger von **Memurubu** **A**, den wir nach ca. 20-minütiger Bootsfahrt erreichen. Hier ist eine der wenigen Stellen am Gjendesee, die es ermöglicht, den steilen Berghang hinaufzusteigen. Da wir zuletzt zugestiegen waren, sind wir die Ersten, die vom voll besetzten Boot an Land gehen und uns nun gegen halb neun Uhr morgens zügig auf den Weg zur Besseggen-Tour machen. Die anderen ca. 80 Wanderer, die ebenfalls hier aussteigen, lassen wir so hinter uns. Die übrigen Touristen auf dem Boot fahren weiter nach Gjendebu (siehe Tour 21). Wer den Strom der Wanderer vorbeiziehen lassen möchte, der kann in der Memurubu Turisthytte einkehren und frühstücken. Wir lassen jedoch die Touristenhütte hinter uns und folgen dem hier im Tal sehr breit ausgetretenen markierten Gebirgswanderweg nach Norden in Richtung Besseggen/Gjendesheim.

Schon nach kurzer Zeit geht es sehr steil auf Moränengeröll den Berg hinauf. Nur konditionsstarke Wanderer kommen hier zügig voran. Die vielen Wanderer verteilen sich daher allmählich über den gesamten ersten steilen Anstieg, sodass jeder in seinem Tempo den Weg und die Aussichten über den Gjende sowie Berggrate und Gletscher am anderen Ufer genießen kann. Der Bach westlich des Weges verliert sich allmählich, und der Weg verläuft weiter aufwärts in östlicher Richtung. Wir erreichen nach einer anstrengenden guten Stunde den ersten Abzweig **Glitterheim** 1 (1:15 Std.) und haben bis hier her bereits 400 Höhenmeter überwunden. In hügeliger und steiniger Landschaft geht der Weg noch fast 200 Höhenmeter weiter hinauf, jedoch nicht mehr so steil. Unmittelbar in Seenähe des Bjørnbøltjønne sind wir wenige Meter vom schwindelerregenden Steilabhang zum Gjende entfernt. Östlich des kleinen Sees **Bjørnbøltjønne** 2 (2:15 Std.), am Fuße des nördlich vor uns liegenden mächtigen Berges Besshøe (2258 m) mit seinem Geröllfeld, befinden wir uns am vorläufig höchsten Punkt unserer Wanderung auf 1570 Meter. Nun gehen wir, diesmal leicht bergab, in einem kleinen (Bach-)Tal zum Südufer des **Bessvatnet** 3 (3:00 Std.).

Freud & Leid

Die Strecke hat fast alles, was man sich als Wanderer wünscht: Ob Geröll oder auch die Zuhilfenahme der Hände, um sich fortzubewegen – die Tour macht einfach Spaß und bietet einen tollen Blick auf den schmalen Grat zwischen den beiden Seen. Um das zu genießen, sollte man unbedingt schönes Wetter haben und daher vorher den Wetterbericht studieren.

Wegbeschaffenheit
Sehr steiler Gebirgsweg mit größeren Höhenunterschieden, mit rotem T markiert

Ausgangspunkt
Gjendesheim am Rv 51 bzw. Memurubu am See Gjende
GPS-Koordinaten: 61.490245, 8.633170

Anfahrt
Mit dem Bus oder Auto bis Gjendesheim am Rv 51. Am Bootsanleger des Sees Gjende parken und mit dem Touristenboot auf Hälfte des Sees nach Memurubu fahren

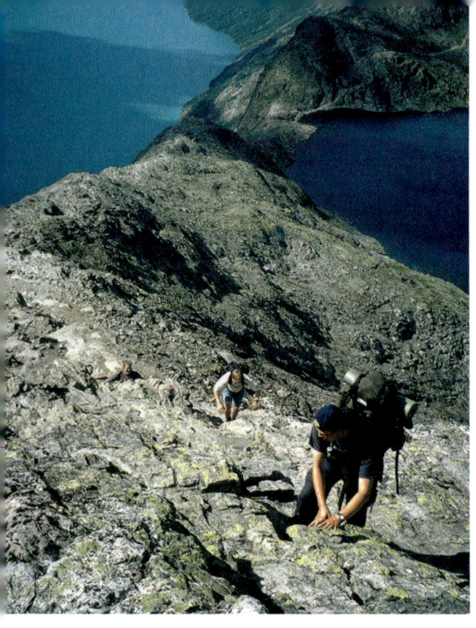

Die luftige Kletterpartie am Besseggen-Grat

Hier überholen uns die ersten Wanderer, die wir zuvor mit gutem Tempo zunächst hinter uns gelassen hatten. Hinzu kommen Wanderer mit vollem Trekkingrucksack, die offensichtlich auf Mehrtagestour sind und von einer der Touristenhütten hierher aufgebrochen sind. Für alle beginnt nun die einleitende Partie des Besseggen auf dem sogenannten Bandet, einem ca. 50 Meter langen, ebenen und breiten Felsblockband, einige Meter oberhalb des Bessvatnet und 400 Meter steil abfallend zum Gjende. Im Anschluss geht es auf dem spektakulären Besseggengrat vom Fuße des Bessvatnet den Berg wieder hinauf. Zum Klettern über die Steinblöcke des verblockten, schmalen Grates nehmen wir auf eine Länge von etwa einem Kilometer die Hände zu Hilfe.

Aus luftiger Höhe schauen wir nun auf der Südseite ca. 600 Meter hinunter zum mit Gletschersediment gespeisten grünen See Gjende und auf der Nordseite ca. 200 Meter hinab zum tiefblauen Gebirgssee Bessvatnet. Schwindelfreiheit ist spätestens hier auf dem Grat ein Muss. Zudem überholen auch hier die Trekkingtouristen, oder es kommen die ersten Wanderer aus der entgegengesetzten Richtung, sodass gegenseitig Rücksicht und Vorsicht geboten sind. Bei extremen Wind- und Wetterverhältnissen wird allgemein von der Tour abgeraten. Nach dem schmalen Anstieg erreichen wir ein kleines Bergplateau des **Besseggen** 4 (4:15 Std.) auf 1636 Meter und legen eine lohnende Pause ein. Der Ausblick über den Grat und die tiefer lie-

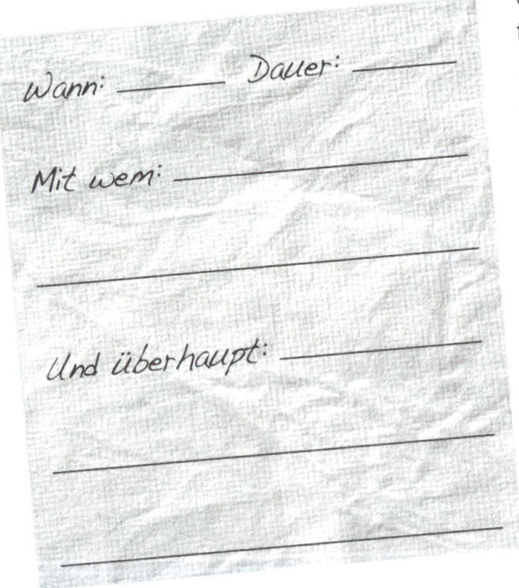

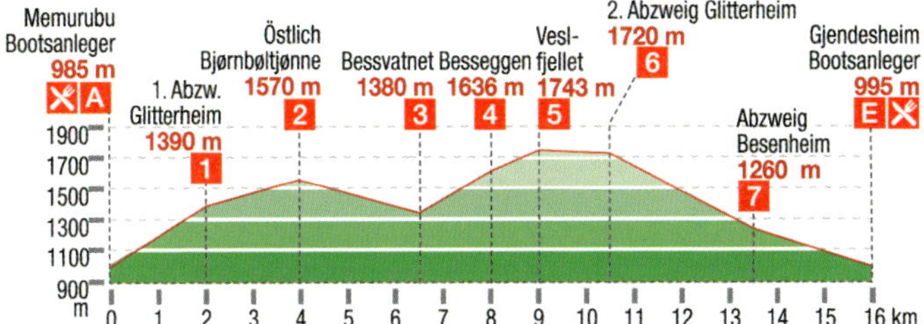

genden Gewässer ist fantastisch. Von hier geht es noch weiter hinauf auf ein sich weitendes Bergplateau, und wir erreichen schließlich den höchsten Punkt der Tour, das **Veslfjellet** 5 (4:45 Std.) mit seinem riesigen »Steinvarde« (Steinmann) auf 1743 Meter. Hier lohnt nochmals die Aussicht auf das wilde Jotunheimen. Im Nordosten kann man auch die Berge des Rondanegebirges ausmachen. Auf einer kargen Hochgebirgsschotterebene, die wie eine Steinwüste auf uns wirkt, geht es weiter, vorbei am zweithöchsten Punkt des Veslfjells (1722 m) und am **zweiten Abzweig Glitterheim** 6 (5:15 Std.). Unmittelbar danach erfolgt der allmähliche Abstieg von über 700 Höhenmetern. Zunächst führt der Weg über Felsstufen vom Veslfjellet sanft bergab und verläuft dann in südlicherer Richtung auf einem kurzen Abschnitt an der Bergflanke nochmals sehr steil und über Fels talwärts. Danach passieren wir den **Abzweig Bessheim** 7 (6:15 Std.). Anschließend erreichen wir die Baumgrenze, und es geht weniger steil den Berghang Gjendehalsen hinunter nach **Gjendesheim** E (7:00 Std.), beziehungsweise zurück zum ausgeschilderten **Bootsanleger** E (7:00 Std.).

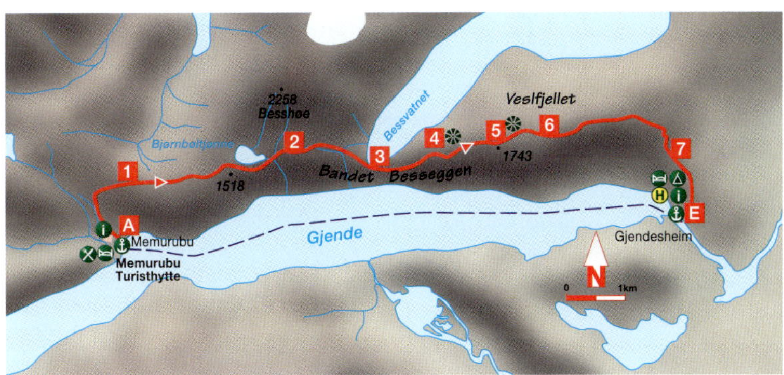

21 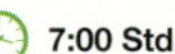 7:00 Std. 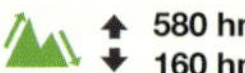 580 hm 160 hm  22 km    

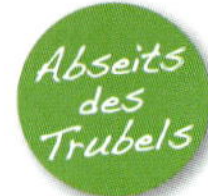

Von Gjendebu ins Jotunheimen

Diese Tour führt durch das Herz von Jotunheimen, des alpinen Gebirges mit Norwegens höchsten Bergen (Galdhøpiggen, 2469 m). Statt Gipfel zu stürmen, folgen wir einer langen Route durch das Storådalen und Langvatnet und genießen den Blick auf die majestätische Bergwelt.

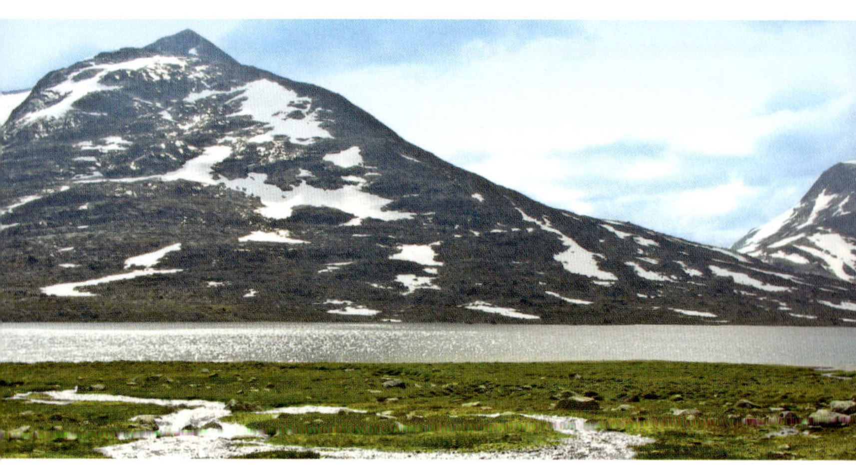

Zahlreiche Gebirgsbäche sind entlang des Langvatnet zu überqueren.

Wegbeschaffenheit
Mit rotem T markierter, steiniger Gebirgstalweg mit einigen feuchten Bachquerungen

Ausgangspunkt
Gjendesheim am Rv 51 bzw. Gjendebu am See Gjende
GPS-Koordinaten: 61.490245, 8.633170

Anfahrt
Mit dem Bus oder Auto bis Gjendesheim am Rv 51. Am Bootsanleger des Gjende-Sees parken und mit dem Touristenboot zum anderen Ende des Sees nach Gjendebu fahren

Der Wegverlauf

Während der genüsslichen Bootsfahrt auf dem grünlich schimmernden Gjende können wir die Gebirgsgrate, die den See umsäumen, bestaunen. Vorbei an der Anlegestelle Memurubu, wo es von dort die meisten Touristen auf den Besseggengrat treibt (siehe Tour 20), fahren wir bis zum Ende nach Gjendebu. Die alte Farm aus der Zeit von 1850 wurde bereits 1870 vom norwegi-

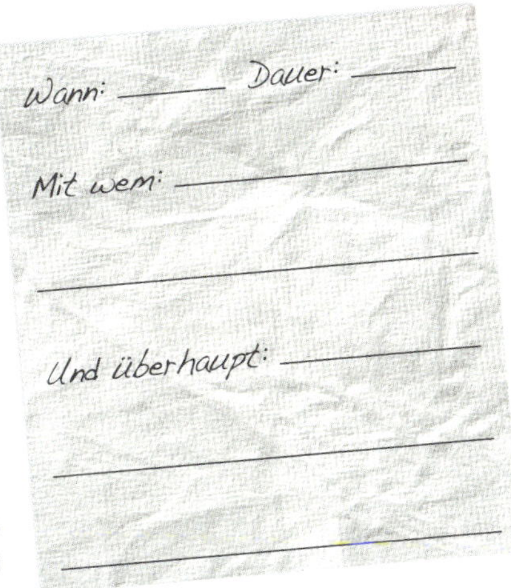

schen Wanderverband DNT als erste Touristenhütte im Gebiet Jotunheimen übernommen.
Von Gjendebu gibt es verschiedene Wanderziele und Routen. Viele Ein- und Zwei-Tages-Touren Richtung Besseggengrat/Gjendesheim starten von hier aus. Als alternative Tagestouren bieten sich von hier aus die Wanderung zum Svartdalspiggen (2142 m) im Süden oder zum Hausberg Gjendetunga (1516 m) an. Eine Rundtour Richtung Memurubu/Stordalen über das sehr steile, mit Ketten und Geländern versehene »Bukkelægret«, ist nur erfahrenen, schwindelfreien Wanderern zuzumuten.
Unsere Wanderung startet an der vom DNT bewirtschafteten Touristenhütte **Gjendebu** A, und wir folgen am Wegweiser den roten Markierungen nach Leirvassbu. Der Weg führt durch die zunächst grüne,

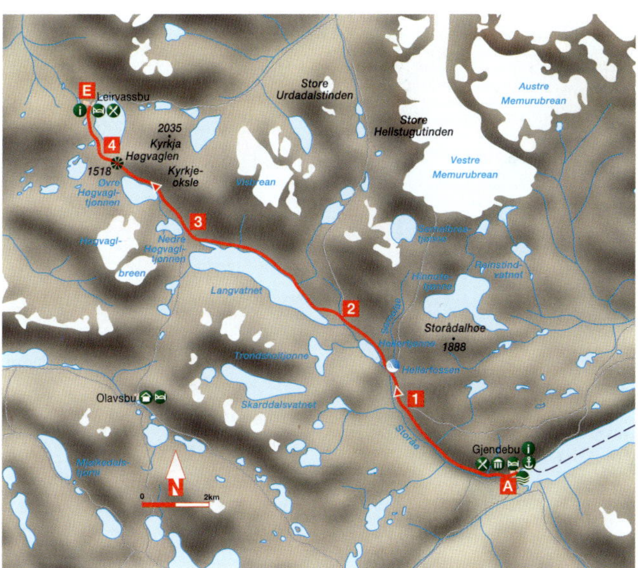

mit Birken bewachsene Flussebene westwärts auf der nördlichen Uferseite des Flusses Storeåe. In seinem Flusstal Storådalen wandern wir allmählich in nordwestlicher Richtung. Hier geht es leicht hinauf, und mit zunehmender Höhe wird die Vegetation spärlicher. Wir gelangen schon bald an den Abzweig **Memurubu** **1** (1:30 Std.). Gleich danach passieren wir die Hütte Storådalsbu, und nach einem weiteren Kilometer gelangen wir kurz vor dem Bach Semelåe zu einem kleinen Wegabzweig, der zum Gletschergebiet Vestre Memurubrean führt. Nach der Bachquerung durch Waten oder über Trittsteine kommen wir zum Wasserfall Hellerfossen. Hier geht es ein kurzes Stück steiler hinauf zum kleinen See Hellertjønne (1275 m). Nahe dem Seeufer wandern wir weiter in Richtung des Sees Langvatnet und erreichen den Abzweig **Spiterstulen** **2** (3:00 Std.). Weiter über einen kleinen Bergrücken gelangen wir schließlich an den großen See Langvatnet, an dessen Ufer wir mehrere Kilometer entlanggehen. Hier häufen sich die Bachüberquerungen. Die zahlreichen Bäche, beginnend mit der Urdadøla, die vom kleinen östlich gelegenen Gletscher Visbrean gespeist werden, zwingen so manchen Wanderer 90 Grad gegen die Wanderrichtung flussaufwärts, um nach einer geeigneten Bachpassage mittels Trittsteinen zu suchen. Spätestens hier am Langvatnet wird es schwierig, trockene Wanderstiefel zu behalten, insbesondere wenn es zuvor auch noch Regenwetter gab und die Bäche die Niederung zum See großflächig überspülen. Nachdem wir diese Herausforderung mit nassen Stiefeln oder gar barfuß gemeistert haben, verläuft der Weg nun trockener und wieder zügiger weiter Richtung Nedre Høgvagltjønnen. Kurz vor diesem Seeufer befindet sich der Abzweig **Olavsbu** **3** (5:00 Std.) zu einer unbewirteten Touristenhütte. Wir gehen unse-

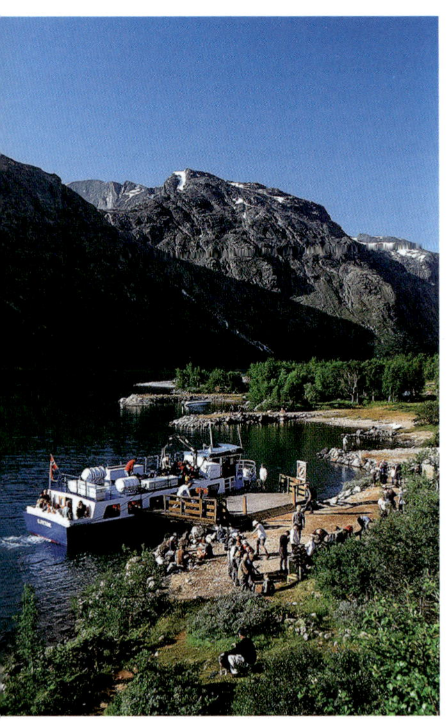

Idyllisch: der Anleger am Gjendesee

ren Weg weiter zum Øvre Høgvagltjønnen, wo uns letztmalig mehrere leichtere Bachquerungen erwarten. Nun steigt der Weg allmählich an und führt über ein Geröllfeld anschließend steiler hinauf zum **Høgvaglen** 4 (6:15 Std.). Hier erreichen wir auf ca. 1570 Metern den höchsten Punkt der Wanderung. Dieser bietet lohnende Ausblicke zurück auf das Langvatnet sowie auf die imposanten östlich von uns gelegenen Berge Kyrkja (2035 m). Im Norden sehen wir im Vordergrund den Gletscher Søre Illåbreen (2161 m) und im Hintergrund die höchste Bergspitze, den Galdhøpiggen (2469 m). Im Westen schauen wir direkt auf den Gipfel Smørstabb Tindan (2222 m).

Unmittelbar vor uns im Tal befindet sich der See Leirvatnet, und wir gehen den markierten Weg nun in mehr nördlicher Richtung hinunter. Wir kreuzen einen Schotterweg und bald darauf den Wanderwegabzweig nach Skogadalsbøen. Wir folgen dem Wegweiser nach Leirvassbu, der talwärts auf den zuvor gekreuzten Schotterweg mündet und direkt zum Berggasthof **Leirvassbu Fjellstue** E (7:00 Std.) führt. Diese beschriebene Route von Gjendebu nach Leirvassbu ist für Mehrtagesrundtouren zu empfehlen. Via Olavsbu, Gjendebu oder Spiterstulen, Glitterheim durch das Jotunheimen gelangt man zurück nach Gjendesheim. Alternativ kann man von der Leirvassbu Fjellstue per hauseigenem Minibus auf dem mautpflichtigen Weg zum Rv 55 Richtung Lom gelangen. Weiterfahrt per Bus die E 15 Richtung Vågåmo und auf den Rv 51 wieder zurück nach Gjendesheim. Jeder Tageswanderer sollte deshalb selbst entscheiden, wie weit seine Wanderung hier ins Jotunheimen gehen soll.

Freud & Leid

Die Wanderung kann nur als Vorschlag verstanden werden. Jotunheimen bietet bekanntlich zahlreiche Wandermöglichkeiten. Für Tageswanderer ist diese Tour weniger geeignet, weil man wegen der Schönheit der Landschaft immer weiter wandern möchte, aber sich irgendwann überwinden muss, den Rückweg anzutreten.

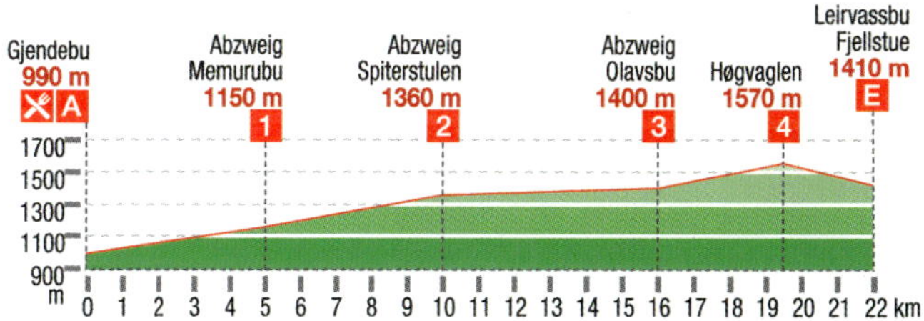

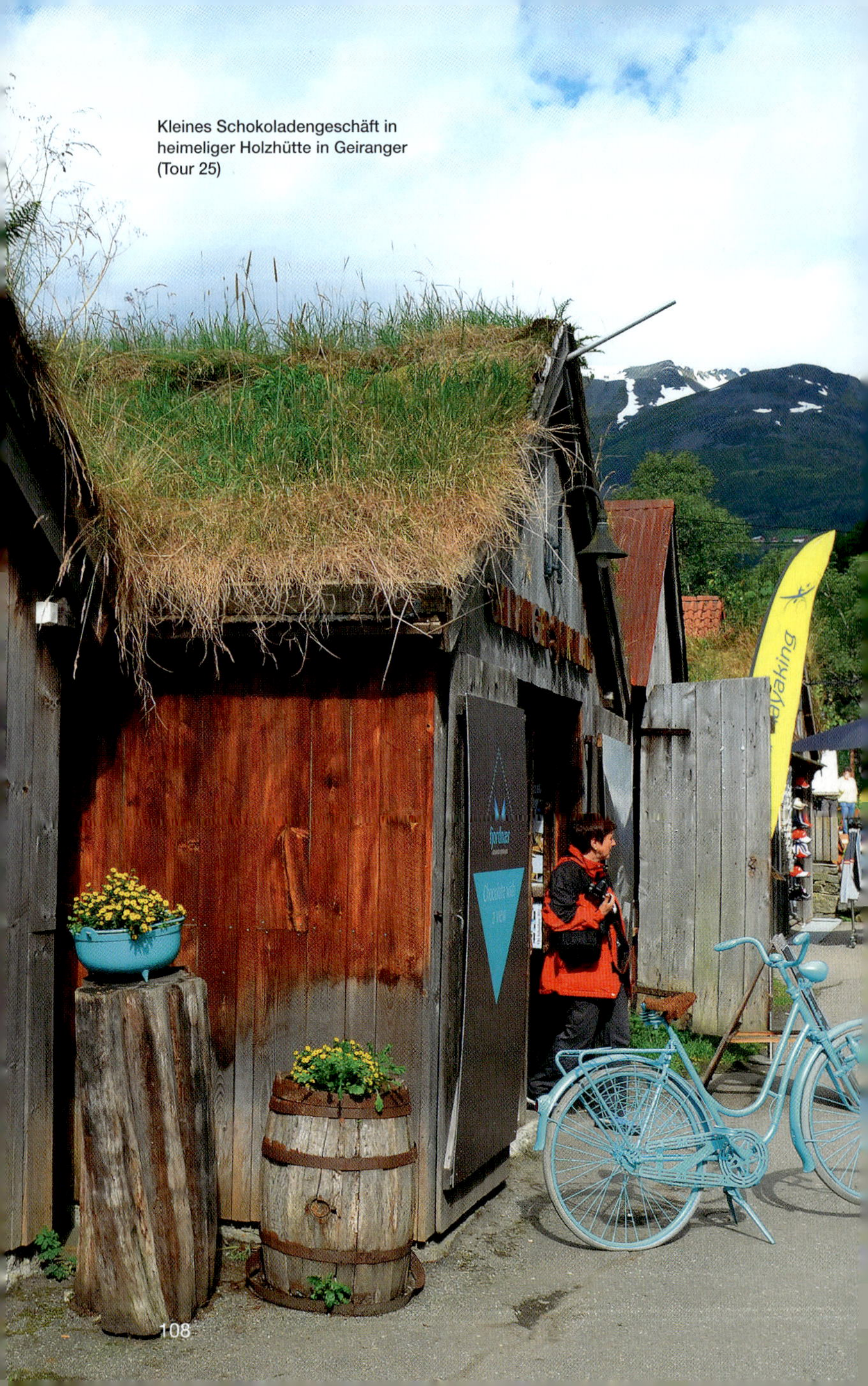

Kleines Schokoladengeschäft in heimeliger Holzhütte in Geiranger (Tour 25)

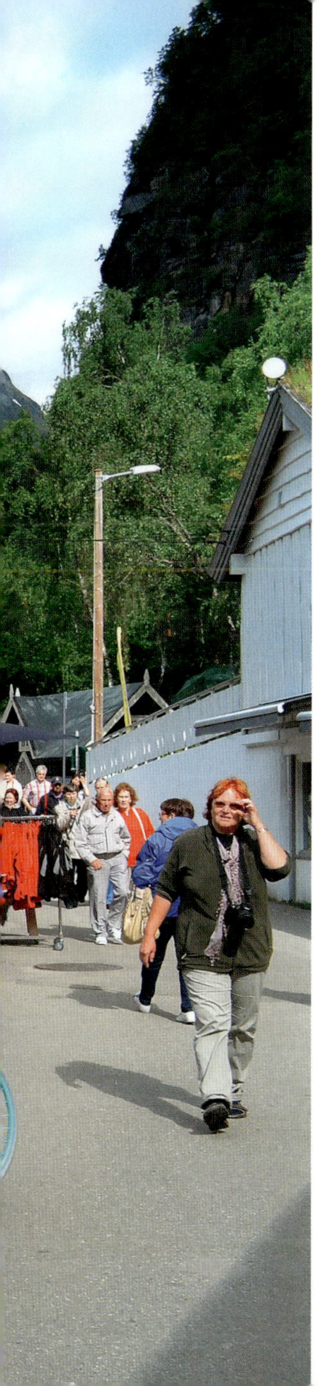

Top 5

Wenige Höhenmeter

In der Ognabucht

Stets am Wasser der Nordsee entlang kann man hier auch fast eben Norwegens Landschaft kennenlernen (Tour 1).

Gletschertour Nigardsbreen

Einmal kurz rauf und wieder runter, um ein wenig Eis zu berühren. Wer will das nicht im Sommer? (Tour 22)

Bergsetbreen am Jostedalsbreen

Durch ein gemütliches Tal in dem das Schmelzwasser fließt, geht's zu dem dazugehörigen Gletscher (Tour 23).

Lofoten – Wikingermuseum Borg

Neben Naturschönheiten und Landschaften lernt man auf der Wanderung auch die Kultur kennen (Tour 35).

Vom Fjell zum Geirangerfjord

Am Weltnaturerbe Geirangerfjord ist der Abstieg zum Fjord länger, als man bergauf unterwegs ist (Tour 25).

22 5:00 Std. ↑ 170 hm ↓ 170 hm 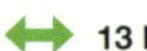 13 km   

Gletschertour Nigardsbreen

Die leicht zugängliche, lange Gletscherzunge Nigardsbreen im Nordosten des Jostedalsbreen-Nationalparks ist aufgrund ihrer relativ geringen Steigung im Tal hervorragend geeignet für Wanderer, die ohne Vorkenntnisse gern einmal eine geführte Gletscherwanderung unternehmen möchten.

Der Wegverlauf

Die lange und relativ flach auslaufende Gletscherzunge Nigardsbreen hat sehr geringe Eismassenbewegungen, sodass sie für eine sichere Hochtour auf dem Gletscher sehr gut geeignet ist.

Wir beginnen unsere Tour morgens in Nigard am **Parkplatz Breheimsenteret** A und melden uns zu einer geführten Gletschertour an. Das

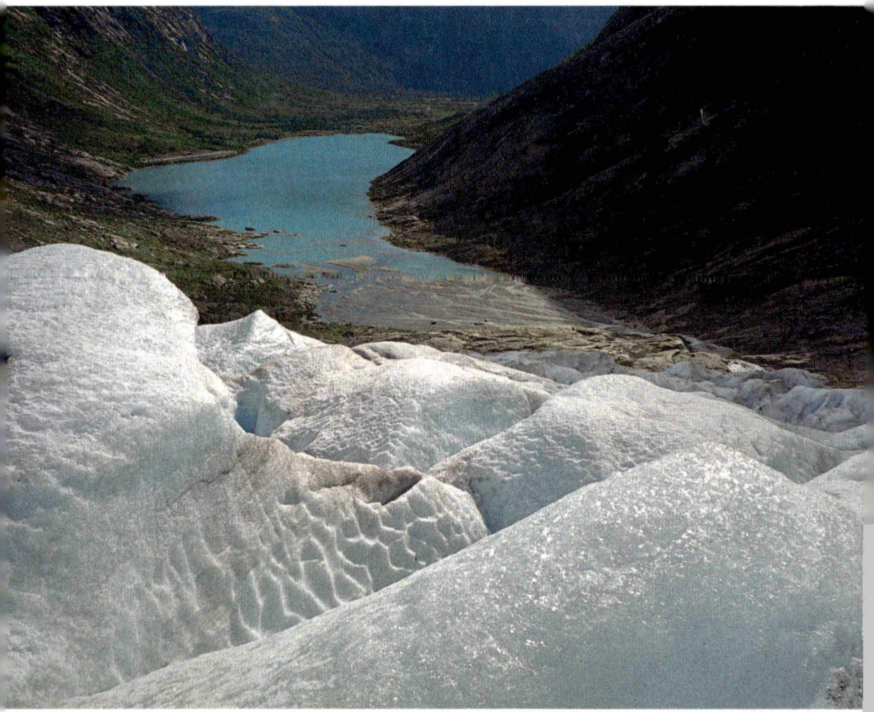

Blick vom zerfurchten Nigardsbreen hinunter zum Nigardsbrevatnet

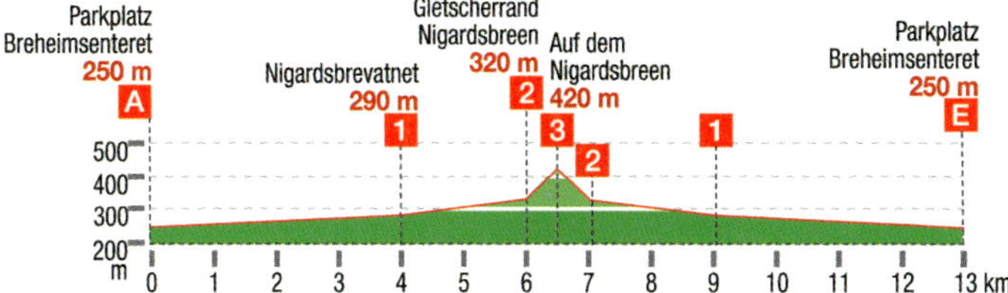

architektonisch einmalige Museumsgebäude in der Form eines auf dem Kopf stehenden Wikingerschiffes ist leider im Sommer 2011 einem Brand zum Opfer gefallen. Das wieder aufgebaute Museum konnte im Juni 2013 in Anwesenheit des norwegischen Premierministers Jens Stoltenberg wiedereröffnet werden.

Von Nigard führt ein ebener Fahrweg in nordwestlicher Richtung zum Gletschertal, parallel zum Fluss Breelvi, entlang. Wer keine geführte Klettertour auf den Gletscher unternehmen möchte, kann bereits diesen Fahrweg durch mit Birken bewachsene Moränengeröllandschaft wandern. Teilnehmer an der Gletscherwanderung fahren allgemein bis zum Ende dieses etwa vier Kilometer langen Weges. Auf der Hälfte des Gletscherseeufers des **Nigardsbrevatnet** 1 (1:00 Std.) endet der Fahrweg, und es geht von hier auf einem steinigen und felsigen Pfad am Seeufer bis zum unteren **Gletscherrand des Nigardsbreen** 2 (1:45 Std.). Alternativ verkehrt vom Fahrwegende ein kleines Motorboot, das Ausrüstung und gegebenenfalls Teilnehmer für die Gletscherwanderung bis ans Ufer unterhalb des Gletschers transportiert. Gletscher im Allgemeinen sollten niemals ohne Vorkenntnisse und Sicherheitsausrüstung auf eigene Faust bestiegen werden. Unmerkliche Gletscherbewegungen, Spalten unter dünnem Eis, Eismassenabbrüche und allgemein die Eisschmelze im Sommer verändern ständig die Beschaffenheit des Gletschers. Auch der Aufenthalt unmittelbar am Gletschertor, wo der Hauptschmelzwasserstrom unterhalb des Gletschers entspringt, ist aufgrund potenziell herabstürzender

Freud & Leid

Eine Gletscherwanderung ist immer etwas ganz Besonderes, sollte aber aus Sicherheitsgründen niemals allein angegangen werden. Eine geführte Tour ist daher die bessere Variante, hat aber eben auch den Nachteil, dass man nicht selbst entscheiden kann, wohin und wie lange man unterwegs ist.

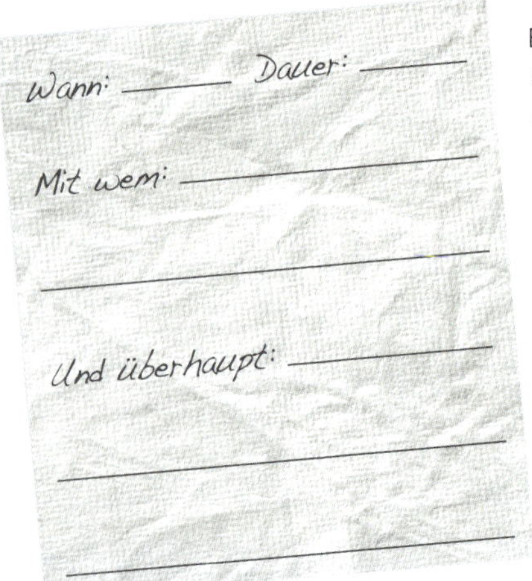

Eismassen vom zerbrochenen Gletschereis am Tor sehr gefährlich.
Ausgerüstet mit Klettergurt, Steigeisen, Eisaxt und gegebenenfalls Helm und Sicherheitseil geht es für die geführte Gruppe seitlich an einem flachen Gletscherausläufer hinauf. Jeder Teilnehmer ist mit dem Sicherheitsseil mittels Karabiner am Klettergurt in 5–10 Meter Abstand zum Vordermann verbunden. Weiter hinauf auf den Gletscher geht es vorbei an tiefen Spalten, das in der Luft hängende Seil ohne Zugspannung stets im Blick. Jeder Teilnehmer ist bedacht auf sicheren Schritt und Stand, denn im Falle eines Abrutschens oder Durchbrechens in eine Gletscherspalte sollten die übrigen Tourteilnehmer standhalten und die Person am Seil halten können. Zur weiteren Sicherheit der Gruppe werden zudem Titanbolzen mit Haken in regelmäßigen Abständen in das Eis hineingeschraubt. Hier übt jeder Teilnehmer mittels zweier Karabiner am Klettergurt das sichere aus- und wieder Einhaken an die Schlaufe des Sicherheitsseils. Das typische blaue Gletschereis (norw. blåis) in den Spalten, kleine Eishöhlen, schmale Eisbrücken und schöne Talaussichten aus der Gletscherperspektive begleiten uns auf dieser erlebnisreichen Tour **auf den Nigardsbreen** 3 (3:00 Std.)! So wie wir hier auf das Eis hinaufgestiegen sind, so steigen wir mit gleichen Sicherheitsvorkehrungen wieder das Gletschereis hinunter. Zurück gehen wir den Weg des Hinweges und gelangen schließlich, nach Abgabe der Ausrüstung

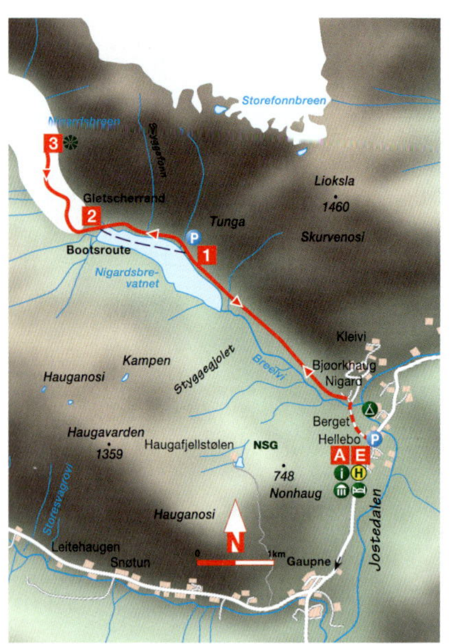

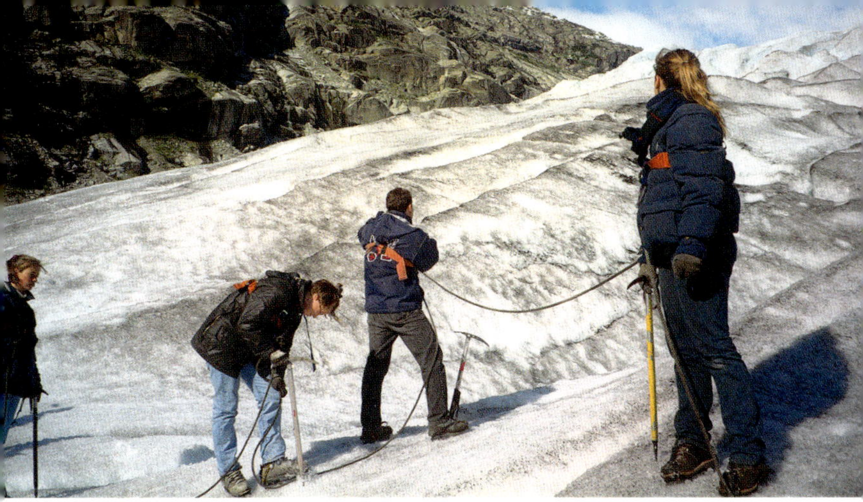

Auf gesicherter Gletscherwandertour mit Guide

und Verabschiedung von unserem Gletscherguide, der uns sicher durch das Eis geführt hat, zum **Parkplatz am Breheimsenteret** E **(5:00 Std.)**.

Zu dieser touristisch gut erschlossenen Gletschertour gibt es südlich von Nigard bei Bergset eine weitere, eher unbekannte Wanderroute zu einer Gletscherzunge. Dieser leicht begehbare Pfad wird in der Anschlusstour 23 beschrieben.

Blåis-Gletschertouren

Die Gletscherguides am Nigardsbreen bieten mehrmals täglich ab ca. 10 Uhr verschiedene geführte Gletschertouren an. Das Mindestalter beträgt sechs Jahre für die einstündige Familientour mit Gletscherwanderausrüstung. Feste Schuhe/ Wanderstiefel und lange Bekleidung werden empfohlen.

Wer höher hinauf will, kann zwischen zwei- oder dreistündigen Touren sowie anspruchsvollen Spezialklettertouren mit kompletter Eiskletterausrüstung wählen. Tickets und Informationen zu Bekleidung, Treffpunkt, Übernachtungsmöglichkeiten u.a. am Breheimsenteret sowie im Internet unter www.jostedal.com.

Wegbeschaffenheit
Beschilderter, markierter Weg auf Fahrweg, später steiniger Pfad zum Gletscher

Ausgangspunkt
Gletschercenter-Parkplatz Breheimsenteret in Nigard (Fv 604)
GPS-Koordinaten: 61.651546, 7.277542

Anfahrt
Per Bus/Auto via Sogndal (Rv 5) und Gaupne (Rv 55) ins Jostedal (Fv 604) bis Nigard. Dort am ausgewiesenen Parkplatz am Gletschercenter parken

23 3:30 Std. ▲ 60 hm ▼ 60 hm ↔ 10 km 

Bergsetbreen am Jostedalsbreen

Die Gletscherzunge Bergsetbreen entspringt nahe dem höchsten Gletscherzentrum (Høgste Breakulen 1957 m) des Jostedalsbreen. Die Route ist eine sehr leichte, ruhige Alternative zum Touristenziel Nigardsbreen und bietet einen willkommenen Steinunterschlupf bei schlechtem Wetter.

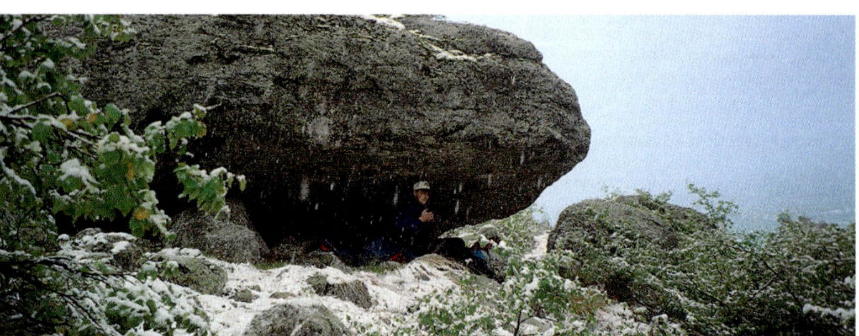

Trockene Rast unter einem »Steinheller« bei Schneeregen im September

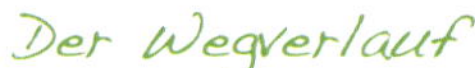

Vom **Parkplatz Bergset** **A** starten wir auf dem markierten Weg westwärts parallel zum Fluss Krundøla, der neben weiteren Zuflüssen, hauptsächlich vom Schmelzwasser des Bergsetbreen gespeist wird. Insbesondere bei Regenwetter ist wasserfestes Schuhwerk empfohlen, da der Pfad reichlich Pfützen bildet. Die Route führt uns zunächst durch halbhohen Birkenwald im vorgelagerten, ehemaligen kargen Moränenterrain des Gletschers. Die ersten größeren Bachzuläufe überqueren wir bequem über hölzerne Stegbrücken. Der Birkenwald lichtet sich allmählich, und wir gehen wieder ein Stück in Flussnähe. Anschließend entfernen wir uns wieder und wandern einen Geröllhang bei

Wegbeschaffenheit
Markierter Wanderpfad auf steinigem, teilweise feuchten Moränengrund

Ausgangspunkt
Parkplatz Bergset, ca. 7 km westlich Gjerde und südlich Nigard (Fv 604)
GPS-Koordinaten: 61.644130, 7.170228

Anfahrt
Per Bus/Auto via Sogndal (Rv 5) und Gaupne (Rv 55) ins Jostedal (Fv 604) bis Gjerde. Dort dem Abzweig nach Bergset (Fv 335) bis an das Ende zum Parkplatz folgen

Bakli 1 (1:20 Std.) leicht aufwärts. Der Blick wird nun in das Gletschertal frei, und der Gletscher erscheint zum Greifen nah. Rechts oberhalb des Weges entdecken wir im Geröllfeld eine große überstehende Steintafel (norw. steinheller), die Regenschutz bietet und unter der wir uns zur Rast setzen können. Von hier ist die Aussicht zum Gletscherausläufer bereits zu genießen.

Von dieser Raststelle geht der Pfad auf steinigem Weg leicht abwärts bis direkt zum Gletscherausläufer mit kleinem, vorgelagerten Gletschersee. Neben der Hauptzunge des **Bergsetbreen** 2 (1:45 Std.) mit Gletschertor befindet sich rechts oben die Zunge des Baklibreen. Von dort weiter westwärts befindet sich die höchste Erhebung des Jostedalsbreen.

Nachdem wir die herausgebrochenen Gletscherstücke unterhalb des Bergsetbreen bestaunt haben, gehen wir wieder auf gleichem Weg zurück zum **Parkplatz Bergset** E (3:30 Std.).

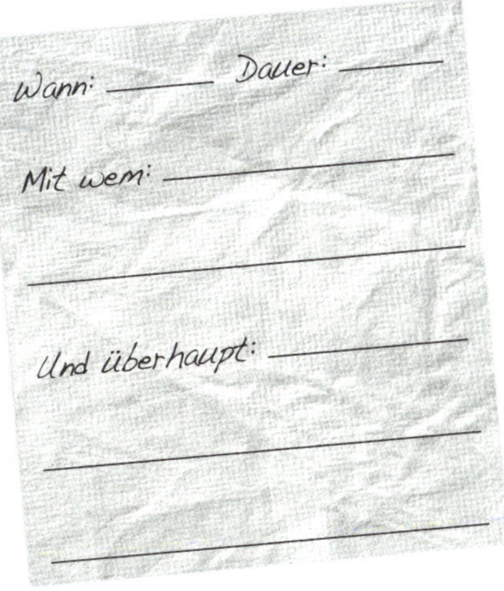

Freud & Leid

Ein Eis zum Mitnehmen, bitte – so ungefähr könnte man die Wanderung beschreiben. Kaum Höhenmeter bei einer Tour durch ein Tal, und nach nur 5 km steht man am Gletscher. Wer also bisher in seinem Urlaub keine Zeit für einen Gletscherbesuch hatte, kann diesen hier relativ einfach und schnell mal eben »mitnehmen«.

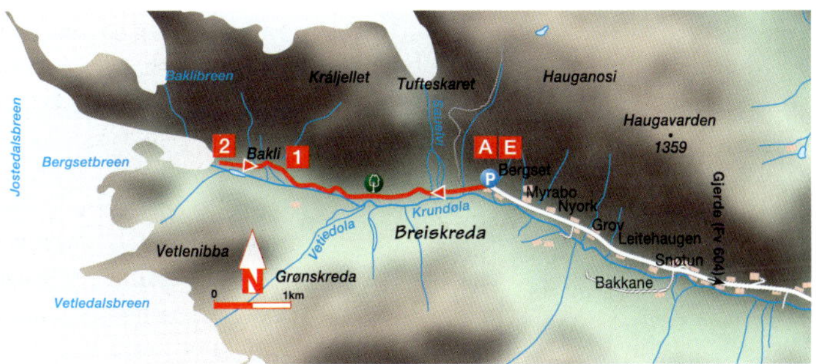

 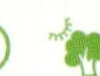 

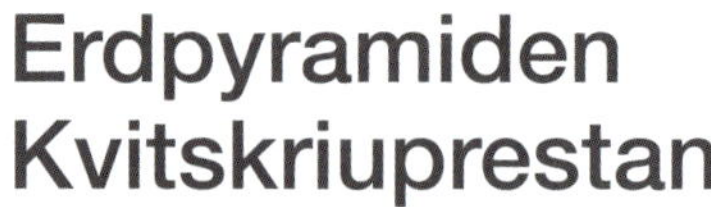

Erdpyramiden Kvitskriuprestan

Ein seltenes Naturphänomen erwartet uns hier am Rande des Rondane-Gebirges und -Nationalparks. Im mit Moränenmasse gefüllten Flusstal Ula haben sich am steilen, erodierten Talhang die sogenannten Erdpyramiden Kvitskriuprestan gebildet, die wir auf einer kurzen Wanderung besichtigen.

Wegbeschaffenheit
Markierter, sehr steiler Waldpfad, z.T. mit Treppen, Geländer präpariert

Ausgangspunkt
Parkplatz Kvitskriuprestan, ca. 8 km nordöstlich Otta (E 6)
GPS-Koordinaten: 61.809918, 9.603039

Anfahrt
Per Bahn/Bus/Auto nach Otta (E 6). Von dort ca. 4 km nördlich zum Ort Sel und nach rechts dem Fahrweg (Maut) Richtung Mysuseter bis zum Parkplatz Kvitskriuprestan folgen

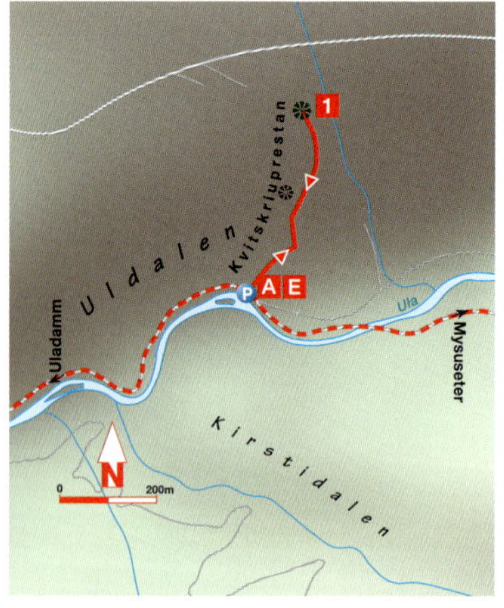

Der Wegverlauf

Auf dem Fahrweg zum Parkplatz erreichen wir nach etwa einem Kilometer den Staudamm Ula sowie die Mautstelle (geringe Gebühr). Von hier weist eine Steintafel auf »Kvitskriuprestein 2,5 km« und »Mysuseter 6 km«, hin. Autoanreisende können bereits vom Damm aus zu Fuß das Ulatal hinauf zum Parkplatz in ca. 45 Minuten gehen. Der Fahrweg überquert die Ula und führt oben zu der geteerten Straße (Fv 444) Otta–Mysuseter. In Mysuseter bestehen Einkehr- und Übernachtungsmöglichkeiten, und es gibt Wanderwege in den Rondane-Nationalpark.

Vom **Parkplatz Kvitskriuprestan** **A** mit Informationstafel weist ein Wegweiser hinauf in den Waldhang. Der zunächst etwas unwegsame Pfad steigt schon bald steil am Hang an. An manchen Stellen wird der Aufstieg mittels Natursteintreppen und Holztreppen erleichtert, und wir erreichen die untere Abbruchkante dieses Steilhangs, bestehend aus Moränenmasse, vom Gletscher vor rund 9000 Jahren abgelagert, der die Rondane-Berge »abgerundet« hat. Entlang der Abbruchkante sichert ein hölzernes Geländer und bietet Aussichtsstellen auf

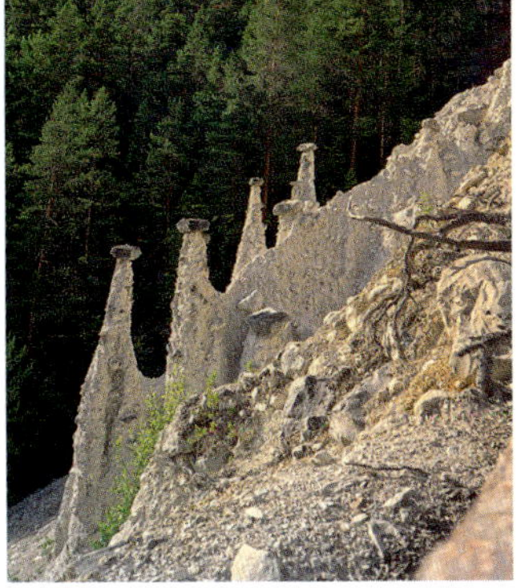

Ein seltenes Naturphänomen:
die Erdpyramiden bei Otta

Freud & Leid

Das Phänomen der Erdpyramiden ist nicht so selten und aus Slowenien bekannt. Doch von dem kleinen Land an der Adria sind wir sehr weit entfernt, weshalb wir die hiesigen Erdpyramiden unbedingt aufsuchen sollten, auch wenn der Begriff »Wanderung« bei dieser kurzen Etappe schon übertrieben scheint.

die Erdpyramiden im ausgespülten Hang. Manche Erdpyramiden haben ein Alter von ca. 200 Jahren, dank ihres idealen »Stein-Huts« auf der Spitze der hellen Lehmpyramidensäule. Ihr Aussehen ähnelt Priestern mit Gewand, Kragen und Kappe, was zu der norwegischen Bezeichnung Kvitskriuprestan (Weißkragenpriester) führte. Der Hang steht unter Naturschutz, und eine Hinweistafel an der **Aussichtsstelle Kvitskriuprestan** **1** (0:25 Std.) gibt den Besuchern weitere Informationen. Unterdessen sind, erosionsbedingt, in den vergangenen Jahren mehrere Pyramiden eingestürzt. Zurück geht es den gleichen Weg hinunter zum **Parkplatz Kvitskriuprestan** **E** (0:45 Std.) oder alternativ zum Uladamm bzw. Mysuseter. Nachbauten der größten Erdpyramiden können im Zentrum von Otta besichtigt werden.

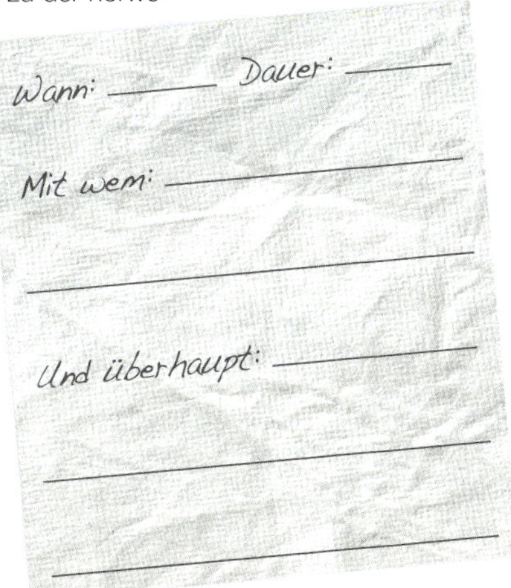

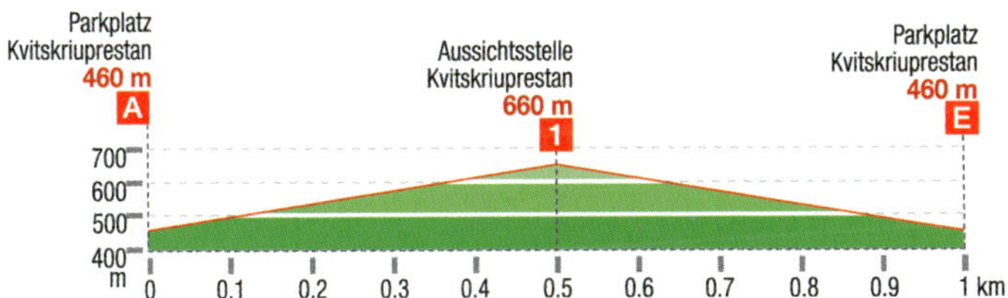

25 1:15 Std. ↑ 138 hm ↓ 435 hm ↔ 5 km  

Vom Fjell zum Geirangerfjord

Der schmale Geirangerfjord, umgeben von mächtigen Gebirgsflanken, ist einer der bekanntesten Fjorde Norwegens, der mit seinem fantastischen Talblick nach Geiranger in sämtlichen Reiseführern zu finden ist. Statt des üblichen kurzen Fotostopps genießen wir auf dieser Tour das Panorama!

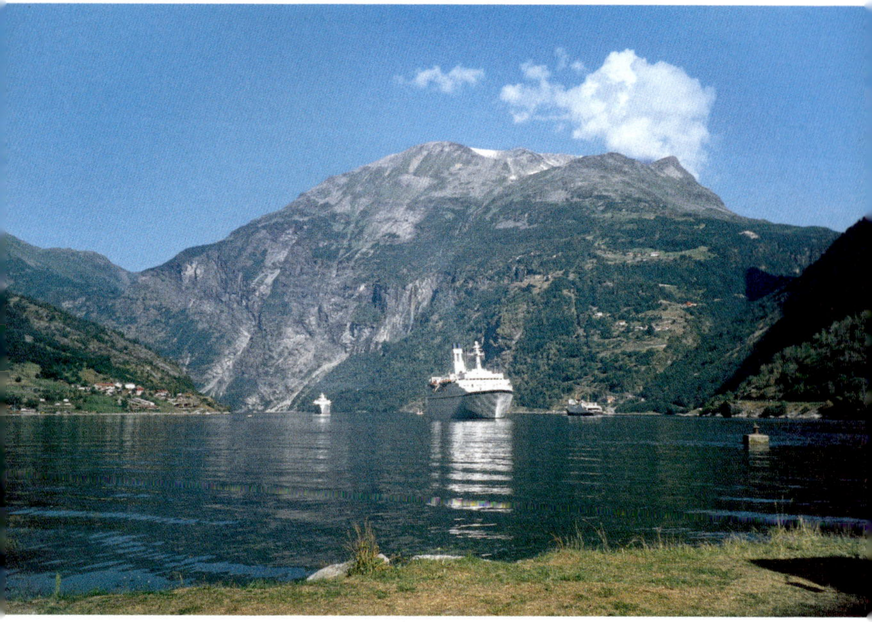

Am Ufer des gewaltigen Geirangerfjords

Der Wegverlauf

Schon die Anreise von Süden nach Geiranger ist überwältigend. 17 Kilometer geht es in mehreren scharfen Kurven über 1000 Höhenmeter das gewaltige Tal zum Ufer des Geirangerfjords hinunter.

Auf der Strecke lohnen mehrere Fotostopps. Den ersten und spektakulärsten Ausblick erhält man noch vor der Gefällstrecke vom Berg Dalsnibba. Von der Djupvasshytta führt ein mautpflichtiger Fahrweg bis hinauf zur Dalsnibba auf 1476 Meter. Der detailreichste Fotostopp über Geiranger befindet sich wenige Kilometer vor dem kleinen Ort am Fjord an der Schlucht Flydalsjuvet. Diese ist der klassische Ausflugspunkt für die vielen Bus- oder Kreuzfahrttouristen, die täglich im Sommer durch den kleinen Ort strömen. Hier vom **Parkplatz Flydalsjuvet** A, wenige Hundert Meter vom Hotel Utsikten mit Übernachtungs- und Einkehrmöglichkeit entfernt, beginnen wir unsere Tour und gehen zunächst ein kurzes Stück zur Aussichtsstelle auf die oberen, senkrecht abfallenden und teilweise überhängenden Felsen der Flydalsjuvet, die gern für ein persönliches Panoramafoto genutzt werden.

Freud & Leid

Der Geirangerfjord wurde nicht ohne Grund zum Weltnaturerbe ernannt, denn er ist einfach nur schön anzuschauen. Das finden auch die Anbieter von Kreuzfahrten, die mit ihren Schiffen ebenfalls in den Fjord hineinfahren. Man sollte also wissen, dass der kleine Ort Geiranger mit seinen 300 Einwohnern an manchen Tagen das Zehnfache an Besuchern erhält.

Von diesem belebten Touristenziel gehen wir nun auf die ruhige, leichte Genießertour über etwa fünf Kilometer bis hinunter nach Geiranger. Dazu folgen wir zunächst dem Rv 63 ein Stück südwärts bergan und gelangen zum **Abzweig zu den Höfen im Flydalen** 1 (0:10 Std.). Hier folgen wir den Markierungen zum Flydalsnakken, dem steilen Talabhang auf der anderen Schluchtseite. Zunächst geht es auf dem Fahrweg über eine landwirtschaflich genutzte Gebirgstalebene, und wir überqueren nach einem Abzweig den hier eher ruhigen Fluss Geirangelva. Wenige Hundert Meter weiter gelangen wir zu weiteren Hofstellen und gehen nun nordwestlich Richtung Geiranger. Der Weg steigt leicht an, und ab der letzten Hofstelle folgen wir dem markierten Pfad aufwärts durch lichten Wald auf das kleine Bergplateau **Flydalsnakken** 2 (0:30 Std.), mit einem kleinen Schwenker zur steilen Aussichtsstelle über das imposante Fjordtal Geiranger, in dem im Sommer nahezu täglich Kreuzfahrtschiffe vor Anker gehen. Die eigentlich recht großen Schiffe wirken in der mächtigen Fjordnatur wie Miniaturausgaben. Neben den rauschenden Wasser der Geirangelva tragen die sichtbaren Wasserfälle des Flusses Grindelva sowie der Wasserfall Storsæterfossen auf der nördlichen Talseite zur Geräuschkulisse bei. Eine Ohrenweide ist zudem das grandiose Echo des

Wegbeschaffenheit
Meist markierter Wanderpfad, zu Beginn/Ende auf Straßen und Fahrwegen

Ausgangspunkt
Parkplatz Flydalsjuvet am Rv 63, ca. 5 km südlich Geiranger
GPS-Koordinaten: 62.089652, 7.223368

Anfahrt
Per Bus/Auto von Süden über den Rv 15 Otta-Stryn und Rv 63 nach Geiranger bis zur Bushaltestelle Flydalen bzw. zur Aussichtsstelle Flydalsjuvet mit Parkplatz

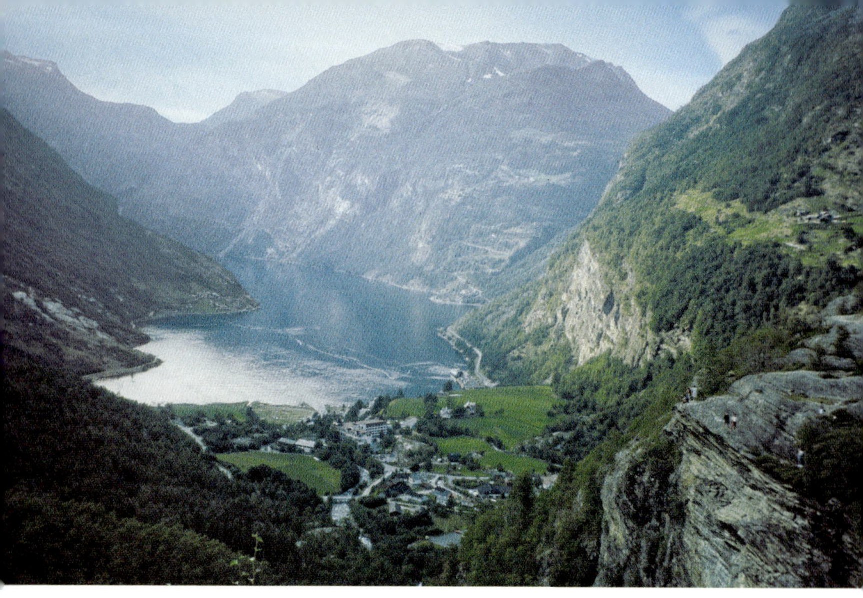

Blick von der Schlucht Flydalsjuvet hinunter zum Geirangerfjord

Horns eines abfahrenden Kreuzfahrtschiffes im Geirangerfjord. Von der Aussichtsstelle verläuft der Pfad südwärts um das Plateau herum zu einen kleinen Bach. Nun folgen wir dem steilen und steinigen grünen Bachtal zwischen den kleinen Flydalsnakken und dem großen Berghang des Keipen (1379 m) nordwärts hinunter an einem Geröllfeld vorbei, und haben nochmals einen schönen Ausblick auf den Fjord. Wir gelangen an eine kleine Alm und nehmen den Weg hinunter, der in einer höher gelegenen Siedlung von Geiranger auf einen Fahrweg mündet. Von diesem **Siedlungsabzweig** **3** **(1:00 Std.)** sind es nur ein kurzer Weg zur Hauptstraße Rv 63 und noch etwa drei Kilometer die Straße bergauf bis zurück zum Parkplatz Flydalsjuvet, sodass von hier aus eine verkürzte Rundtour unternommen werden kann. Ansonsten geht es weiter nordwärts, kurz dem Fahrweg folgend und anschließend auf einen Wiesenpfad hinunter zu der Hofsiedlung

Wann: ________ Dauer: ________

Mit wem: ________

____

Und überhaupt: ________

____

____

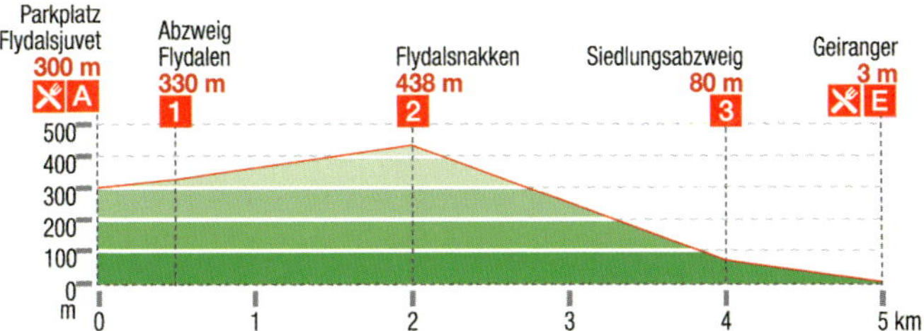

Gjørva. Im Fjordtal folgen wir dem Fahrweg der Geirangelva entlang in Richtung Campingplatz und touristischem Zentrum von **Geiranger E** **(1:15 Std.)** mit Einkehr- und Übernachtungsmöglichkeiten sowie Souvenirläden. Der Blick zurück, südlich hinauf in das Geirangertal mit den mächtigen Bergflanken und spitzen Bergzinnen zu beiden Talseiten, ist ebenfalls sehr sehenswert. Der Fahrweg mündet südlich des Fähranlegers Geiranger wieder auf den Rv 63. Zum fünf Kilometer entfernten Parkplatz Flydalsjuvet gelangen wir entweder zu Fuß, per Taxi oder per Bus (Auskünfte bei der Touristinformation).

Welterbe Geirangerfjord

Neben der sehenswerten Ausstellung des Norsk Fjordcenters in Geiranger vom Fjord zum Fjell, ist eine günstige »Minikreuzfahrt« mit der Geirangerfjordfähre ein Erlebnis. In gut einer Stunde erreicht die Fähre Hellesylt am Rv 60, sodass z. B. mit dem Auto eine Tagesrundtour bzw. Weiterfahrt möglich ist. Auf der 20 Kilometer langen, verschlungenen Fjordstrecke sind neben vielen Wasserfällen an den bis zu 1500 Meter hohen Bergflanken auch alte Höfe am steilen Fjordhang zu sehen, die bis in die 1950er-Jahre besiedelt waren. Weitere Fährinformationen unter www.fjord1.no.

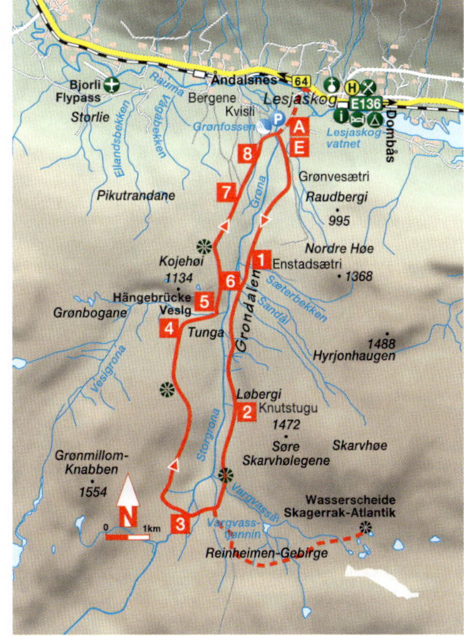

26 5:00 Std. ↑ 690 hm ↓ 690 hm ↔ 16 km 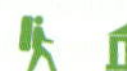 

Sternwandern auf Vågsøy

Vågsøy, an Norwegens Westküste südlich des Westkaps, ist eine sehr sehenswerte Insel mit einigen interessanten Tourenzielen und schönen Aussichten. Auf der nachfolgend beschriebenen Sternwanderung können wir an einem Tag oder an mehreren Tagen die Schönheiten dieser Insel entdecken.

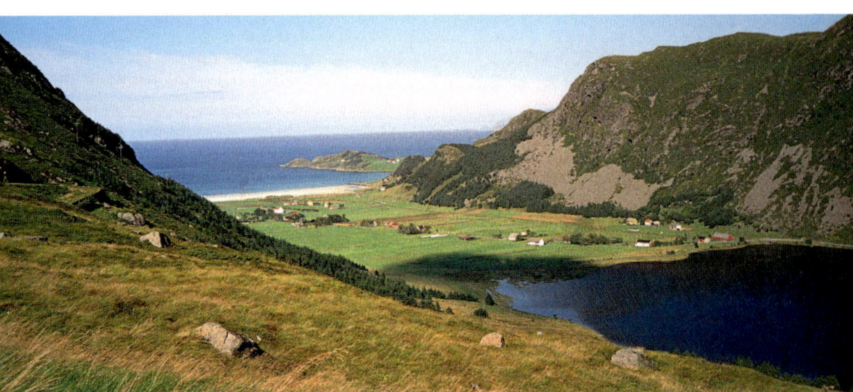

Blick über den Refvikvatnet zur Sandstrandbucht Refvika

Der Wegverlauf

Für die meisten Touristen ist der Ort Måløy auf Vågsøy ein Begriff, da sich von dort in etwa acht Kilometer Entfernung der bekannte »Kannestein« in einer mit dem Auto zugänglichen Meeresbucht befindet. Der Kannestein, der wie eine aus dem Wasser herausragende Flosse eines abtauchenden Wales ausschaut, und die umgebenden Felsen sind hier vom Meer bizarr geschliffen worden. Statt zum Kannestein mit dem Auto zu fahren, kann man sich diese Sehenswürdigkeit auch als Wanderziel auf dieser Insel vornehmen. Im nachfolgenden Wegverlauf ist diese Tour die dritte Wandervariante von der

Wegbeschaffenheit
Teilweise markierter Wanderpfad bzw. anfangs Fahrweg im zweiten Teil der Route
Ausgangspunkt
Kreuzung/Bushalt Raudebergtoppen, ca. 1 km Raudeberg (Rv 617)–Refvika
GPS-Koordinaten: 61.987058, 5.127303
Anfahrt
Per Bus/Auto von der E 39 Bergen–Ålesund zum Rv 15 von Nordfjordeid–Måløy und weiter nach Raudeberg (Rv 617). Dort 1 km Richtung Refvika, ca. 500 m vor dem Abzweig Kvalheim

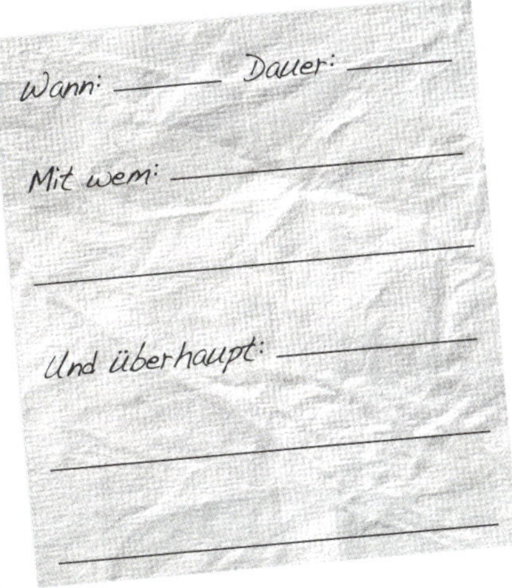

Kreuzung Raudebergtoppen. Neben dem Kannestein gilt die wirklich wunderbare Sandstrandbucht von Refvik als einer der schönsten Strände Norwegens. Sehr seicht fällt der breite Sandstrand zum Meer ab, umrahmt von steilen grünen Bergflanken, ähnlich wie die Westküstenbuchten der Lofoten (s.a. Tour 35). Es ist fast ein Muss, hier im Meer baden zu gehen, und, egal, wie warm oder wie kalt das Meerwasser ist, diese Landschaft mit allen Sinnen zu erleben. Ein weiteres Erlebnis bietet z. B. ein Autoabstecher zur äußersten Westspitze beim Leuchtturm Kråkenes Fyr, der westlicher liegt als das Westkap. Bei stürmischer See ist die Meeresbrandung am zerklüfteten Fels sehr beeindruckend. Auf den nachfolgenden Tourbeschreibungen verschaffen wir uns zunächst einen Inselüberblick und gehen auf Bergtour mit Ausblick.

An der **Kreuzung Raudebergtoppen** A befindet sich eine Hinweistafel des lokalen Wanderverbandes YNT (Ytre Nordfjord Turlag), und zum

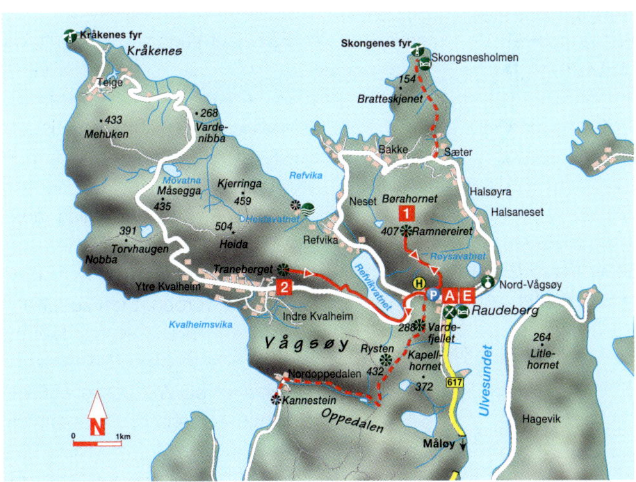

Berg Børahornet folgen wir der abzweigenden kleinen Straße hinauf in eine Siedlung. Am Straßenende besteht außerdem eine gute Parkmöglichkeit beim Transformatorhaus, und ein Schild weist den markierten Weg zum Berg Børahornet. Nach einem anfänglich sumpfigen Stück, verläuft der Pfad durch einen Wald und anschließend den südöstlichen Berghang des Børahornet in nordwestlicher Richtung hinauf. Am Abzweig zum Røysavatnet vorbei gelangen wir am Ende des Hangs auf ein größeres, grünes Plateau mit kleinen Sümpfen. Anschließend geht es weiter in nordöstlicher Richtung und nochmals gut 100 Höhenmeter hinauf auf das Gipfelplateau Ramnereiret mit dem langen, nordöstlich

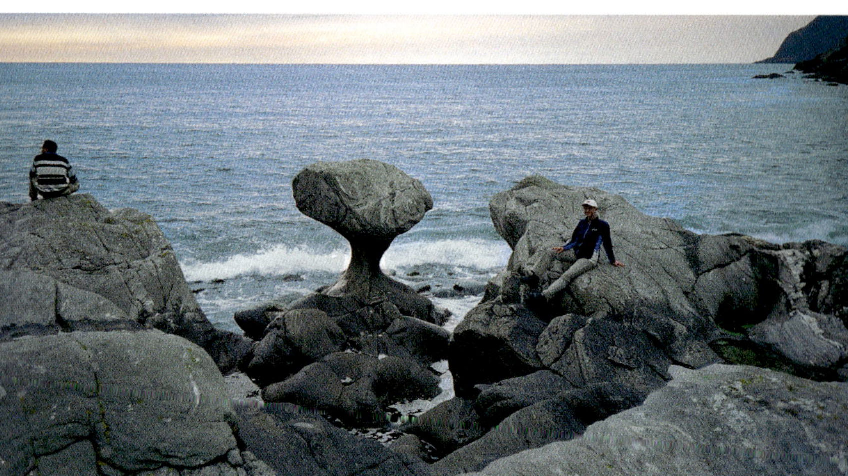

Der sehenswerte »Kannestein« in der Kvalheimsvika

verlaufenden Bergrückenausläufer **Børahornet** **1** (1:30 Std.). Von hier genießen wir den Blick nach Nordosten zur Westkap-Halbinsel Selje, zur Nordspitze von Vågsøy mit dem Leuchttum Skongenes (siehe Tipp) sowie nach Nordwesten über die Bucht Refvika bis zur äußersten Landzunge Kråkenes. Für einen noch besseren Ausblick in die Kvalheimsvika im Südwesten gehen wir auf gleichem Weg zurück zur **Kreuzung Raudebergtoppen** **A** (2:30 Std.) und folgen der Straße ungefähr 500 Meter in Richtung Refvika. Statt dem Straßenabzweig nach Kvalheim zu folgen, nehmen wir den alten Fahrweg 100 Meter weiter. Der Weg führt um das Naturschutzgebiet des Refvikvatnet und steigt allmählich am Bergfuß des Refvikhornet nach Nordwesten an. Oben an der letzten

Kurve verlassen wir den alten Fahrweg und gehen direkt ohne Pfadmarkierungen nordwestlich den Bergfuß weiter hinauf. Nach diesem Anstieg erreichen wir ein Zwischenplateau, von dem nach Norden der Bergrücken Refvikhornet ausläuft. Über grüne Bergmatten steigen wir vom Plateau nochmals ein kurzes Stück bis zum schmalen Gipfel des **Traneberget** 2 (4:00 Std.) hoch. Von hier oben können wir den Blick in die Kvalheimsvika im Südwesten, in die Refvika im Norden und in den Ulvesundet nach Raudeberg im Osten genießen. Zurück gehen wir ebenfalls auf gleichem Weg zur **Kreuzung Raudebergtoppen** E (5:15 Std.).

Freud & Leid

Zwei von mehreren Gipfeln, die erwandert werden können, sind natürlich eine tolle Sache. Ein wenig schade ist es, dass sie nur schlecht kombiniert werden können und man zum Ausgangspunkt zurück muss. Das hat aber dann wenigstens den Vorteil, dass man die vorgestellte Wanderbeschreibung auf zwei Touren aufteilen kann.

Eine dritte Tourvariante für einen weiteren Tourtag führt von der Kreuzung auf die Berge südlich der Straße bis hinunter in die Bucht des Kannesteins. Ein markierter Pfad steigt zunächst zum Vardefjellet auf 288 Meter hinauf (0:30 Std.). Von dort durch ein kleines Zwischental weiter steil aufwärts zum Bergplateau des Rysten auf 432 Meter (1:15 Std.) und am Berghang südlich hinunter in das Oppedalen mit einem kleinen Teich (1:40 Std.). Auf der Nordseite des Teiches befindet sich ein Pfad, der entlang des Bachabflusses westwärts zur Hofsiedlung Nordoppedalen zum Meer hinunterführt. Der Weg mündet schließlich auf einen Fahrweg und an einem Abzweig nach Süden auf die Straße nach Måløy. Wenige Meter der Straße südwärts folgend, gelangt man in dieser Meeresbucht zu den geschliffenen Felsen und dem Kannestein (2:00 Std.). Zurück geht es auf den gleichen Pfaden zum Ausgangspunkt an der Kreuzung Raudebergtoppen (4:00 Std.).

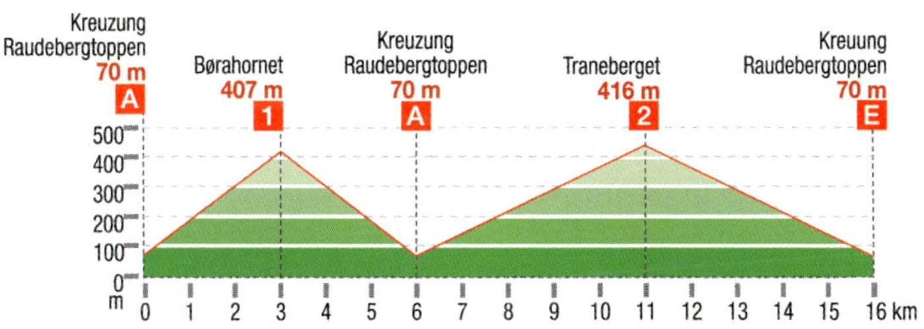

27 7:00 Std. ↑ 816 hm ↓ 816 hm ↔ 14 km 

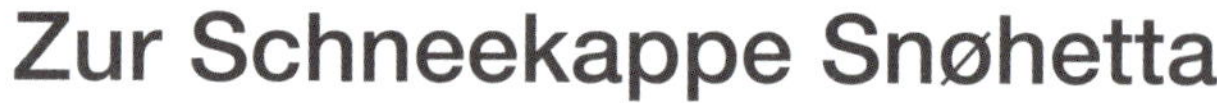

Zur Schneekappe Snøhetta

Der Berg Snøhetta im Dovrefjell-Nationalpark mit seinen 2286 m galt lange Zeit als der höchste Berg Norwegens. Heute weiß man, dass einige Berge des Jotunheimen-Gebirges höher sind. Der anstrengende Aufstieg zu diesem Schneekappenberg wird mit einem weiten Ausblick belohnt!

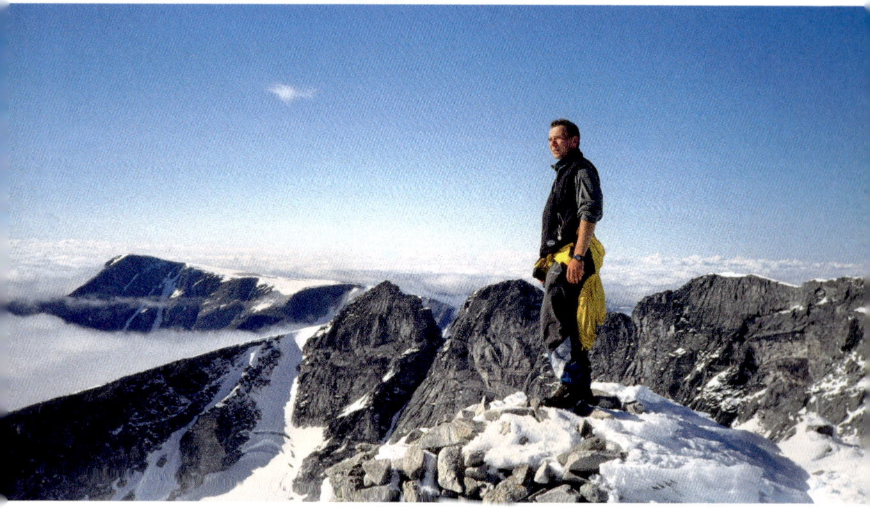

Auf dem Gipfel der Snøhetta, mit Midt- und Vesttoppen im Hintergrund

Der Wegverlauf

Der Fahrweg von Hjerkinn nach Snøheim ist allgemein vom 1. Juli bis 1. Oktober offen und auch als Fahrradweg gut geeignet. Er führt südlich des Nationalparks durch ein militärisches Übungsgebiet, das jedoch mittlerweile von den Bergtouristen mehr und mehr zurückerobert wird. So wurde der vom Militär genutzte Berghof Snøheim vom Norwegischen Touristenverband (DNT) übernommen, 2011 zum bewirtschafteten Gasthof umgebaut und im Sommer 2012 wiedereröffnet. Die Touristenhütte ist somit erste Anlaufstelle für die Bergwanderer, die per Bahn oder Bus bis Hjerkinn anreisen und zu Fuß oder per Shuttlebus nach Snøheim kommen und übernachten wollen. Zudem ist sie idealer Ausgangspunkt für diese Gipfeltour sowie für Mehrtages- oder Klettertouren an der Snøhetta. Der bisherige öffentliche Parkplatz für diese

Tour befindet sich etwa zwei Kilometer vor Snøheim. Wer von hier aus startet (oder wegen Wegsperrung starten muss), sollte zusätzlich 30 Gehminuten pro Strecke einplanen.

Freud & Leid

Die Snøhetta steht auf Platz 1 der Liste der höchsten Erhebungen in Norwegen – allerdings außerhalb des Jotunheimen-Gebirges. Wer also mit der Snøhetta einen »höchsten Berg« erklommen haben will, muss ehrlicherweise diesen Halbsatz hinzufügen. Ansonsten bleiben noch 23 andere Gipfel, allesamt im Jotunheimen, die mehr Höhenmeter vorzuweisen haben.

Von der **Touristenhütte Snøheim** A wandern wir auf markiertem Weg Richtung Snøhetta. Zu Beginn überqueren wir einen Bach und folgen dem zunächst sanft ansteigenden Gebirgspfad in nordwestlicher Richtung. Auf dem ausgetretenen Weg passieren wir den markierten **Abzweig zum Vesttoppen** 1 (0:45 Std.) und gehen den Gebirgspfad weiter nach Nordwesten aufwärts. Östlich des Kargletschersees Istjørni überqueren wir auf flachem Terrain den Abfluss des Sees und steigen danach zum östlichen Berghang der Snøhetta hinauf. Wir erreichen auf einer Anhöhe den alten Hüttenstandort **Gamle Reinheim** 2 (1:30 Std.). Nun folgt der anstrengende Teil dieser Wanderung. Auf den steil ansteigenden Osthang wandern und klettern wir über ein Meer von Steinblöcken. Die Aussicht zurück in das Tal und zur vom Kargletscher steil ausgehöhlten Westflanke wird währenddessen imposanter. Auf knapp 2000 Höhenmetern erreichen wir den **Abzweig Reinheim** 3 (2:30 Std.) zur heutigen DNT-Selbstversorgerhütte (s.a. Tour 29). Etwas weniger steil geht es nun in westlicher Richtung den Berghang hinauf, zunächst weiter über Steinblöcke, dann je nach Jahreszeit früher oder später über eine mächtiger werdende Schneefläche bis zum Gipfel. Dabei weisen uns nun größere Steinmännchen bzw. Schneestangen die Route. Die Fußstapfen, die wir im Schnee vorfinden, sind teilweise viel zu weit auseinander, um darin bequem die Schneefläche nach oben zu steigen. Auf dem Rückweg laufen viele Wanderer den Schneehang mit weiten Sprüngen in den Schnee freudig hinunter und hinterlassen dabei so die weit auseinandergezogenen Stapfen. Je

Wegbeschaffenheit
Mit rotem T markierter Gebirgspfad über Felsblöcke und Schneefeld zum Gipfel
Ausgangspunkt
Parkplatz/Touristenhütte Snøheim, ca. 13 km nordwestlich Hjerkinn (E 6)
GPS-Koordinaten: 62.294492, 9.350790
Anfahrt
Per Zug/Bus/Auto Oslo Richtung Trondheim bis Hjerkinn (E 6). Von dort dem 13 km langen Fahrweg per Shuttle/Auto bis zur Touristenhütte Snøheim (Maut) folgen oder bis zum Parkplatz 2 km davor

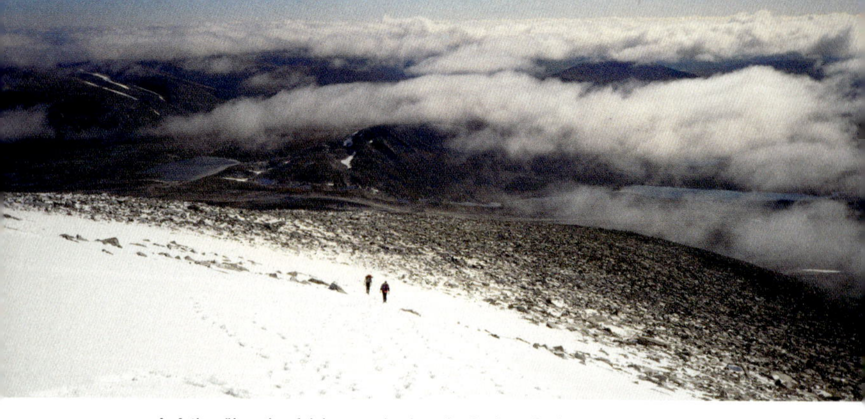

Aufstieg über den felsigen und schneebedeckten Osthang

weiter wir uns dem Gipfel nähern, desto fester wird der Schnee. Oben auf dem **Snøhetta Stortoppen** **4** **(3:45 Std.)** mit seiner eckigen, schneebekleideten Steinvarde herrschen trotz Sonnenschein frostige Temperaturen. Der Ausblick, insbesondere bei lichten Wolken, die noch unterhalb des Gipfels schweben, ist traumhaft! Unter uns, an der Südwestflanke steil abwärts, befindet sich der Kargletscher. Weiter Richtung Westen auf der Schneekappe, an Bauten des Militärs vorbei, kann man auf der steil abfallenden westlichen Flanke leicht einen Abstecher bis zum Midttoppen machen und sogar per Kletterausrüstung die Traverse bis zum Vesttoppen klettern (siehe Tipp). Zwischen Stortoppen und Midttoppen zweigt ein markierter Weg hinunter zur DNT-Selbstversorgerhütte Åmotdalshytta ab, von der man am nächsten Tag wieder nach Snøheim zurück gelangt.

Gute Wetterbedingungen werden für diese Gipfeltour empfohlen, und bei starken Wind oder Niederschlägen, einhergehend mit Eisglätte, wird allgemein davon abgeraten. Mit großen Sprüngen verabschieden wir uns ebenfalls von dieser schönen Schneekappe, indem wir den gleichen Weg hinunternehmen, bis wir wieder auf den auf Fels markierten Bergpfad gelangen, der uns in insgesamt drei Stunden Abstieg wieder zurück zur **Touristenhütte Snøheim** **E** **(7:00 Std.)** führt.

Wann: ______ Dauer: ______

Mit wem: ______

______

Und überhaupt: ______

______

______

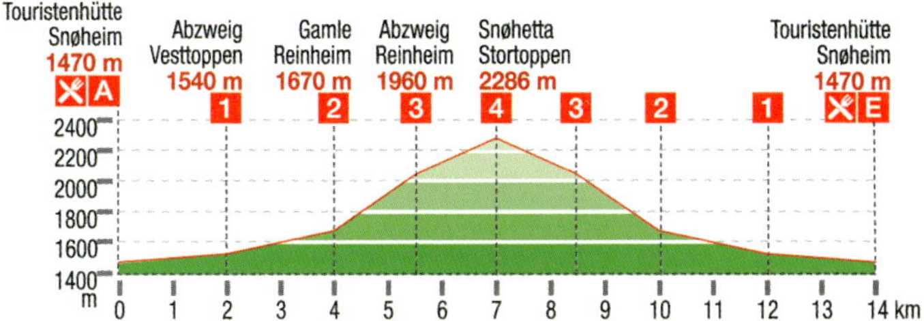

Klettertour über die Traverse

Für ausgerüstete Bergkletterer ist die Traverse vom Stortoppen über den Midttoppen zum Vesttoppen eine anspruchsvolle Kletterroute, die allgemein mit dem Schwierigkeitsgrad -IV eingestuft wird. Neben gut begehbaren Felsabschnitten sind an einigen Stellen Sicherungen per Seil absolut notwendig, insbesondere vom Midttoppen zum Vesttoppen auf schmalem, steil abfallendem Fels. Vom Vesttoppen führt ein markierter Pfad wieder nach Snøheim hinunter, der auch eine Alternativroute zur Snøhetta ist. Informationen zur Touristenhütte Snøheim beim DNT unter www.turistforeningen.no.

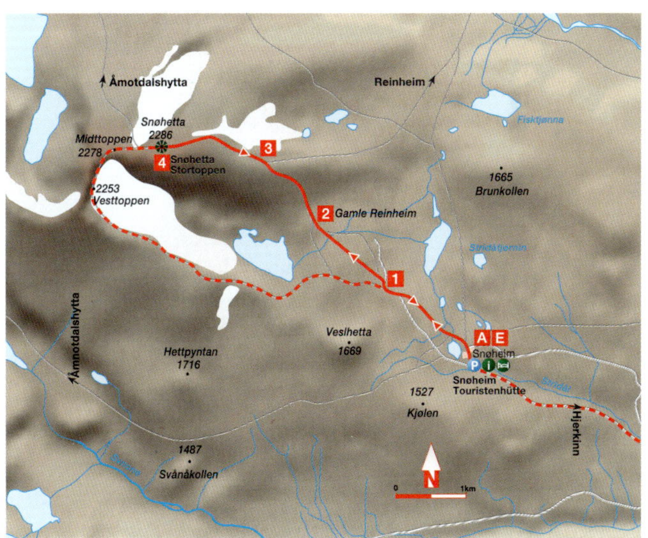

28 5:00 Std. 300 hm 300 hm 16 km  

Die Moschusochsen im Dovrefjell

Im Dovrefjell-Nationalpark, 1974 gegründet, sind die aus Grönland stammenden, in den 1950er-Jahren ausgesetzten und hier ansässig gewordenen Moschusochsen mittlerweile ein Erlebnis für Touristen und Wanderer auf dem Weg zur Reinheimhütte und zum monumentalen Kegelberg Snøhetta.

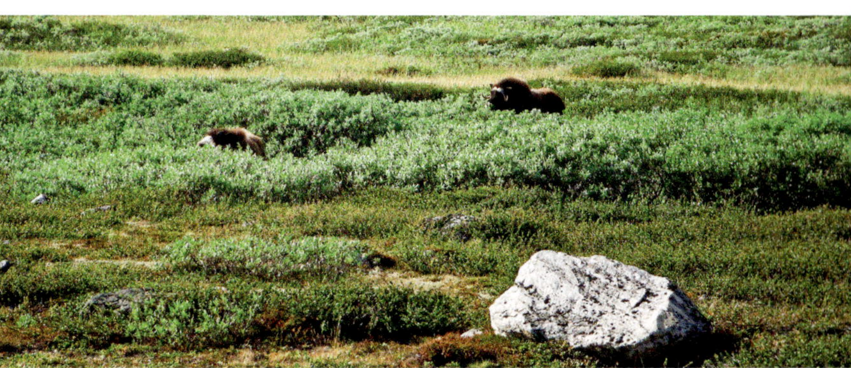

Weidende Moschusochsen im Dovrefjell

Der Wegverlauf

Diese Route hat gleich mehrere Wanderziele zu bieten und ist als Mehrtagestour sehr zu empfehlen. Neben der hier beschriebenen, für Familien geeigneten, anfänglichen Tagestour zu den ersten Moschusochsengebieten verläuft die Hauptwanderroute weiter zu der Selbstversorgerhütte Reinheim des DNT. Sie liegt ideal als Ausgangspunkt für Moschusochsensafaris in der umliegenden Bergregion, sowie für eine alternative Gipfeltour zur Snøhetta auf markiertem Bergpfad oder zu weiteren Übernachtungsmöglichkeiten im Dovrefjell. Von Kongsvoll bis nach Reinheim sind es etwa 18 Kilometer,

Wegbeschaffenheit
Mit rotem T markierter Gebirgswanderweg auf grünen Hochfjell

Ausgangspunkt
Parkplatz oder Bahnhof Kongsvoll zwischen Dombås und Oppdal (E 6)
GPS-Koordinaten: 62.307065, 9.606724

Anfahrt
Per Bahn, Bus oder Auto von Oslo Richtung Trondheim bis zum Parkplatz Kongsvoll (Kongsvold Fjeldstue) an der E 6 bzw. Bahnhof Kongsvoll Stasjon

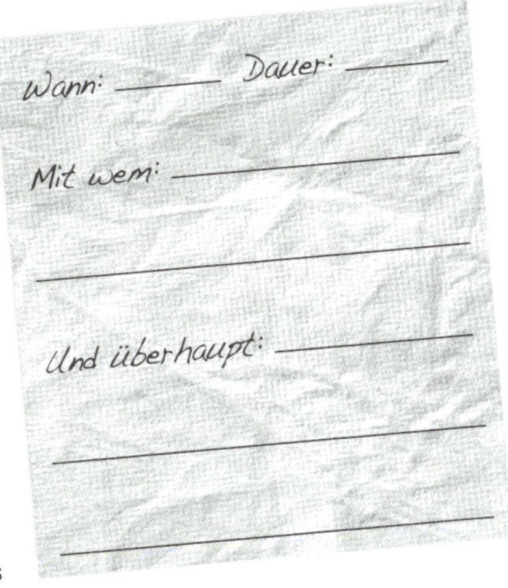

die mit Mehrtagesgepäck allgemein in 5 Stunden erreicht werden, mit leichtem Gepäck für eine lange Tagestour in weniger als fünf Stunden.

Wir machen uns für diese Moschusochsentour mit Tagesrucksack, Fernglas und Teleobjektiv bereit und gehen vom **Parkplatz Kongsvoll** A, nahe der Einkehr- und Übernachtungsmöglichkeit Kongsvold Fjeldstue, ein kurzes Stück die E 6 südlich entlang und folgen dem markierten Weg zur DNT-Hütte Reinheim. Zunächst geht es hinunter zum Flusstal der Driva, das wir über eine Brücke queren. Anschließend führt der Weg unter der Eisenbahnlinie hindurch, und es beginnt ein teilweise etwas steiler Aufstieg am Talhang Richtung Nordwesten. Den lichten Birkenbestand allmählich hinter uns lassend, erreichen wir das kahle Gebirgsland und einen nach Südwesten abzweigenden unmarkierten kleinen Pfad Richtung **Grønbakken** 1 (0:45 Std.). Der Pfad steigt noch auf anderthalb Kilometer weiter, zunehmend sanfter an, und von rechts mündet ein weiterer Pfad aus westlicher Richtung vom **Bahnhof Kongsvoll Stasjon** 2 (1:30 Std.). Der Bahnhof, der sich nördlich von Parkplatz Kongsvoll befindet, verfügt über eine direkte Verbindung bis hier zu dieser Route nach Reinheim

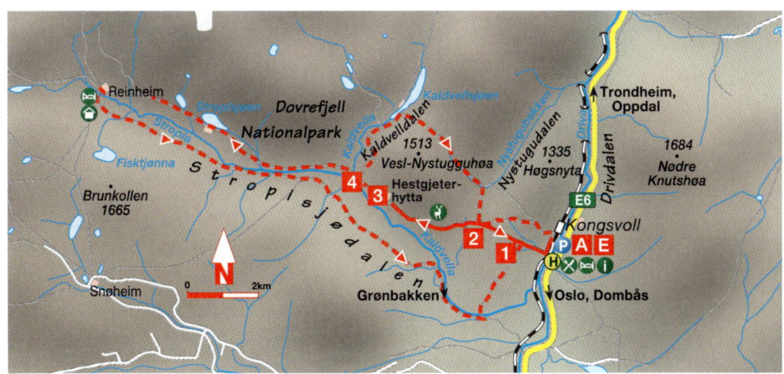

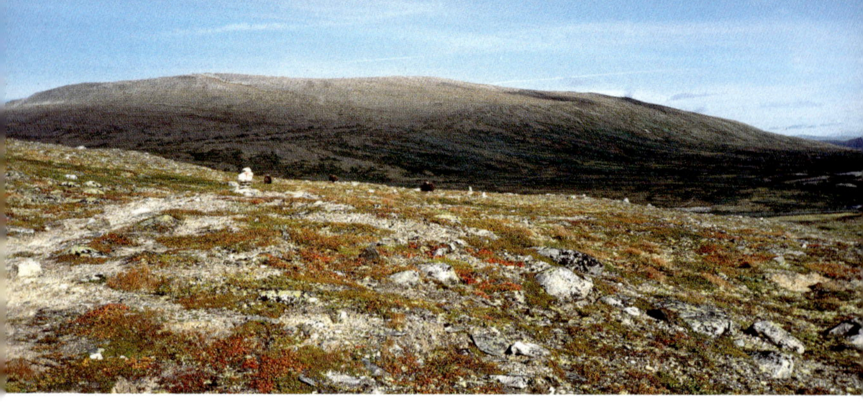

Eine Moschusochsenherde in der Ferne auf dem Wanderweg zur Hestgjeterhytta

und ist die Wanderwegalternative für Anreisende mit der Bahn. Wir wandern nun auf einem Hochplateau am Fuße des vor uns liegenden Berges Vest-Nystugguhøa (1513 m). Der Pfad führt durch überschaubare Landschaft über flachen Fels, Moränengestein und Bäche weiter zum Flusstal Kaldvella. Krüppelsträucher und grüne Gebirgsmatten überziehen die Hochfläche, ideale Futtergünde für die wuchtigen, bis zu 1,50 Meter großen Moschusochsen. Wir lassen die Blicke schweifen und halten Ausschau nach braunen Flecken im Hochgebirgsgrün, während wir dem Flusstal Kaldvella bis zur Sommeralm **Hestgjeterhytta** **3** **(2:15 Std.)** folgen. Oftmals halten sich sogar direkt an der Wanderroute oder an der Almhütte kleine Herden von bis zu zwölf Tieren auf. Vorsicht und vor allem Gelassenheit (Stress erzeugt blitzschnell Körpergerüche, durch die man bei den Tieren als Angreifer gewertet werden könnte) sind geboten, insbesondere bei der Begegnung mit einem gehörnten Bullen, der unter Umständen mit schnaubenden Lauten das Herdenrevier markiert und gegebenenfalls auch blitzschnell verteidigt. Allgemein wird ein Abstand von mindestens 100 Metern empfohlen. Vor allem, wenn die Tiere direkt auf der Strecke stehen, sollte man als Wanderer nicht unbedingt sein Wegerecht geltend machen und lieber einen großzügigen Bogen um die Herde gehen, stets unter Beobachtung des Bullen. Auf freundschaftlicher Distanz ist der Besuch in freier Wildbahn ein tolles Erlebnis!

Wer bis zur Sommeralm noch keinen Moschusochsen zu Gesicht bekommen hat, sollte es entweder im nahe gelegenen Seitental **Kaldvelldalen** **4** **(2:30 Std.)** probieren, dessen Pfad nach etwa einem Kilometer, noch vor der Brücke über die Kaldvella, nach Nordosten abzweigt. Alternativ kann man den Hauptpfad auch noch weiter Richtung Reinheim wandern und spätestens am Plateau, nahe des kleinen Sees

Stroplsjøen (ca. 1300 m), rechts vom Pfad gelegen, nochmals über das Tal Ausschau halten. In jedem Fall kommt hier das Panorama des Kegelbergs Snøhetta bei gutem Wetter voll zur Geltung.

Zurück gehen wir, für einen leichten Tourverlauf, auf gleichem Weg wieder zum **Parkplatz Kongsvoll** **E** **(5:00 Std.)**. Ansonsten bestehen folgende Alternativen für den Rückweg:

Freud & Leid

Wenn man Natur wünscht, bekommt man dies in Norwegen auch. In diesem Fall handelt es sich um die frei lebenden Moschusochsen, die Respekt einflößen. Und das ist auch gut so, man sollte den Tieren nicht zu nahe kommen und genügend Abstand wahren. Wem das zu gewagt ist, der kann sich auch einer geführten Safari anschließen.

Wer nach Reinheim (1340 m) weiterwandert, kann auf dem Rückweg, den Talfluss Stropla überquerend, den markierten Weg nach Grønbakken auf der gegenüberliegenden Flussseite zurückwandern. Bevor es nach Grønbakken hinuntergeht, wandert man ein gutes Stück am Fluss Kaldvella entlang und nutzt die anschließende Brücke, um nach Nordosten zu unserer Route am ersten Abzweig Grønbakken zu gelangen. Diese Route kann auch an einem Tag in gut neun Stunden Gehzeit absolviert werden.

Wer den unmarkierten Pfadabstecher in das Kaldvelldalen macht, kann vom unteren Kallvollsjøen (1230 m) einem Pfad Richtung Südosten über den Pass Salenskaret (1410 m) des Vest-Nystugguhøe wieder Richtung Kongsvoll gehen. Vom Pass folgt man dazu dem zunächst sanft, später steiler abfallenden Bachlauf des Nystugubekken. Unten am Bergfuß fließt der Bach dann nach Nordosten das Nystugudalen weiter. Von hier entgegengesetzt nach Südosten wandernd, erreicht man auf dem Bergplateau nach etwa einem Kilometer wieder die Hauptroute (1160 m) nahe des zweiten Abzweigs Kongsvoll Stasjon. Vom Bach am Bergfuß verläuft ein Pfad auch direkt südöstlich weiter Richtung Bahnhof Kongsvoll.

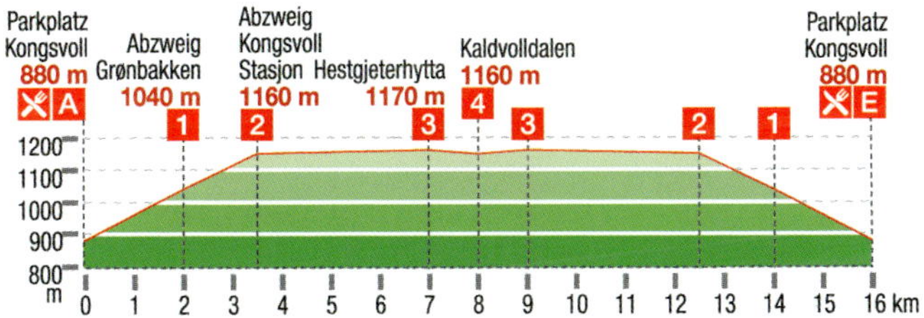

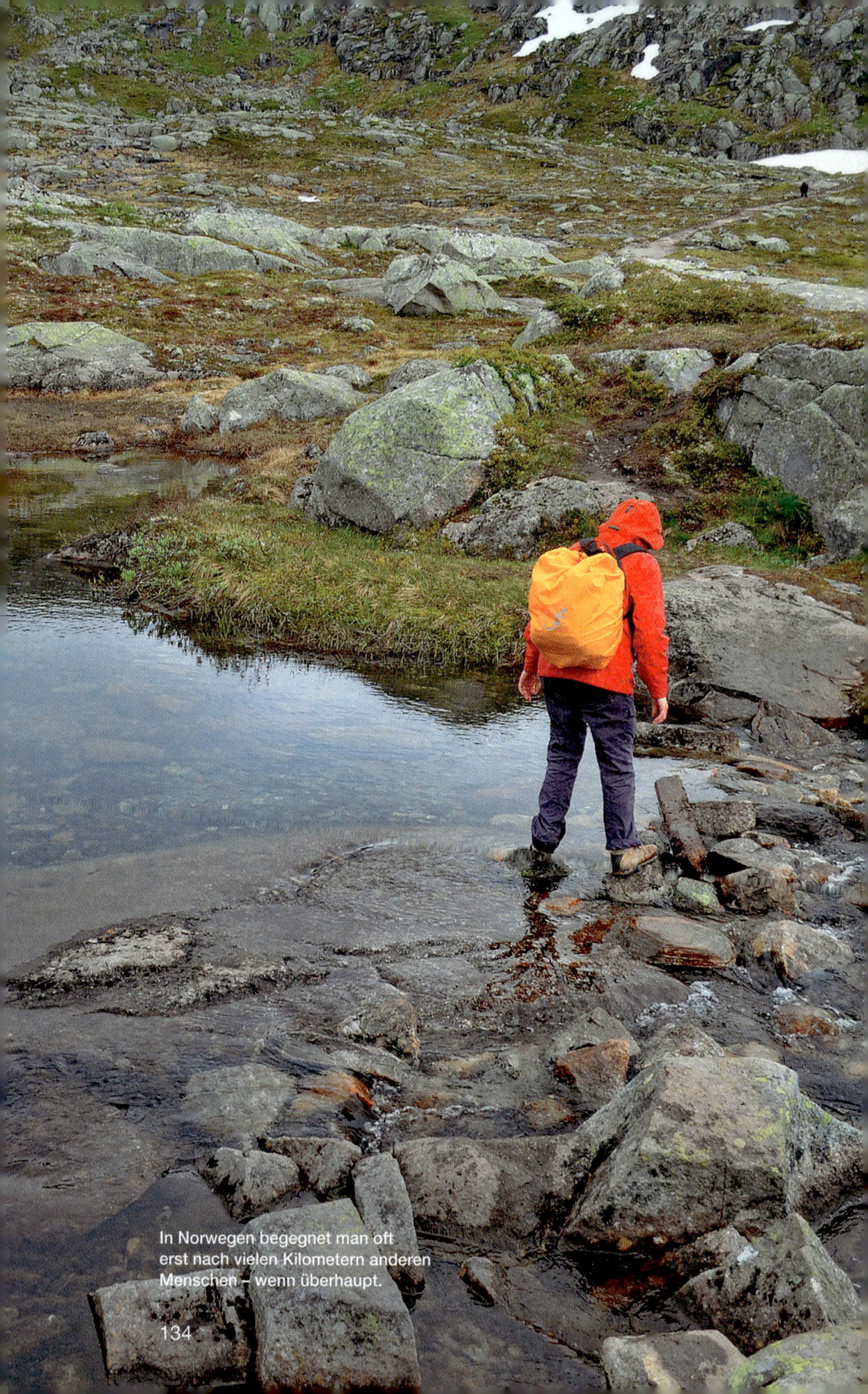

In Norwegen begegnet man oft erst nach vielen Kilometern anderen Menschen – wenn überhaupt.

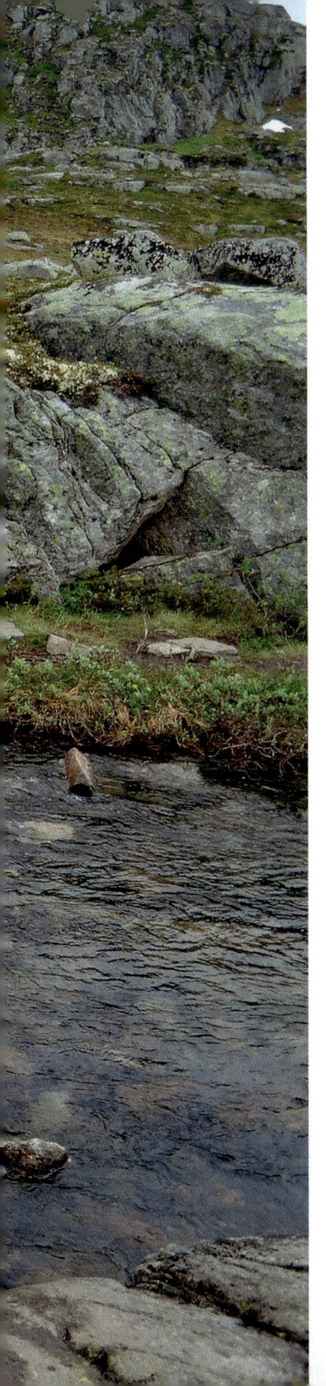

Top 5

Einsam in der Wildnis

Am Linuten südlich Møsvatn

Im Umfeld der Hardangervidda muss man nicht lange suchen, um die wilde Einsamkeit zu spüren (Tour 6).

Hovlandsnuten auf Tysnesøya

Schon die weite Anreise mag nicht jeder auf sich nehmen, sodass die Touristenströme ausbleiben (Tour 9).

Tafelberg Lihesten am Sognefjord

Von Fjorden umgebene Berglandschaften, die sich noch nicht zu jedem herumgesprochen haben (Tour 17).

Von Gjendebu ins Jotunheimen

Auch in beliebten norwegischen Nationalparks gibt es viele Ecken, die nur wenige Besucher verzeichnen (Tour 21).

Marenvollen östlich von Røros

Fernab der Küste und der Fjorde wandert man lange durch einsame Weiten mit tollen Ausblicken (Tour 30).

29

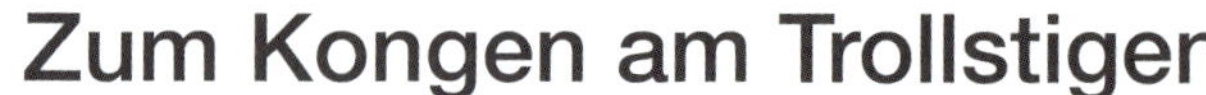

Zum Kongen am Trollstigen

Die Straße Trollstigen ist touristisch für den eindrucksvollen Straßenverlauf am Steilhang bekannt sowie die fantastische Aussicht über das riesige, einst vom Gletscher ausgehöhlte Trogtal Isterdalen. Weniger bekannt sind die Gebirgsrouten zu den steilen Bergzinnen, wie dem Kongen.

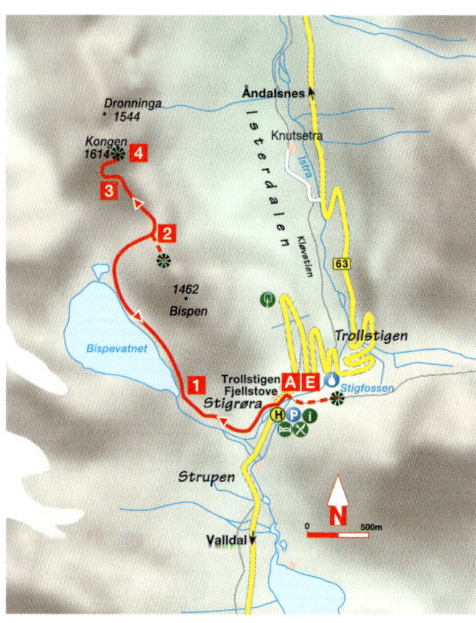

Wegbeschaffenheit

Teilweise markierter Gebirgspfad mit steiler Kletterpassage vor der Gipfelpartie

Ausgangspunkt

Parkplatz Trollstigen Fjellstove (Rv 63) zwischen Valldal und Åndalsnes

GPS-Koordinaten: 62.453558, 7.664328

Anfahrt

Mit dem Zug bis Åndalsnes (Rv 9; siehe auch Tour 25) und weiter per Bus oder Auto den Rv 63 Richtung Valldal/Geiranger (siehe auch Tour 26) bis zum Parkplatz Trollstigen Fjellstove

Der Wegverlauf

Von der Trollstigen aus blickend, fallen die spitzen Bergzinnen zur Linken des Isterdalen auf: Bispen (1462 m), Kongen (1614 m) und Dronninga (1544 m) (auf Deutsch Bischof, König, Königin). Die Gipfeltour ist auch ohne Kletterausrüstung für erfahrene, schwindelfreie und trittsichere Hochgebirgswanderer bei gutem Wetter machbar. Eine mittelschwere Tour bis zum Skaret oder auf die Bergsattel von Kongen oder Bispen bietet bereits ebenfalls fantastische Aussichten. Vom Parkplatz **Trollstigen Fjellstove** A gehen wir über eine etwas unterhalb gelegene Brücke und überqueren einen Fluss. Danach wandern wir einen gut sichtbaren Pfad diesem Flusslauf folgend südwestlich auf der Bergseite des Bispen entlang. Anschließend folgen wir dem Fluss nordwestlich parallel auf einem Bergrücken steil hinauf zum See **Bispevatnet** 1 (0:45 Std.). Nun wandern wir über den mit Steinvardern markierten Pfad auf der Ostseite des Sees. Vom Nordufer geht es zum Teil über Schneefelder hinauf in den Bergsattel Skaret **Bi-**

spen-Kongen 2 (1:30 Std.) an der Talflanke des Isterdalen. Von hier führen Wege auf den Rücken des Bispen südwärts und zum Kongen nordwärts. Wir steigen das felsige Rückgrat des **Kongenryggen** 3 (2:00 Std.) hinauf und klettern anschließend die rot markierte, steile Gipfelflanke nach oben. Nun folgen wir Steinvardern westwärts, linksseitig an einer Rinne, und steigen diese im Anschluss rechts hoch. Oben überklettern wir rechtsseitig einen schwierigen Rücken und steigen in einer neuen Rinne bis zum Gipfel **Kongen** 4 (2:45 Std.) hinauf. Nach den Aussichten zu den östlichen Zinnen Trolltindane vom Romsdalen aus geht es auf gleichem Weg zurück zum **Parkplatz Trollstigen Fjellstove** E (5:00 Std.).

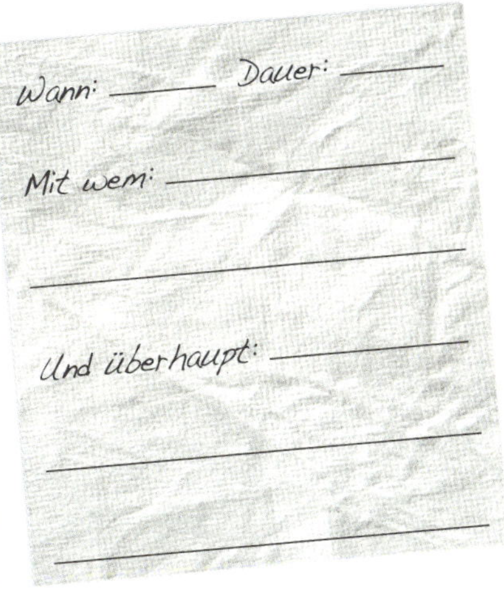

Freud & Leid

Trollstigen ist ein beliebtes Reiseziel mit einem großen Besucherzentrum und Aussichtsplattform. Nur wenige Besucher folgen aber der hier beschriebenen Tour, sodass man dem größten Besucheransturm entgehen kann.

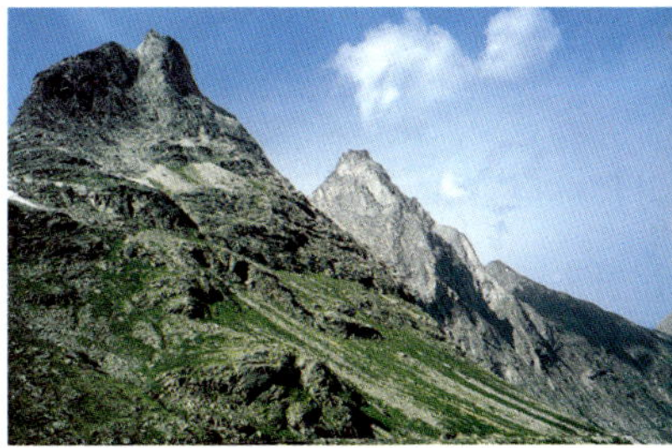

Die Bergzinnen Bispen und Kongen

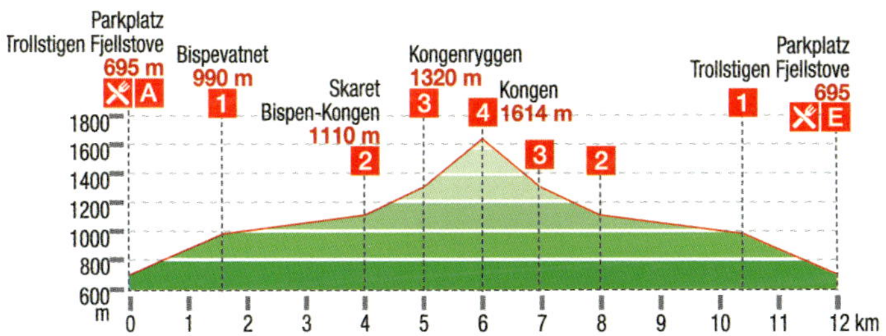

30 5:30 Std. ↑ 270 hm ↓ 270 hm ↔ 16 km 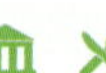 

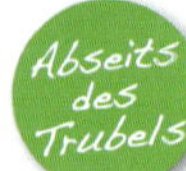

Marenvollen östlich von Røros

Nahe der alten Stadt Røros (UNESCO-Kulturerbe) führt uns diese Tour zu den Anfängen des 330 Jahre währenden Kupferbergbaus von Røros, zur Lossiusgrube am Raudhåmmåren bei Marenvollen. Auf der Suche nach Kupfererzen begegnen wir auch dem Gold des Nordens, der köstlichen Moltebeere!

Der Wegverlauf

Die Freilichtmuseums-Stadt Røros und die Besichtungsgruben in der Umgebung sind schon für sich einen Aufenthalt wert. Wer zu dieser höchstgelegenen Stadt Norwegens (675 m) mit Bahn oder Bus anreist, kann eine Mehrtagestour auf der vom DNT markierten Route Røros–Marenvollen (ca. 5 Std.) ab den Småseterveien Richtung Storstensåsen und Skåkåsfjellet mit Übernachtung in der DNT-Selbstversorgerhütte unternehmen. Diese Alternative ist vor allem zu empfehlen, wenn man längere Zeit an den Bergwerksspuren aus dem 17. Jahrhundert west-

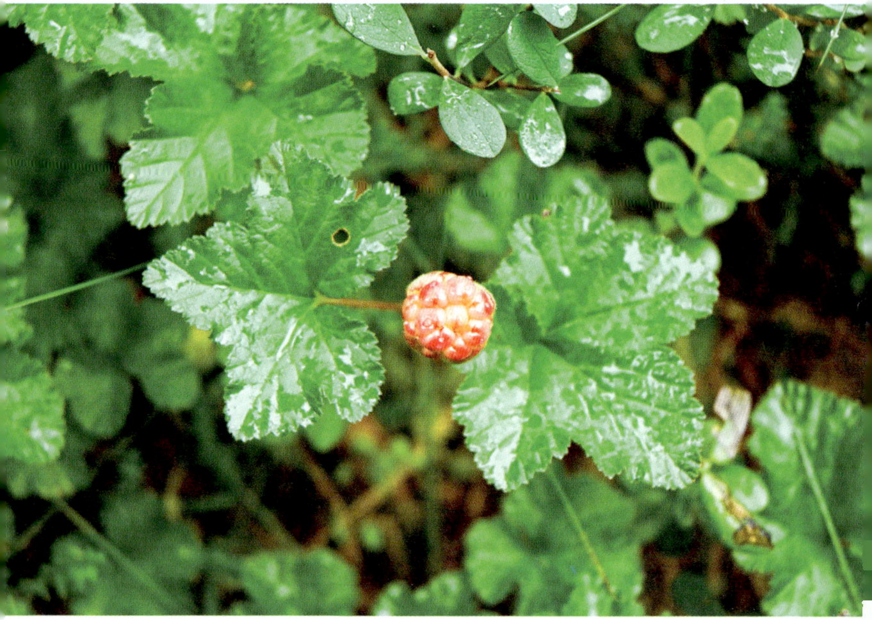

Eine »kupferfarbene«, unreife und noch harte Moltebeere

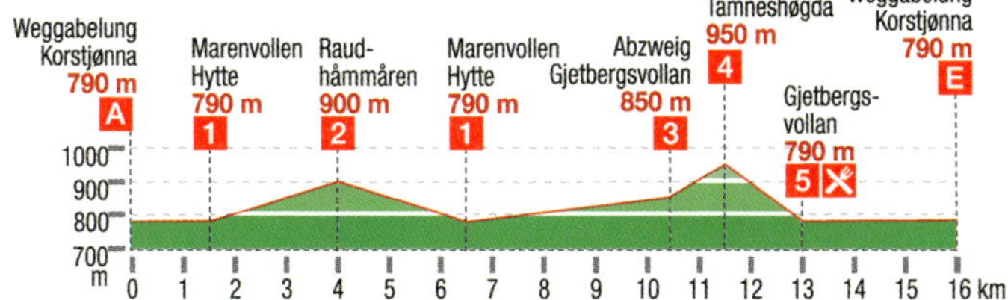

lich Marenvollen verbringen oder Moltebeeren auf den Sumpfflächen der näheren Umgebung sammeln möchte. Zurück nach Røros gelangt man dann von Marenvollen über den knapp 10 Kilometer langen Fahrweg (siehe Autoreiseroute), vorbei an der Siedlung Harsjøen, zur Straße Rv 31 bei Hitterdal. Von dort geht es per Bus zurück zur Stadt.

Von der Gabelung nördlich des Sees **Korstjønna** A gehen wir den Weg hinter der Schranke südwestwärts. Vorbei an vereinzelten Hütten und am nordwestlichen Seeufer erreichen wir auf einem licht bewaldeten letzten Pfadstück die **Marenvollen Hytte** 1 (0:30 Std.) des DNT. Wir folgen zunächst dem mit rotem T markierten Pfad nach Røros, passieren ein paar Sumpfstellen und gelangen zur Alm Raudhåmmårvollen am Fuß des Berges **Raudhåmmåren** 2 (1:15 Std.). Ein wenig weiter dem Pfad folgend, können wir bereits die alten Grubenspuren erkennen. Hier wurde um 1630 der erste Kupferfund gemacht, und der vom König Christian IV. beauftragte Bergmann Lorentz Lossius ließ hier eine Probegrube mit weiteren Gesteinsuntersuchungen anlegen. Die nach ihm benannte »Lossiusgruve« wurde aber schon nach einem Jahr wegen zu magerer Kupfervorkommen stillgelegt. Es sollte noch bis zum Jahr 1644 dauern, bis der Kuperbergbau in Røros seine über 300-jährige Erfolgsgeschichte begann.. Erst 1972 schloss als Letzte die »Olavsgruve«, die heute besichtigt werden kann.

Wanderer, die sich schon von Røros aufgemacht haben, können erste Bergbauspuren ab dem Berg Klettan erkennen. Der Klettan, vom Raudhåmmåren noch etwa zwei Kilometer entfernt, ist eine weitere

Freud & Leid

Eine nette Wanderung in idyllischer Stille mit wenigen anderen Wanderern auf der Strecke. Das allerdings auch aus gutem Grund, denn die Tour verläuft zwar durch eine sehr schöne Landschaft, ist aber in Norwegen weitgehend austauschbar. Daher nur zu empfehlen, wenn man sich auch das nahe gelegene Weltkulturerbe Røros anschaut.

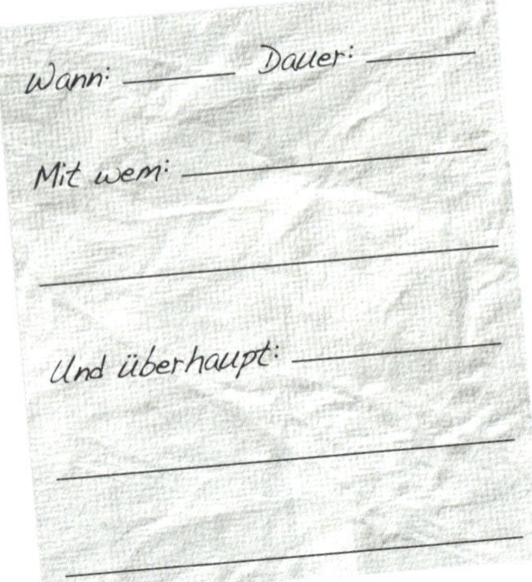

Option für uns, nach Bergbauspuren zu schauen. Bei guter Sicht lohnt sich z. B. auch ein Aufstieg zum Gipfel Raudhåmmåren (977 m) mit Ausblick über die weiten, sanften Bergflächen von Røros.

Wieder zurück nach **Marenvollen** **1** **(2:30 Std.)**, gehen wir nun den markierten Wanderweg südwärts Richtung Selbstversorgerhütte Fjølbusøsta. Aus dem lichten Birkenwald heraus gelangen wir an weitere Sumpfflächen, die ab Mitte August übersät sind mit goldfarbenen, reifen Moltebeeren. Die Moltebeerpflanze gehört zu den Rosengewächsen und ist speziell in den nordischen Breiten beheimatet. Die Beere birgt kleine Kerne und hat einen eigentümlichen, milden Geschmack trotz des sauren, mageren Sumpfbodens, auf dem sie wächst. Sie ist sehr Vitamin-C-reich und die Norweger schätzen sie sehr, besonders zum traditionellen Milchspeisendessert und als Marmelade. Daher sieht

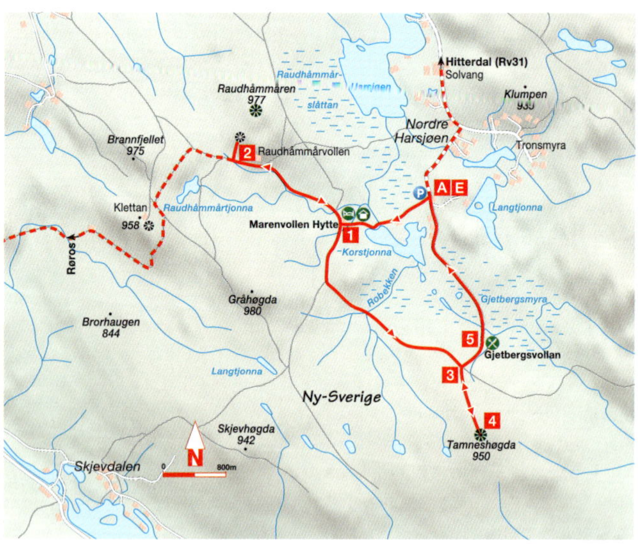

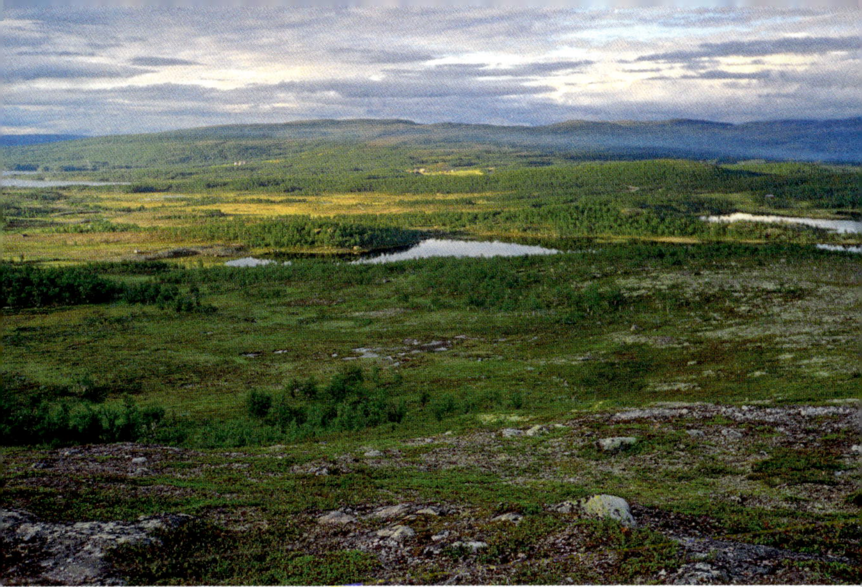

Licht-und-Schatten-Spiel über Marenvollen und dem See Korstjønna

man im Sommer die Einheimischen in Gummistiefeln und mit Eimern über die Sümpfe gehen, um das »Gold des Nordens« zu sammeln – ein 400-g-Marmeladenglas kostet im Geschäft umgerechnet etwa 8 €! Am Moltebeerfeld und an einer sanften Anhöhe vorbei verläuft der Pfad südöstlich, und wir überqueren den Bach Røbekken. Danach wandern wir auf einen flachen Bergausläufer des Tamneshøgda und erreichen den **Abzweig zum Hof Gjetbergsvollan** **3** **(3:45 Std.)**. Wir verlassen hier den markierten Pfad, gehen direkt südwärts zum **Tamneshøgda** **4** **(4:10 Std.)** hinauf und genießen die Weite dieser Landschaft bis in die Femundmarka nach Südost. Zurück zum letzten Abzweig gehen wir nun nordöstlich hinunter zum Hof **Gjetbergsvollan** **5** **(4:30 Std.)**. Vom sehenswerten Hof mit Einkehrmöglichkeit (siehe Tipp), wandern wir abschließend den Fahrweg trockenen Fußes durch das große Sumpfgebiet Gjetbergsmyra und gelangen nach ca. 3 Kilometern zum **Abzweig Korstjønna** **E** **(5:30 Std.)**.

Wegbeschaffenheit

Teilweise markierte Wanderroute, Fahrwege, karges Bergland und Sümpfe

Ausgangspunkt

Weggabelung Korstjønna, südlich Harsjøen/Hitterdal (Rv 31)

GPS-Koordinaten: 62.548271, 11.665791

Anfahrt

Per Bahn/Bus nach Røros und auf DNT-Wanderroute zur Marenvollen Hytte.

Per Auto von Røros (Rv 31) 18 km bis Hitterdal, nach Harsjøen abbiegen und ca. 8 km bis Abzweig Korstjønna

31 6:00 Std. 250 hm 250 hm 20 km 

Zum geografischen Mittelpunkt Norwegens

Mitten im Zentrum von Norwegen, abseits der Fjorde und Küsten, wandert man durch eine ruhige Landschaft zum geografischen Zentrum des Landes, und das auf einer Tour, die nur Kondition wegen der Länge erfordert, aber sonst angenehm eben verläuft.

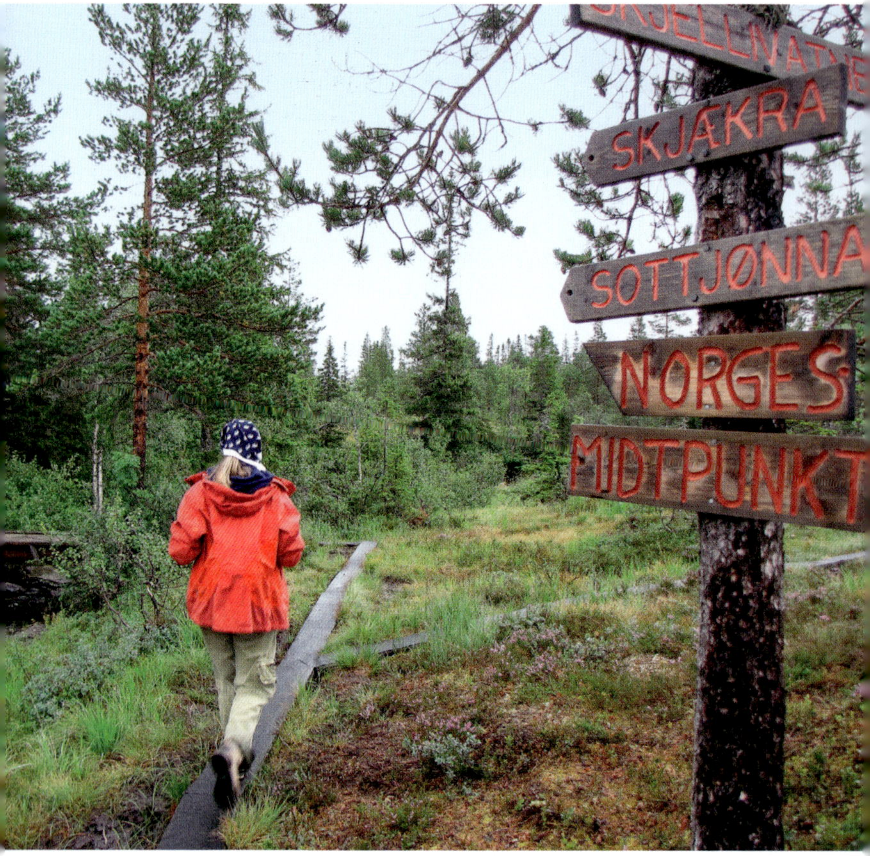

Zum geografischen Mittelpunkt geht's fast durchgehend auf Holzbalken.

Der Wegverlauf

Halb rechts nehmen wir beim **Parkplatz** A einen breiten Weg, der in den Wald hinein verläuft. Er steigt kurz an, wobei man relativ schnell eine Art Hochebene erreicht. Von nun bleibt der Weg überwiegend flach und führt an zahlreichen kleinen Seen vorbei, die Namen tragen wie Klastjønna, Vintertjønna oder Sottjønnin. Dabei sind die meisten der Seen nur kleine Tümpel, selten ist ihr Durchmesser größer als 20–30 Meter. Sind sie größer, dann meist nur in eine Richtung, und zwar in Ost-West-Ausdehnung.

Es dauert gar nicht allzu lange, bis der Waldweg von einem Holzbohlenpfad abgelöst wird. Von nun an heißt es, durchgehend auf Holz zu laufen und dem Weg zu folgen. Kein Wunder, da die Feuchtigkeit in der Region sich nicht nur auf die Seen beschränkt, sondern das gesamte Umfeld des geografischen Mittelpunkts eine Sumpflandschaft ist. Ohne Holzbohlen kämen wir hier gar nicht vorwärts. Ein Verlaufen ist unter diesen Umständen praktisch nicht möglich. Es gibt nur hin und wieder Abzweigungen zu vereinzelten Ferienhäusern, die man in der weiten Landschaft gar nicht sieht. Aber an eben diesen Abzweigen stehen entweder Hausnummern – was angesichts der Tatsache, dass man sich eigentlich mitten in der Wildnis befindet, schon seltsam anmutet – oder eben der Hinweis auf den »Geografiske Midtpunkt Norge«.

Wer bei der Anreise und Vorbereitung genau aufgepasst bzw. auf die Landkarte geschaut hat, wird sich wundern, wieso sich ausgerechnet hier der geografische Mittelpunkt Norwegens befindet. Immerhin ist der Ausgangspunkt der Wanderung keine 30 Kilometer von der schwedischen Grenze entfernt, der Mittelpunkt selbst sogar weniger als 20 Kilometer. Dagegen ist der offene Atlantik rund 100 Kilometer weit weg, und auch in Nord-Süd-

Freud & Leid

Das muss man schon mögen: eine Wanderung, die kaum Aussichten verspricht, weil sie nicht in die Höhe führt, und fast 10 km Holzbohlen, auf denen man nur hintereinander wandern kann. Es gibt Leute, die wie hypnotisiert auf die Wanderstiefel des Vordermanns schauen und dabei während der Wanderung einschlafen ...

Wegbeschaffenheit
Fast durchgehender Wanderweg auf schmalen Holzbohlen

Ausgangs-/Endpunkt
Wanderparkplatz an der Fv 266 östlich vom Lustadvatnet-See, rund 40 km östlich von Steinkjer. GPS-Koordinaten: 64.004715, 12.156210

Anfahrt
Mit dem Auto über die E6 bis Steinkjer und weiter auf der Fv 266 bis zum Wanderparkplatz auf der rechten Seite. Eine Anreise mit öffentlichen Verkehrsmitteln ist nicht möglich.

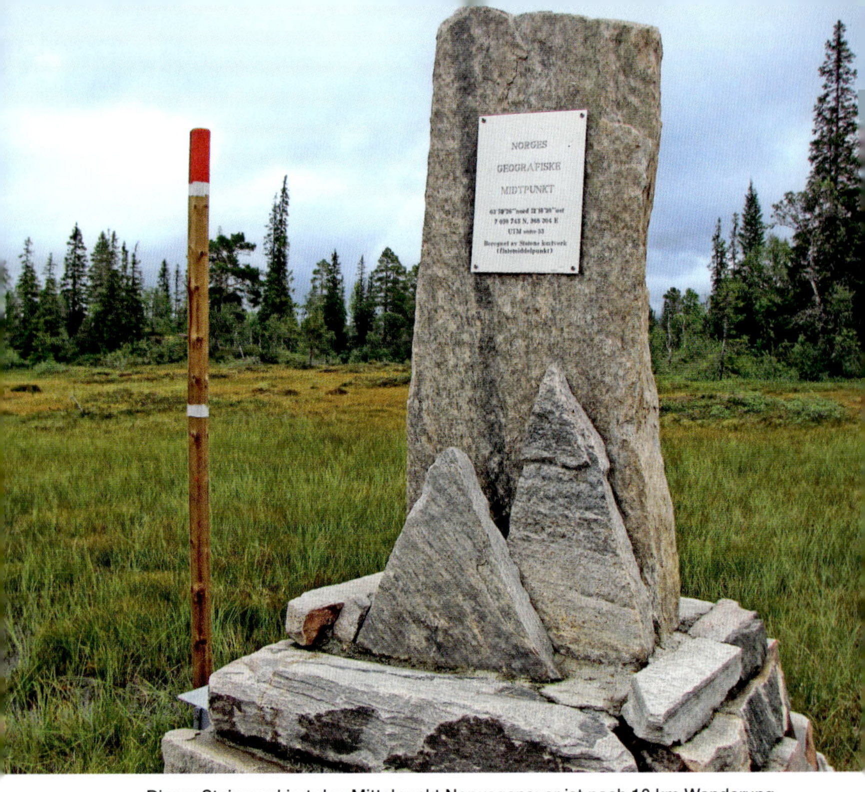

Dieser Stein markiert den Mittelpunkt Norwegens; er ist nach 10 km Wanderung erreicht.

Wann: ______ Dauer: ______

Mit wem: ______

______

Und überhaupt: ______

______

______

Ausdehnung scheint der Mittelpunkt nicht richtig zu liegen – bis Kirkenes sind es immerhin 1000 Kilometer, während es nach Kristiansand im Süden keine 700 Kilometer Luftlinie sind. Das Problem bei geografischen Mittelpunkten sind die unterschiedlichen Berechnungsarten. Im Falle Norwegens muss man sich die Frage stellen, ob man einfach nur die vier äußersten Punkte des Landes miteinander verbindet und einen Schnittpunkt findet oder ob man z. B. auch die Inselgruppe Spitzbergen mit in die Berechnung einbezieht. Die gängigste Variante ist die klassische, nämlich den Umriss eines Landes aufzuzeichnen und auszuschneiden. Die Karte wird dann so lange auf einer Nadel balanciert, bis sie in der Waage bleibt – in Zeiten von GPS und millimetergenauer Satellitenvermessung natürlich eine ungenaue Berechnungsmethode, die aber oft genug noch angewendet wird. So kommt es in aller Regel dazu, dass ein Staat mehrere geografische Mittelpunkte mit einem Denkmal markiert. In Deutschland sind es übrigens drei verschiedene.

Und während wir uns Gedanken über die Vermessungen der Welt gemacht haben, die man übrigens in Hammerfest fortführen könnte (Stichwort »Meridiansäule« des Weltkulturerbes Struve-Bogen), wandern wir durch die ruhige und abgeschiedene Landschaft der Provinz Nord-Trøndelag, wo gerade einmal sechs Einwohner auf einem Quadratkilometer leben. Zieht man die Menschen ab, die in den vier größten Städten der Provinz, Steinkjer, Stjørdal, Levanger und Namsos, wohnen, dann sind es sogar weniger als drei Personen pro Quadratkilometer, was in etwa der Bevölkerungsdichte der Mongolei entspricht.

Nach etwas weniger als zehn Kilometern haben wir schließlich die Markierung für den **geografischen Mittelpunkt** 1 (3:00 Std.) erreicht, wo wir uns in das Gästebuch eintragen können.

Nach einer erholsamen Pause geht es auf gleichem Wege wieder zurück **zum Parkplatz** E (6:00 Std.).

Übernachten am geografischen Mittelpunkt

Wer diese ruhige Landschaft nicht gleich wieder verlassen will, der sollte sich in Steinkjer mit der Tourist-Information in Verbindung setzen und nach einer Übernachtungshütte rund um den Mittelpunkt fragen. Viele der Abzweige führen genau zu solch ruhigen Urlaubsorten.

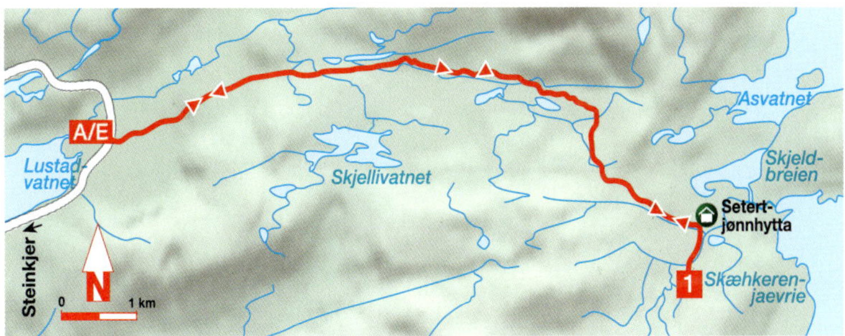

32 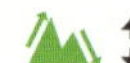 2:00 Std. 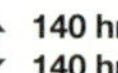 ↑ 140 hm ↓ 140 hm 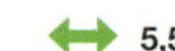 5,5 km     

Am Lochberg Torghatten

Der 258 Meter hohe Küstenberg Torghatten ist eine von alters her bekannte Landmarke der Fylke Nordland. Um das riesige Loch durch diesen Berg ranken sich ebenso viele Geschichten wie wissenschaftliche Erklärungen. Auf dieser Rundtour durch und um den Berg schauen wir einmal selbst nach.

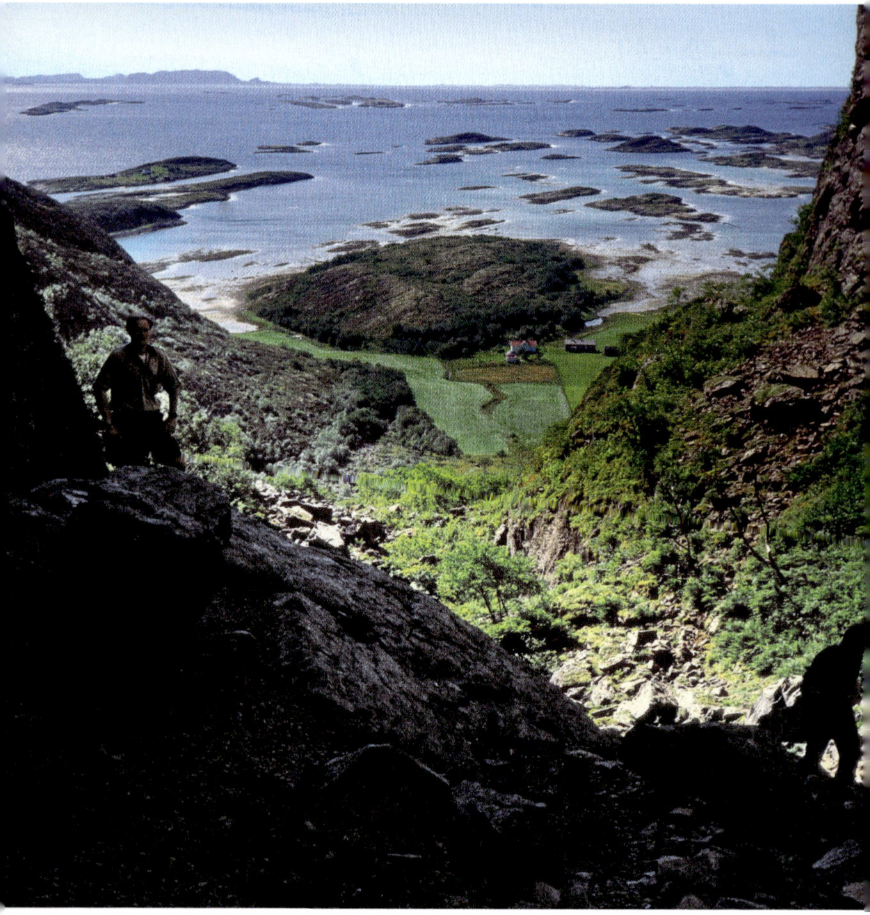

Blick vom Südausgang des Torghatten auf die Strandflate

Der Wegverlauf

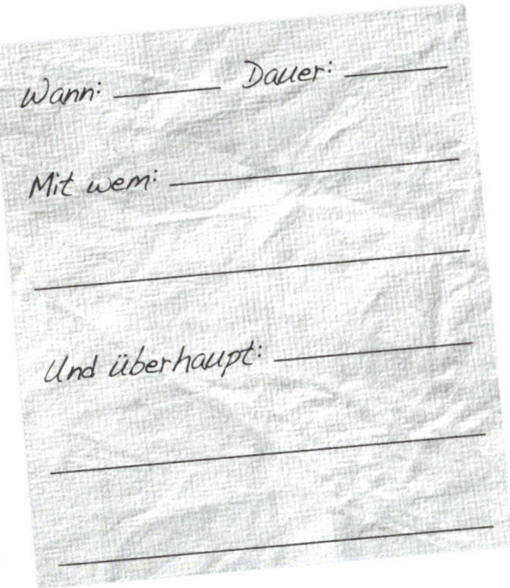

Vom **Parkplatz Torghatten A** (40 m)folgen wir dem markierten Pfad zum Torghatten auf 140 Höhenmeter. Der Weg ist gut hergerichtet und geht durch kleinwüchsigen Baumbestand und ein Geröllfeld hinauf zum Zugang des großen und langen Berglochs (s.a. die Sage bei Tour 33). Im **Torghatten 1 (0:25 Std.)** führen uns Holztreppen eine steile, vorgelagerte Felsstufe zum Höhlengrund hinunter. Das Betreten und Durchwandern erfolgt auf eigene Gefahr, da sich aus der hohen Felsdecke Steinbrocken lösen könnten. In der kühlen, zugigen Höhlenhalle, die ca. 160 Meter lang sowie ca. 35 Meter hoch ist, fallen die kleinen und großen Löcher im Gestein an der Felswand auf. Offensichtlich war das Gestein einem Demineralisierungsprozess ausgesetzt, unter dem es sich zu Sand auflöste. Dieser Prozess, einst von Gletscherwasser und Meerwasser forciert, wird sicherlich heute, wenn auch viel langsamer, durch Luftfeuchte und durchsickernde Kluftwässer weitergehen. Auf dem Höhlengrund geht es über sandig-lehmigen Boden zwischen vereinzelten Gesteinsbrocken zum südlichen Durchbruch. Bei schönem Wetter kann man sich hier unterhalb des Ausgangs in der Sonne aufwärmen und einen schönen windstillen Picknickplatz mit herrlichem Ausblick auf die Küste suchen. Diese markant flache Küstenlandschaft mit sehr vielen kleinen Inseln hat den Namen »Strandflate«.

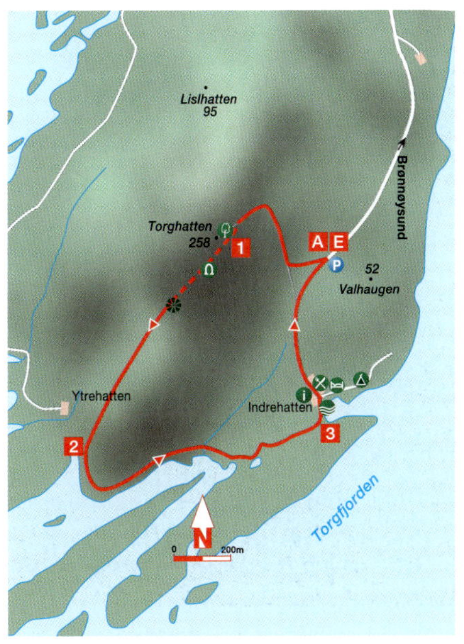

Freud & Leid

Mit dem Smartphone durch die Natur? Na klar, nicht nur für Geocacher interessant, sondern auch für Wissbegierige. Auf der Wanderung durch den Torghatten stößt man auf mehrere QR-Codes, die – einmal eingescannt – zu Webseiten mit Hintergrundinfos zur Umgebung weiterleiten. Voraussetzung dafür ist natürlich ein Handynetz.

Wegbeschaffenheit
Markierter und unmarkierter Rundwanderpfad um den Berg und zur Küste
Ausgangspunkt
Parkplatz Torghatten, ca. 18 km südlich Brønnøysund (Rv 17, Rv 76)
GPS-Koordinaten: 65.395395, 12.097248
Anfahrt
Per Bus oder Auto von Trondheim nach Brønnøysund (Rv 17, Rv 76) und (evtl. per Taxi) über die Inselstraße (Fv 54) südwestlich weiter Richtung Torghatten bis zum Parkplatz

Auch dieses Küstenphänomen ist eine weltweit seltene geologische Besonderheit. Sie tritt in Verbindung mit Gletschern z. B. auf Spitzbergen und Grönland auf und erstreckt sich hier an Norwegens Küste etwa 50 Meter oberhalb und unterhalb des Meeresspiegels mit bis zu 50 Kilometern Breite vom steil abfallenden Festlandsgebirge flach hinaus auf das Meer. Die bekannten Gletscher- und Meeresvorgänge reichen der Wissenschaft bis heute nicht zur Erklärung dieses Landschaftsphänomens aus. Somit bleibt die Strandflate weiterhin ein Rätsel der Natur, über das wir bei der Picknickpause sinnieren können. Nach der aussichtsreichen Pause gehen wir den schmalen Pfad durch lichten Birkenwald das Tal hinunter und passieren linksseitig die Hofsiedlung **Ytrehatten** **2** (1:00 Std.). Wir gelangen an eine kleine Meeresbucht und gehen am Ufer entlang um den Bergfuß des Torghatten weiter in östliche Richtung. Zum Ende dieser zweiten, etwas größeren Meeresbucht überqueren wir einen kleinen Bach und gelangen auf einen Fahrweg, der in wenigen 100 Metern zum Hof **Indrehatten** **3** (1:40 Std.) mit Übernachtungsstätte, Campingplatz und schönem Sandstrand an einer Meeresbucht auf der Westseite führt. Zum **Parkplatz Torghatten** **E** (2:00 Std.) folgen wir der asphaltierten Straße etwa einen Kilometer nach Norden und beenden die Rundwanderung.

Übernachtungs-Tipp

Da die Anfahrt zum abseits gelegenen Torghatten recht aufwendig ist, sollte man eine Übernachtung auf dem nahe gelegenen Campingplatz in Betracht ziehen oder wenigstens in dem Restaurant auf dem Campingplatz eine kleine Einkehr zur Belohnung für die großartige Wanderung durch den Berg genießen.

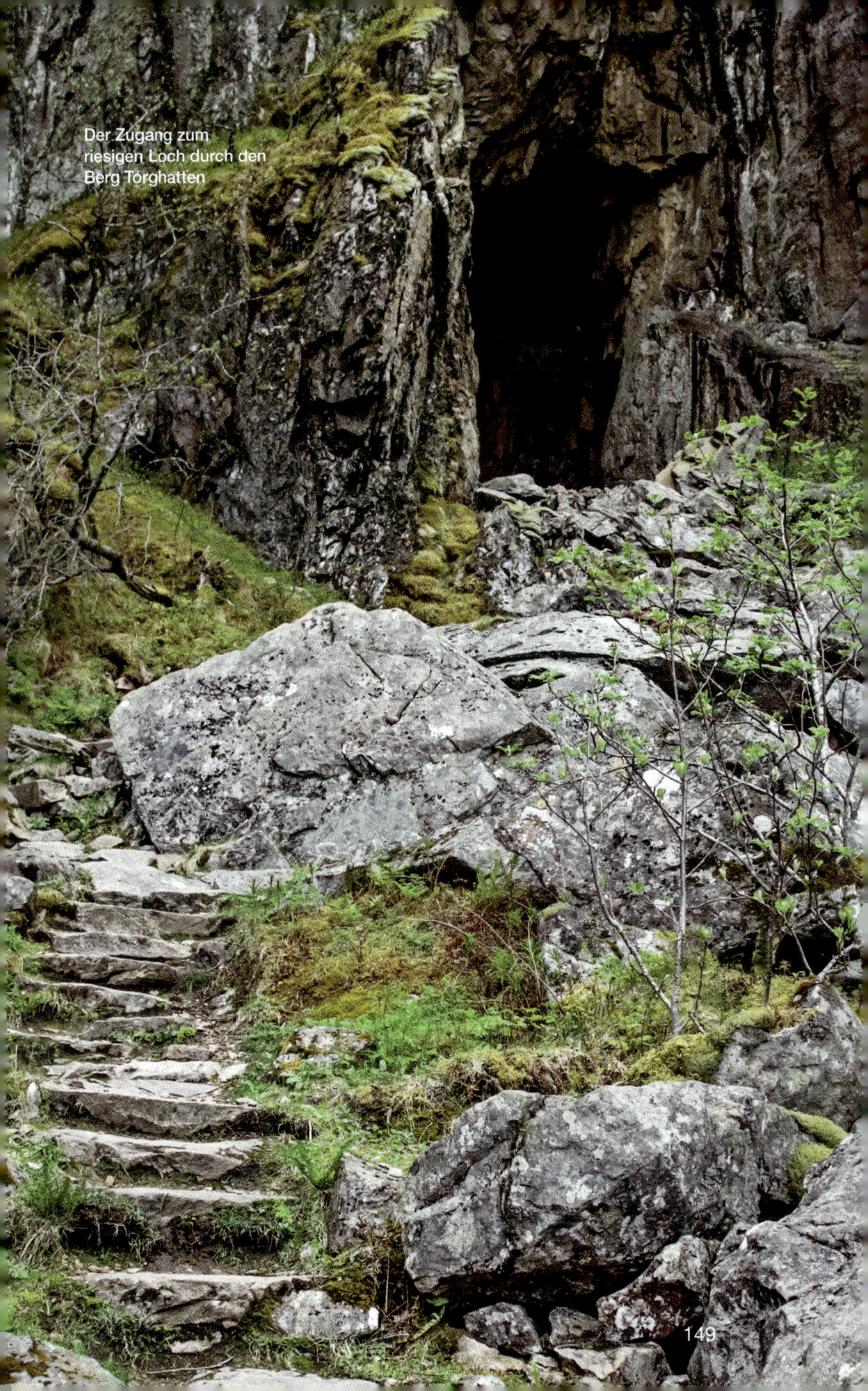
Der Zugang zum riesigen Loch durch den Berg Torghatten

33 4:30 Std. 1000 hm 1000 hm 7 km  

Sju Søstre: zum Kvasstinden

Über die Bergkette Sju Søstre (dt. Sieben Schwestern) findet jährlich ein Berglauf über alle steilen Gipfelgrate statt. Auf dieser luftigen Klettertour, die Schwindelfreiheit erfordert, begnügen wir uns mit einen Grat, jedoch mit der Option, weitere Grate als Alternative zu haben.

Der Wegverlauf

Die sehr spezielle Küstenlandschaft Helgeland mit dem Berg Torghatten (s.a. Tour 32), der flach abgesetzten Insellandschaft sowie den scharfen, nebeneinandergereihten Berggraten Sju/Syv Søstre mit mehr als 1000 Höhenmetern oberhalb der Strandflate hat die Fantasie der hier lebenden Menschen seit jeher angeregt. So erzählen alte Sagen, dass es sich bei den Berggraten mit den Namen Stortinden (auch Breidtinden genannt, 910 m), Kvasstinden (1010 m), Tvillingan (945 m und 980 m), Skjæringen (1037 m), Grytfoten (1019 m) und Bottenkrona (1072 m) um sieben Schwestern handelte, die sich hier auf der Flucht vor dem Pferdemann (norw. Hestmannen) erschöpft niederließen und mit den aufkommenden Sonnenstrahlen versteinerten. Der Pferdemann war der ungehorsame Sohn des Königs Suli im Osten Skandinaviens, und die, insgesamt acht, Schwestern die wilden Töchter des Königs

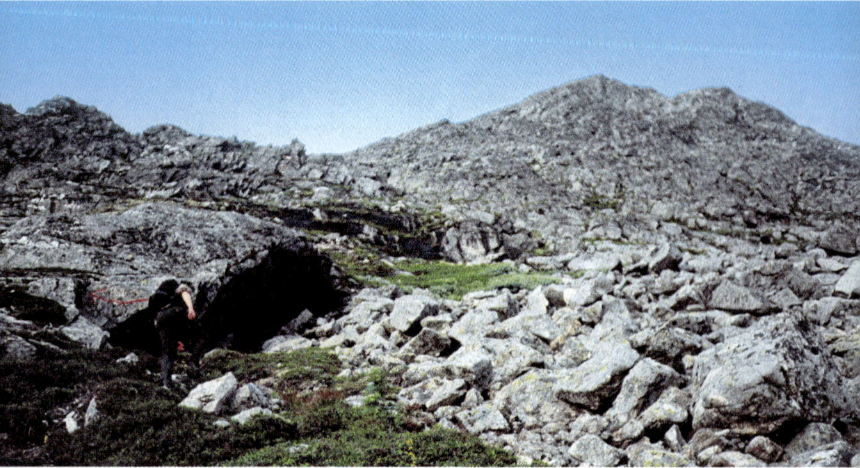

Aufstieg zum verblockten Gipfelgrat des Kvasstinden

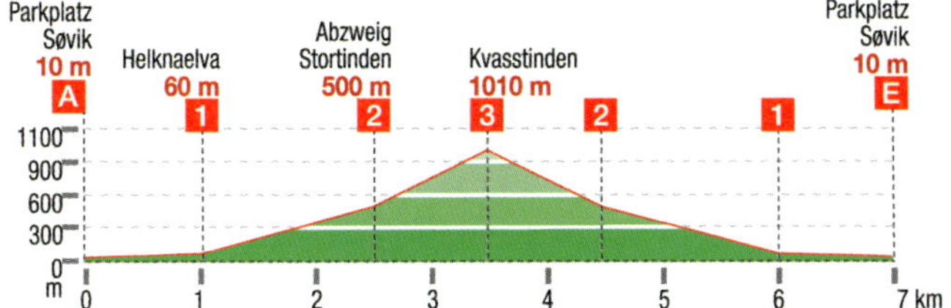

Vågå auf den Lofoten. Bei Mondschein gingen die acht Schwestern unerlaubt an die Strandflate zum Tanzen und Baden, was der Pferdemann bemerkte und beobachtete. Seine Begierde für die Älteste der Schwestern, Lekamøya, wurde geweckt, und er entschloss sich, sie zu rauben. Die acht Schwestern bemerkten den Reiter auf seinem Mitternachtsritt in der Ferne und ergriffen die Flucht nach Süden. Erschöpft ließen sich die sieben jüngeren Schwestern hier auf der Insel Alsten nieder, während Lekamøya es schaffte, über den Velfjord bei Brønnøy zu springen und zu entkommen. Der Pferdemann, noch am Polarkreis, ist außer sich und will in seinem Wahn mit Pfeil und Bogen schießen. Die Trolle auf den angrenzenden Bergen schauen dem Treiben gespannt zu, und der Trollkönig vom Skarsfjell entschließt sich, dem abgeschossenen Pfeil des Pferdemannes seinen Hut entgegenzuwerfen. Der Pfeil durchschießt den Hut (norw. hatten), und er fällt bei Torget südlich Brønnøysund zu Boden (Torghatten). Der Pfeil wird dabei abgelenkt und landet bei Vikna im Meer, währenddessen es Lekamøya mit einem letzten gewaltigen Sprung bis zur Insel Leka im Süden von Helgeland schafft. Niemand gelangt nach Hause, und mit dem aufkommenden Morgengrauen verwandelte sich alles zu Stein, so auch der Pferdemann auf der Insel Hestmona/Hestmannøy, südlich des Polarkreises.

Vom **Parkplatz Søvik** A mit einer Informationstafel starten wir diese Wandertour südostwärts zum steilen Kvasstinden, der nur geübten, schwindelfreien Bergwanderern mit Klettererfahrungen zuzumuten ist. Von der nachfolgenden Route zweigen weitere alternative Pfade zum Stortinden und zu dem Zwillingsberg Tvillingene ab – jede dieser Routen ist am Ende zum Gipfel jedoch sehr steil. Eine leichtere Strecke

Freud & Leid

1000 Hm sollten nicht unterschätzt werden, schon gar nicht in Küstennähe. Denn auf Meeresniveau mag es angenehm warm sein, doch das ändert sich weiter oben unter Garantie. Hier ist also die Mitnahme von entsprechender Kleidung und Regenschutz besonders ratsam.

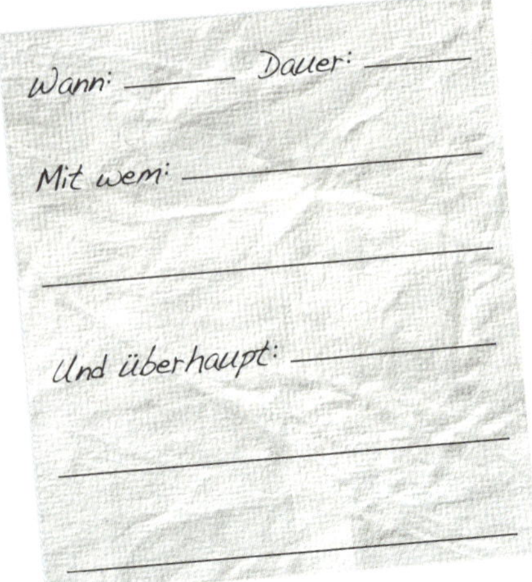

zum südlichen und gerundeten Berg Stortinden beginnt an der Straße Rv 17 bei Alstahaug, südlich von Søvika. Alle Routen sind jedoch nur bei gutem, trockenem Wetter sicher zu begehen!

Der Pfad führt anfangs durch einen lichten Birkenwald und mit einer Bachüberquerung zum Fuß dieser Bergkette. Parallel zu einem weiteren Bach, **Helknaelva/Hertenelva 1** (0:20 Std.), der oben im ehemaligen Gletscherkar zwischen Kvasstiden und Stortinden entspringt, windet sich der Steig auf der Nordostseite des Baches meist am sehr steilen, blanken Granitfelshang nach oben. Der Fels ist bei Trockenheit mit guter Wanderstiefelsohle griffig. Unsere Trittsicherheit und Schwindelfreiheit sowie ein erster Einsatz der Hände werden bereits auf dem vor uns liegenden, ersten langen Einstieg getestet. Der Ausblick auf die Strandflate mit den vielen Zehntausenden Inseln, die aussehen wie schwimmende Meeresschildkröten, ist schon von halber Bergeshöhe aus fantastisch. Je näher wir zum oberen Kartal gelangen, desto mehr flacht der Bergpfad ab und wird wieder angenehm gangbar. Im oberen Tal erreichen wir den Abzweig zum **Stortinden 2** (1:15 Std.) sowie wenig später auf dieser Alternativroute dem ausgehöhlten Kartal südostwärts folgend, den Abzweig am Helknavatnet zu den Tvillingene.

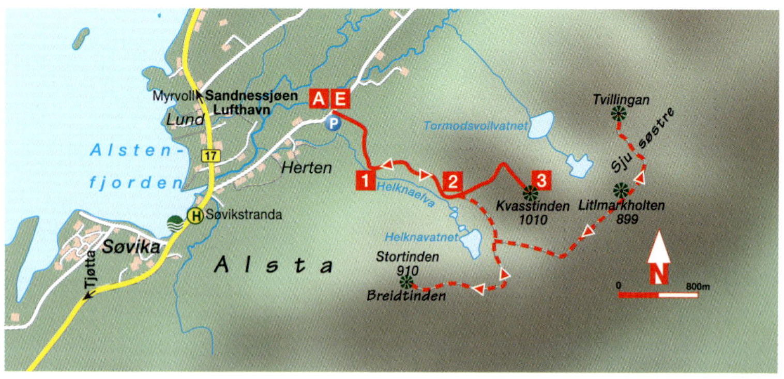

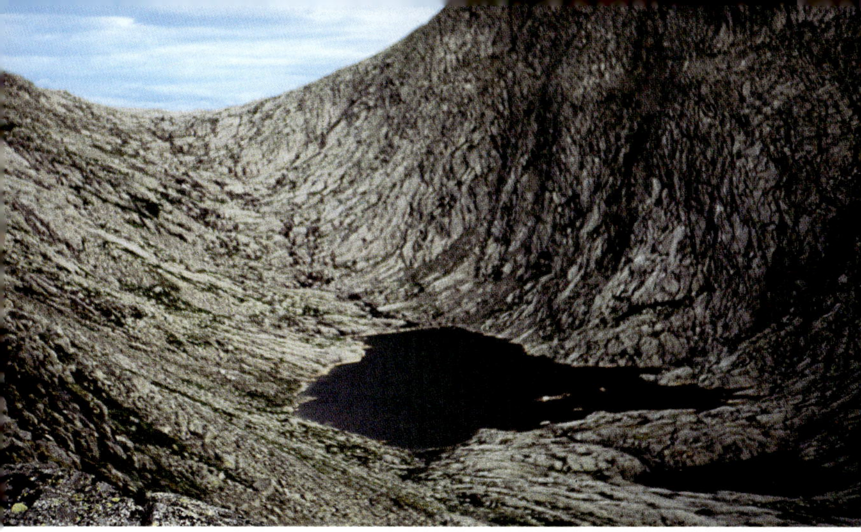

Blick aus der Steilwand zum Karsee Helknavatnet und Stortinden

Vom Helknavatnet verläuft die Route südwestwärts sehr steil hinauf zum Stortinden und nordostwärts über den Grat Litlmarkholten (899 m), zum Schluss ebenfalls sehr steil, hinauf zu den Tvillingene. Wir setzen unsere Route zum Kvasstinden fort und folgen den roten Markierungen nordöstlich in die allmählich extrem steil werdende Felsblockwand. Hier sind ruhige Nerven und Können gefragt. Es folgt eine etwas leichtere Passage unterhalb des Bergrückens nach Norden. Auf dem Bergrücken steigen wir südostwärts nochmals extrem steil den Felsblockgrat bis zum Gipfel **Kvasstinden** 3 (2:30 Std.). Geschafft! Der Blick über diese wundervolle Küstenlandschaft ist jetzt einfach überwältigend schön. Nach Süden sehen wir den Torghatten, nach Westen die Inseln Herøy und nach Norden Dønna sowie natürlich die anderen »Schwestern« des Höhenzugs. Nach einem kurzen Aufenthalt am zugigen Gipfel geht es wieder – voll konzentriert – die gleiche Route hinunter, und an einer windgeschützen Felsstelle mit Aussicht legen wir nochmals eine Rast ein. Nach der Pause steigen wir endgültig wieder hinunter zum **Parkplatz Søvik** E (4:30 Std.).

Wegbeschaffenheit
Markierter Gebirgskletterpfad z.T. auf blankem Fels, zum Gipfel Steinblöcke

Ausgangspunkt
Parkplatz De Syv Søstre am Fv 138, ca. 2 km nordöstlich Søvika (Rv 17)
GPS-Koordinaten: 65.935982, 12.489373

Anfahrt
Per Bus oder Auto den Rv 17 Brønnøysund–Sandnessjøen bis Søvika und anschließend dem »Markvollveien« (Fv 138) zwei Kilometer bis zum Parkplatz zwischen Herten/Helkna und Tormodsvoll folgen

34 1:30 Std. 428 hm 428 hm 2 km 

Lofoten: zum Reinebringen

Der Berggrat Reinebringen (448 m) auf der südlichen Lofoteninsel Moskenesøya bietet eine der schönsten Aussichten auf die nordöstliche Inselkette mit den »versunkenen, alpinen Bergen im Meer«. Die Tour ist recht steil, aber kurz, sodass sie auch noch für Familien geeignet ist.

Freud & Leid

2 km Wanderung – manch einer schnürt sich dafür noch nicht einmal die Schuhe. Doch anstatt zu glauben, dass sich die Tour gar nicht lohne, sollte man einfach mal die 400 Hm überwinden – die Aussicht von dieser vergleichsweise geringen Höhe ist einfach traumhaft. Und wegen der Kürze der Strecke ist sie auch etwas für zwischendurch.

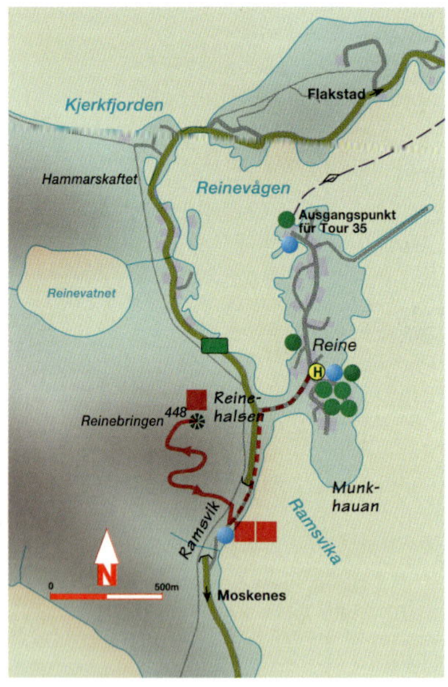

Der Wegverlauf

Wer mit dem Bus nach Reine anreist, kann diese Wandertour vom Zentrum aus starten. Als Erstes geht es ungefähr 600 Meter die neue E 10 vom Abzweig Reinehalsen südwärts. Auf der rechten Seite der alten Straße befindet sich der Pfadeinstieg, der mit einem roten Pfahl markiert ist. Die **Parkbucht bei Ramsvik** **A** befindet sich von hier etwa 100 Meter weiter südlich. Der gut zu erkennende Pfad schlängelt sich anfangs zwischen Zwergbirken den steilen Berghang hinauf. Dabei wird es an steilen Stellen auf losem, nassen Gestein zuweilen etwas rutschig. Mit zunehmender Höhe verkrüppelt die karger werdende Vegetation, und der Blick nach Süden über die Ramsvika und zu den schroffen Bergen der südlichen Lofoten wird freier. Nach einem letzten steilen Anstieg ist eine Senke auf dem Berggrat erreicht, und unmittelbar östlich des Grates erhebt sich der Gipfel **Reinebringen** **1** (1:00 Std.). Die Aussicht hier auf die Fjordperlen und die spitze Bergwelt nach Nordosten ist bei schönem Wetter fantastisch! Unterhalb befinden sich der kleine Ort Reine sowie der tiefe See Reinevatnet, dessen Grund unterhalb des Meeresspiegels

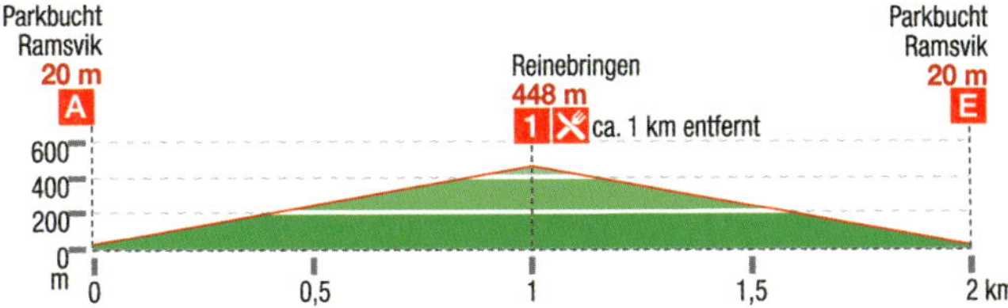

liegt. Interessant auch der Straßenverlauf der E 10 auf Inseln über den Reinefjorden. Nach Norden erstreckt sich der lange Kjerkfjord, der in der Tour 35 auf die Westseite der Lofoten einlädt. Nach der Graterkundung gen Osten und gen Westen geht es auf gleichem Weg den steilen Berghang wieder hinunter zur **Parkbucht Ramsvik** E (1:30 Std.).

Ein- oder mehrtägiges Bergwandern bietet die Tour zur DNT-Selbstversorgerhütte Munkebu. Der markierte Pfad startet von Sørvågen (südlich Moskenes) nordwestlich des Sees Sørvågvatnet. Von der Hütte ist einer der höchsten Gipfel der Lofoten, der Hermannsdalstinden mit 1029 Meter, gut zu erreichen.

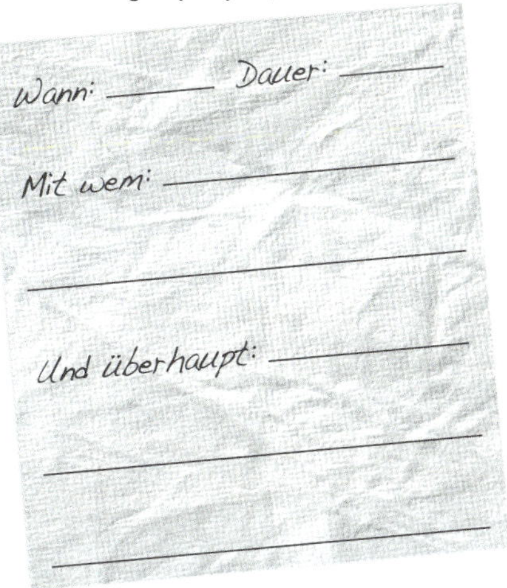

Wegbeschaffenheit
Teilweise markierter, gut sichtbarer und steiler Bergpfad

Ausgangspunkt
Parkbucht an der E 10 bei Ramsvik, ca. 1 km südlich Reine/Zentrum
GPS-Koordinaten: 67.928360, 13.084300

Anfahrt
Per Bus/Auto und Fähre z.B. von Bodø nach Moskenes. Dort weiter die E 10 Richtung Reine. Zwischen Ramsvik und Reinehalsen (Abzweig Reine) parken

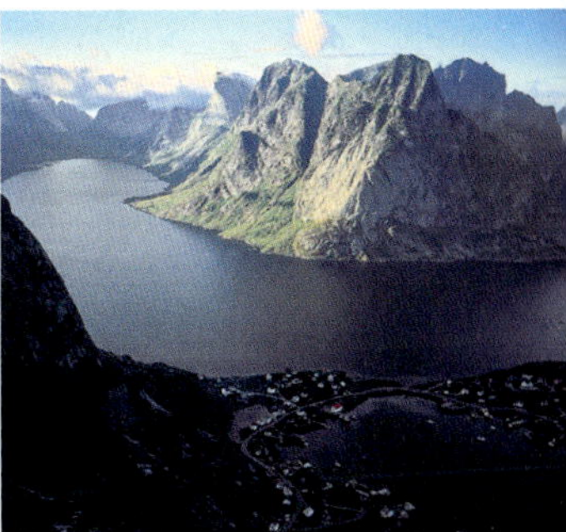

Blick auf Reine und den Kjerkfjorden

35 1:00 Std. ↑ 60 hm ↓ 60 hm ↔ 4 km    

Lofoten: Wikingermuseum Borg

Bevor es zu weiteren Perlen der Natur Nordnorwegens geht, lohnt sich ein Besuch des beeindruckenden Lofoten-Wikingermuseums und der archäologische Ausgrabungsstätte bei Borg mit den Attraktionen eines rekonstruierten riesigen Häuptlingshauses und eines seetüchtigen Wikingerschiffs.

Der Wegverlauf

Vom **Museumsparkplatz** A gehen wir zum Eingang, dem Glassgården-Gebäude mit Café, Ausstellung und Ticketverkaufsstelle (Preise

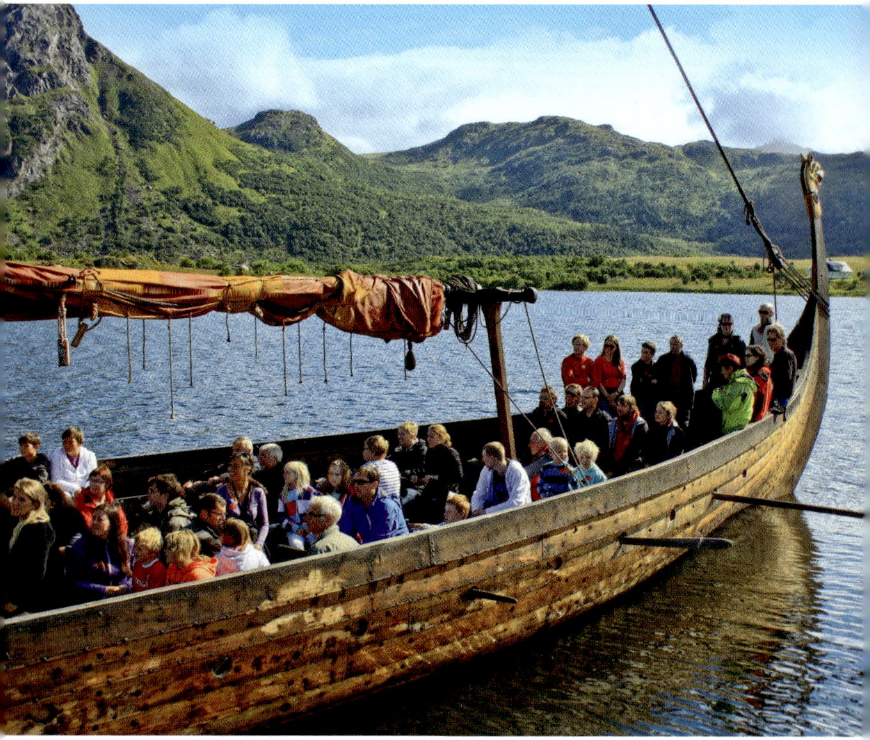

Rudern im Wikingerschiff in der Meeresbucht Indre Borgpollen

2016: Erwachsene 160 NOK, 6- bis 15-Jährige 80 NOK, Familien 400 NOK, Rentner/Studenten 140 NOK). Dort erhalten wir auch Infomaterial über das Museumsgelände in unserer Sprache.

Der Hauptweg führt uns zunächst zum imposanten, hölzernen Häuptlingshaus **Høvdingshuset** **1** (0:10 Std.), das Mitte der 1990er-Jahre gebaut wurde. Mit den stolzen Ausmaßen von 83 x 9 x 9 Metern entspricht diese Rekonstruktion dem Grundrissfund in unmittelbarer Nähe. Ein Bauer wurde in den 1980er-Jahren beim Pflügen auf dunkles Erdreich aufmerksam, was zu einer archäologischen Ausgrabung führte. Die sensationellen Funde aus der Wikingerzeit des 4. bis 9. Jahrhunderts, wie z. B. Goldtafeln oder Glasbecher aus Frankreich und England, zeugen von großem Reichtum der hier einst ansässigen Wikinger. Weitere gefundene Gegenstände erzählen vom handwerklichen und bäuerlichen Leben, das den

Freud & Leid

Auf den Lofoten sollte man sich mit dem Thema »Wikinger« auseinandersetzen. Das geht in dem Museum ganz hervorragend. Der damit verbundene kleine Rundgang setzt dem Ganzen noch das Sahnehäubchen auf. Man muss aber gestehen, dass es sich mehr um einen Spaziergang handelt als um eine ausgewachsene Wandertour.

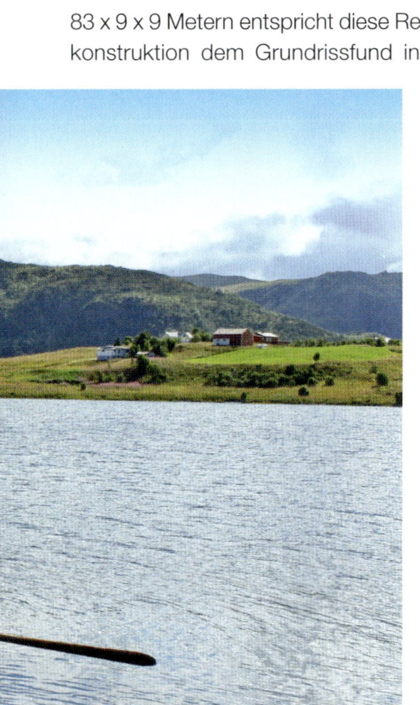

Wegbeschaffenheit
Gut präparierte Rundwege, Fahrwege im Museumsgelände

Ausgangspunkt
Museumsparkplatz an der E 10, ca. 55 km westlich von Svolvær
GPS-Koordinaten: 68.244641, 13.756215

Anfahrt
Per Bus oder Auto die E 10 Flakstad–Svolvær bis zum Parkplatz »Lofotr Vikingmuseet« bei Borg

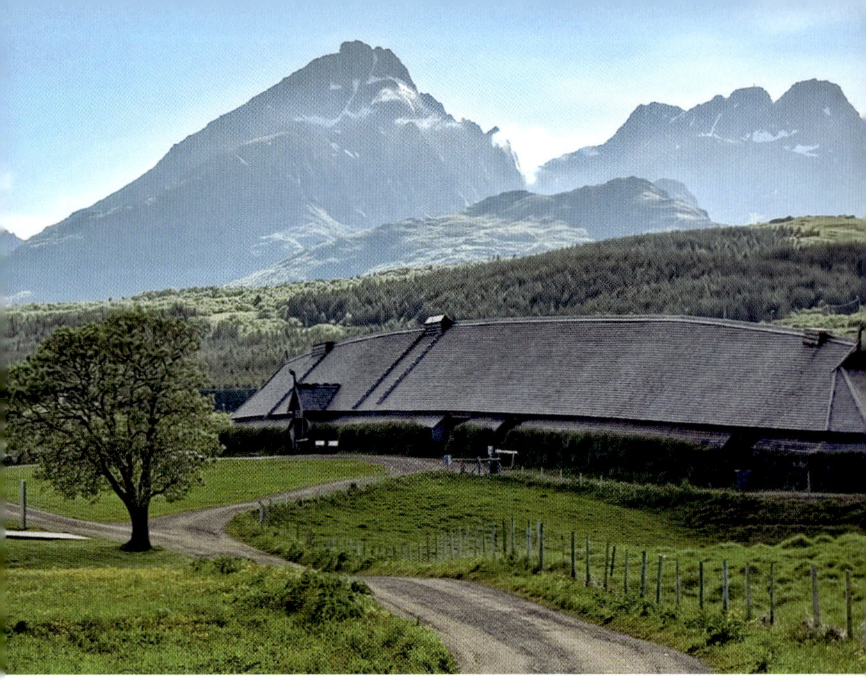

Das große Häuptlingshaus »Høvdingshuset« mit aktivem Wikingerleben

Besuchern im sehenswerten Inneren des Gebäudes durch entsprechend gekleidete lebendige Akteure nähergebracht wird.

Vom Høvdingshuset geht es auf einem der Rundwege mit Schautafeln an Ausgrabungsstellen entlang zur nächsten Attraktion am Ufer des Meerbusens Indre Borgpollen. Dabei passieren wir den ehemaligen Pfarrhof der nahe gelegenen Kirche von Borg, in der heute die Verwaltung des Museums sowie Winterstallungen für die Tiere des authentischen Wikingergeländes untergebracht sind. Sowohl von der Anhöhe des Häuptlingshauses, wie auch vom 60 Meter hohen Kirchhügel lassen sich das flache Vorland und die vorgelagerte Meeresbucht sehr gut überblicken, was damals einen enormen strategischen

Wann: ______ Dauer: ______

Mit wem: ______

Und überhaupt: ______

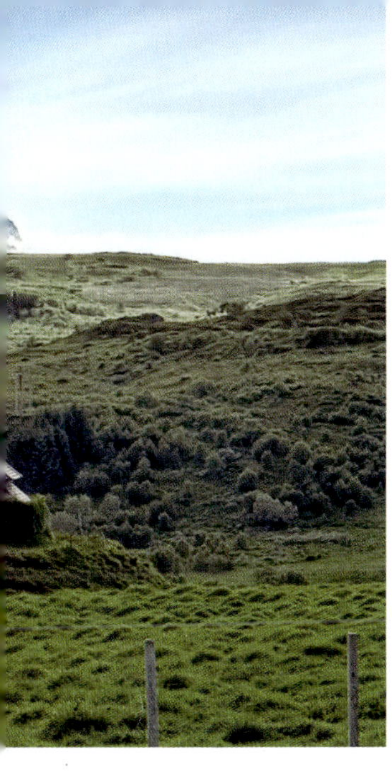

Standortvorteil bedeutete. Vom Kirchhügel hinunter gelangen wir in wenigen Gehminuten zum rekonstruierten Bootshaus des Wikingerschiffs, zum **Vikingskipsnaustet 2 (0:30 Std.)**. Die voll seetüchtigen Schiffe »Lofotr« und das kleinere Schiff »Vargfotr« sind Nachbauten des berühmten Schiffsfundes von Gokstad – zu sehen im Wikingerschiffsmuseum Oslo. Eine Ruderfahrt mit einem dieser Schiffe ist sehr zu empfehlen!

Danach bietet sich das nahe gelegene »Skjeltersjåen kafé« zur Einkehr an, bevor es an die Besichtigung der rekonstruierten Schmiede aus der Eisenzeit geht.

Zurück wählen wir einen anderen Rundweg mit Informationstafeln und nutzen den Museumstag z. B. zu weiteren Aktivprogrammen, wie Axtwerfen, Bogenschießen, Tauziehen und anderem – oder lassen ihn im Glassgården nahe des **Museumsparkplatzes E (1:00 Std.)**, ausklingen. Weitere Informationen rund um das Museum und zu allen Aktivitäten, wie z. B. dem Bootfahren, erhalten Sie unter www.lofotr.no.

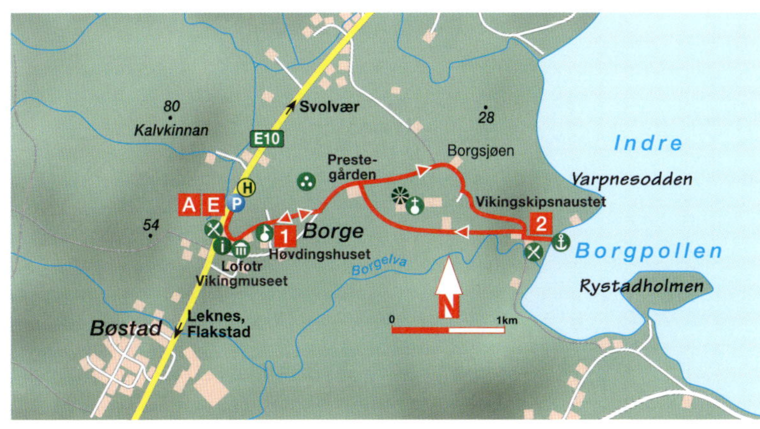

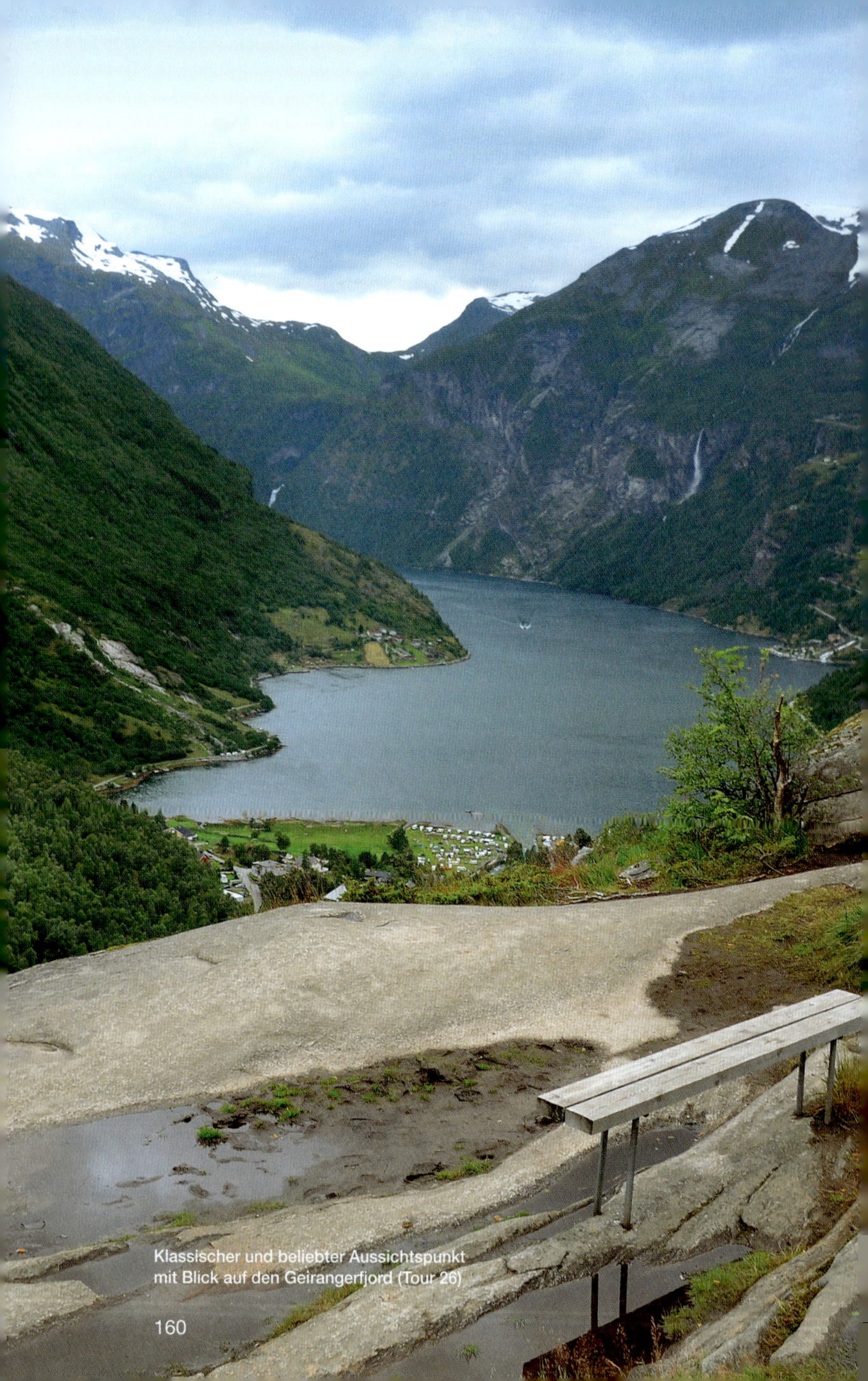

Klassischer und beliebter Aussichtspunkt mit Blick auf den Geirangerfjord (Tour 26)

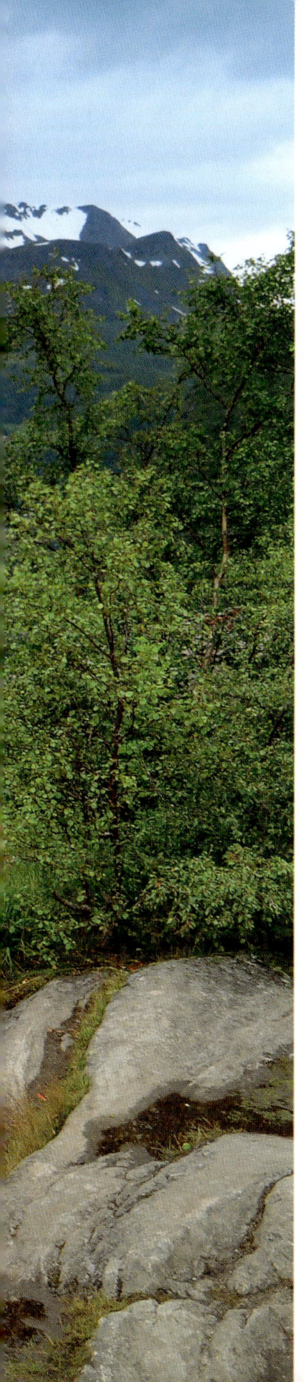

Top 5

Leichte Touren

An der Ulabucht

Diese Wanderung ist zum Reinschnuppern und Vorbereiten auf die norwegische Landschaft ideal (Tour 2).

Erdpyramiden Kvitskriuprestan

Am Ende einer kurzen Tour gelangt man zu seltenen und spannenden geologischen Formationen (Tour 24).

Vom Fjell zum Geirangerfjord

Die Wanderung führt uns oberhalb einer spektakulären Serpentinenstraße entlang (Tour 26).

Lofoten: zum Reinebringen

Anhalten, aussteigen und kurz für eine tolle Aussicht auf einen Berg hinauf: Leichter geht's nicht (Tour 34).

Lofoten: Wikingermuseum Borg

Auf diesem Ausflug verbindet man historischen Hintergrund mit einem schönen, leichten Spaziergang (Tour 35).

36 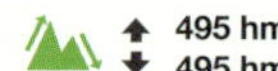 2:45 Std. 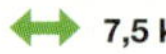 ↑ 495 hm ↓ 495 hm ↔ 7,5 km   

Vesterålen: auf Hadseløya

Die grüne Insel Hadseløya liegt wie ein Herz inmitten der Lofoten-Vesterålen. Die Straße, die die Insel umgibt, entspricht genau der Marathonstrecke von 42,2 km. Auf der Westseite wandern wir über einige Berggrate und werden mit fantastischer Aussicht auf die Lofotenkette belohnt.

Der Wegverlauf

Vom **Rastplatz bei Teigan** **A**, an der schönen grünen Bucht mit türkisfarbenem Wasser und Sandstrand, machen wir uns auf in Richtung Finnsæterkollen. Dem Fahrweg vom Rastplatz folgen wir bis zur Straße

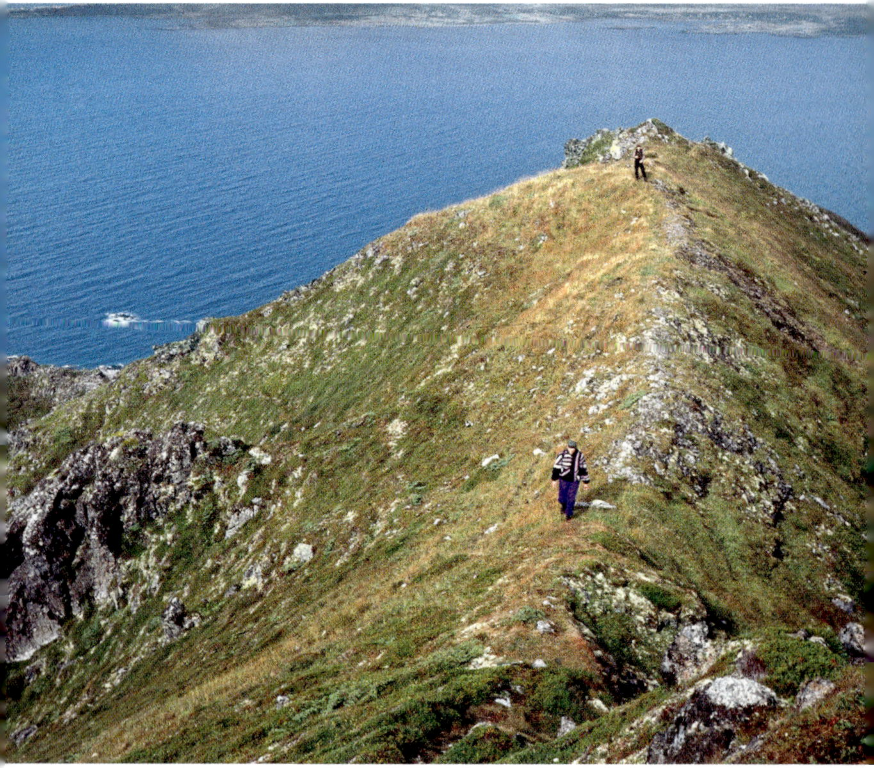

Blick über den Grat des Finnsæterkollen nach Norden zu den Vesterålen

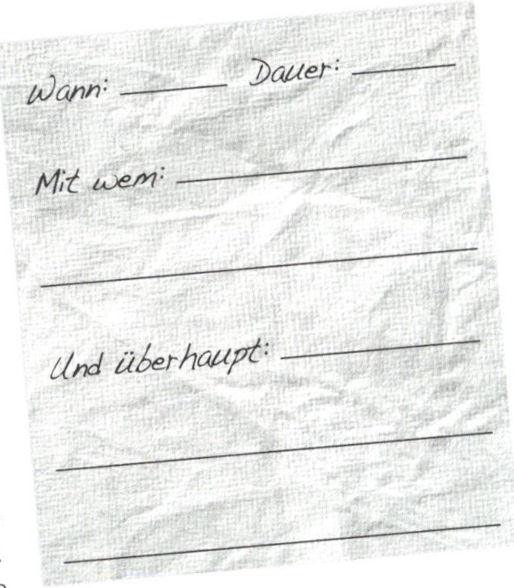

zurück, gehen diese südwestwärts über eine Bachbrücke und biegen auf einen Fahrweg nach links ab. Dieser Weg leitet durch einen lichten Birkenwald zu einer Ferienhütte, von der ein gut sichtbarer Pfad südwärts zum grünen Berggrat des Finnsæterkollen führt. Wir gehen den zunächst sanften Bergrücken hinauf, der sich im weiteren Verlauf zu einem schmalen Grat entwickelt. Mit wechselnden steileren und flacheren Passagen steigen wir bis zum **Gipfel des Finnsæterkollen** **1** **(1:00 Std.)** hinauf. Die Aussichten von hier oben auf das Meer mit den Bergen der Lofoten im Südwesten, den Vesterålen im Nordwesten sowie der idyllischen Sandstrandbucht unterhalb des Berges bei der Ortschaft Taen, belohnen für diesen Aufstieg!

Nun folgt der schwierigste Teil, und wer die nachfolgende Route nicht weitergehen möchte, wandert den gleichen Weg zurück oder steigt in das östliche Teigdalen hinunter, vorbei an kleine Höhlen, zu einem Pfad südlich des Teigvatn.

Vorbei an bizarren Felszinnen, gehen wir nun am Steilhang auf einem schwindelerregenden, sehr schmalen Schafspfad etwa 70 Meter unterhalb des steilen, felsigen Gipfels **Tanipa** **2** **(1:15 Std.)** entlang. Nach der kurzen Steilhangpassage gelangen wir auf der Südseite des Tanipa (572 m) zum Bergsattel **Taskardet** **3** **(1:30 Std.)**. Von hier besteht die Möglichkeit, über einen weiteren Bergrücken südwärts hinauf zum höchsten Berggrat der Insel Lamlitinden auf 657 Meter zu

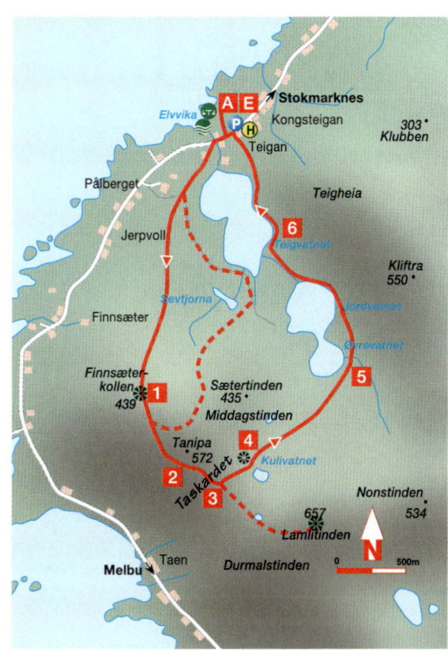

Freud & Leid

Eine wunderbare Rundwanderung in traumhafter Kulisse. Nur ist es mit dem Parkplatz leider nicht ganz so gut bestellt. Es handelt sich dabei um einen schmalen Parkstreifen am Straßenrand, der auch schon mal belegt sein kann. Besonders Wohnmobiltouristen könnten hier Pech haben, wenn sie zu später Tageszeit ankommen.

Wegbeschaffenheit
Unmarkierte, aber gut sichtbare Wege und Pfade mit einer Steilhangpassage
Ausgangspunkt
Rastplatz Elvvika bei Teigan (Fv 881) im Nordwesten der Insel
GPS-Koordinaten: 68.576616, 14.654941
Anfahrt
Per Bus/Auto über die E 10 zur Insel Hadseløya. Von Melbu ca. 15 km bzw. von Stokmarknes 11 km die kleine Straße Fv 881 westwärts bis nach Teigan, zum Rastplatz an der Strandbucht Elvvika

steigen. Wir folgen jedoch dem Tal im Nordosten hinunter, vorbei an den kleinen Teich **Kulivatnet** 4 (1:40 Std.). Etwa 100 Meter westnordwestlich vom See befindet sich eine gut getarnte Adlerfängerhöhle des Oluf Ellingsen, der um 1920 mit der Präsentation gefangener Adler seinen Lebensunterhalt zu bestreiten versuchte. Jedoch gab er, den Erzählungen nach, aufgrund mangelnden Interesses, die Adlerschau schnell wieder auf. Wir steigen das Tal durch Felsschutt weiter abwärts, halten auf das Südende des Sees **Jordvatnet** 5 (2:00 Std.) zu und gehen anschließend einen Pfad auf der Westseite dieses Sees entlang.

Dieser Pfad führt uns in Richtung Norden zum nächsten, tiefer liegenden See **Teigvatnet** 6 (2:30 Std.). An einer Hütte am Seeufer gelangen wir auf einen mit Gras bewachsenen Wirtschaftsweg, der uns bequem nach Teigan zur Straße Fv 881 führt. Ein kurzes Stück die Straße entlang, erreichen wir wieder die Einmündung zum **Rastplatz Teigan** E (2:45 Std.) in der Elvvika.

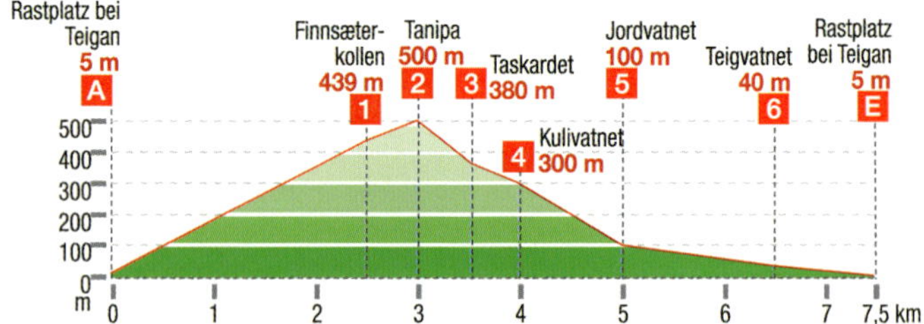

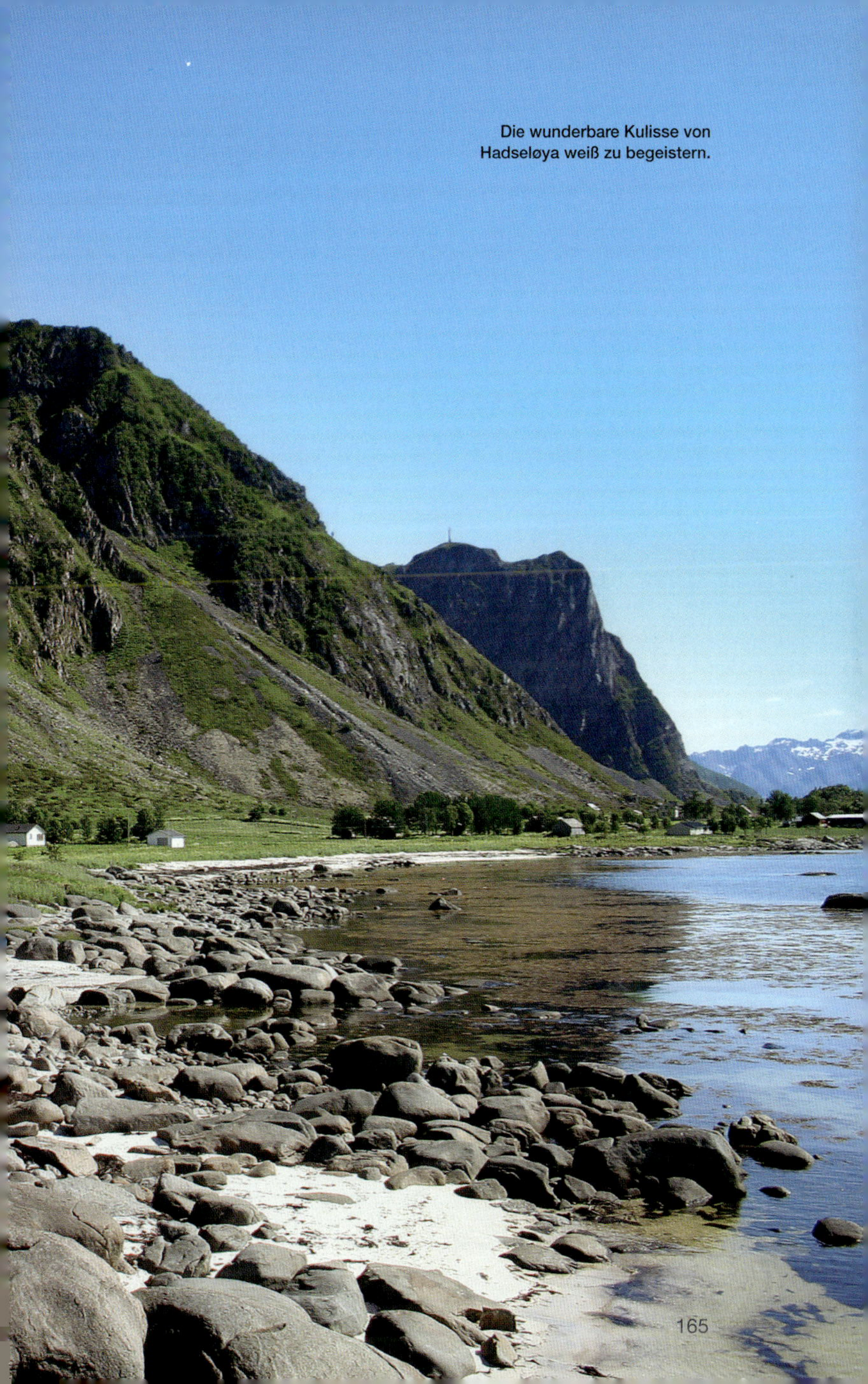

Die wunderbare Kulisse von
Hadseløya weiß zu begeistern.

37 7:00 Std. 1000 hm 1000 hm 21,3 km 

Dreiländereck Norwegen–Schweden–Finnland

Diese Wanderung verläuft nur unglaubliche zwei Meter auf norwegischem Boden, doch die lohnen sich. Um sie zu erreichen, müssen wir kurioserweise das Land verlassen und uns nach Finnland begeben.

Der Wegverlauf

Bevor wir aufbrechen, sei gesagt, dass es eine kostenpflichtige Alternative gibt, auf der man einen Großteil der Wanderung abkürzt. Südlich der Wanderroute befindet sich der See Kilpisjärvi, durch den die Grenze zwischen Schweden und Finnland verläuft. An seinem Ostufer, unweit des Wanderparkplatzes, erheben sich wenige Häuser, die die gleichnamige Ortschaft Kilpisjärvi bilden. Von dort startet in der eisfreien Saison dreimal täglich das kleine Ausflugsboot MS »Malla«, das bis zu 48 Personen befördern kann. Es fährt in die nordwestliche Bucht des Sees und legt auf schwedischer Seite an. Von dort kann man auf einem rund drei Kilometer langen Weg auf schwedischem Boden zum Dreiländer-

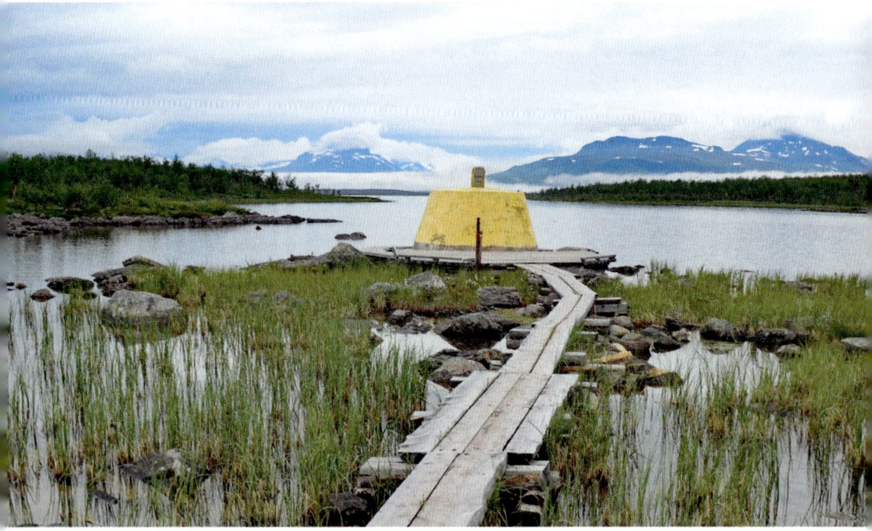

Dieser gelbe Betonklotz markiert das Dreiländereck und den nördlichsten Punkt Schwedens.

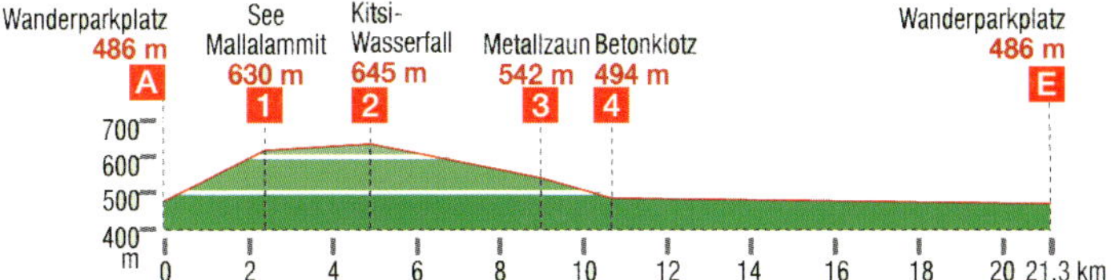

eck wandern. Der gesamte Schiffsausflug inklusive Wanderung dauert rund drei Stunden (www.mallalaiva.com).

Für die gesamte Wanderung verlassen wir den **Parkplatz** A mit Infotafel und Toilettenhäuschen nach rechts und folgen der Beschilderung Richtung Kuohkimajärvi. Die Entfernung zu diesem See, der sich in unmittelbarer Nähe unseres Wanderziels befindet, ist mit zwölf Kilometern ausgewiesen. Schon nach wenigen Metern überqueren wir auf einer Holzbrücke einen kleinen Flusslauf. Er verbindet den Kilpisjärvi mit dem nördlich davon gelegenen Siilasjärvi, der sich zu unserer Rechten ausbreitet. Gleich hinter der Brücke zweigt ein schmaler, felsiger Wanderweg nach links Richtung Mallan ab und verläuft am Nordufer des Kilpisjärvi. Wir wandern aber geradeaus und folgen dem aufwärts führenden Weg durch den Wald, wo wir zwischendurch für eine kurze Zeit erste Begegnungen mit den hiesigen Holzbohlen haben. An der Nordflanke des 738 Meter hohen Pikku-Malla wandern wir in einem weiten Bogen und können den Blick auf den Siilasjärvi genießen. Beim Zurückblicken sehen wir die Gebäude der Zollabfertigung an der E8.

Wir wandern geradeaus über eine kleine Ebene und erreichen den schmalen **See Mallalammit** 1 (0:50 Std.) sowie den kurz darauf folgenden Mallajärvi. Kurz hinter dem See steigt unser Wanderweg nun deutlich an, und wir wandern auf einem schmalen Pfad über das Mallafjäll. Gleichzeitig sind wir auf dem lokalen Malla-Trail unterwegs, der wiederum Teil des Nordkalottleden ist. Der Nordkalottleden, ein 800 Kilometer langer Fernwanderweg, schlängelt sich durch den hohen Norden Skandinaviens und passiert dabei über ein Dutzend Mal die Grenze.

Freud & Leid

Bei einer Wanderung durch Lappland, insbesondere in so einer wasserreichen und sumpfigen Region wie am Malla-Fjäll, muss man immer mit Mücken rechnen. Für die Wanderung kann ein Moskitoschutz für das Gesicht hilfreich sein. Kurioserweise sind die Mücken in dem Gebiet deutlich größer als die Plagegeister in Deutschland, haben jedoch keinerlei Blessuren hinterlassen.

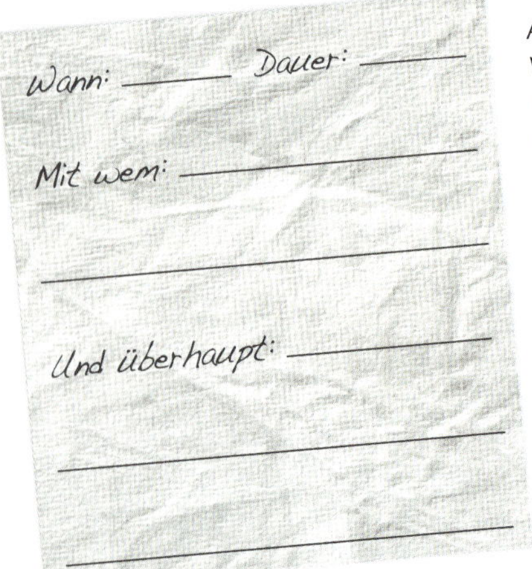

Auf dem höchsten Punkt auf unserer Wanderung sehen wir zu unserer Linken deutlich weiter unten einen kleinen See namens Harrisavio, der gut an seiner Landzunge am westlichen, in diesem Fall rechten Ufer zu erkennen ist. Gleich dahinter und halb links hinter uns erstreckt sich der Kilpisjärvi, und mit einem Fernglas oder einem Teleobjektiv können wir, je nach Uhrzeit, die MS »Malla« auf ihrem Weg zum Anleger sehen. Wenn wir jedoch nach vorne blicken, erkennen wir schon unser Ziel, auch wenn es noch einige Kilometer entfernt ist. Am Ende des weiten Tals sehen wir genau vor uns einen kleinen See schimmern. Dieses ist der Koltajärvi, der sich auf norwegischer Seite befindet.

Durch ein Geröllfeld wandernd, verlieren wir nun ein wenig an Höhe und erreichen den Kitsijoen putous, den **Kitsi-Wasserfall** 2 (1:40 Std.), auf der rechten Seite des Weges. Das Wasser fällt sehenswert in die Tiefe, und daneben bietet sich ein angenehmer Rastplatz mit toller Aussicht an. Anschließend wandern wir relativ eben weiter und können lange Zeit die Aussicht auf das Tal zu unserer Linken genießen, bis wir einen Birkenwald durchqueren und wenig später der Wanderweg auf Holzbohlen weiter durch die sumpfige Moorlandschaft führt.

Wir gelangen so zu einem **Metallzaun** 3 (3:00 Std.), der sich unvermittelt vor uns in der Wildnis befindet. Es handelt sich um den Grenzzaun zwischen Finnland und Norwegen, also gleichzeitig die EU-Außengrenze. Vor dem einfachen Zaun wandern wir nun nach links

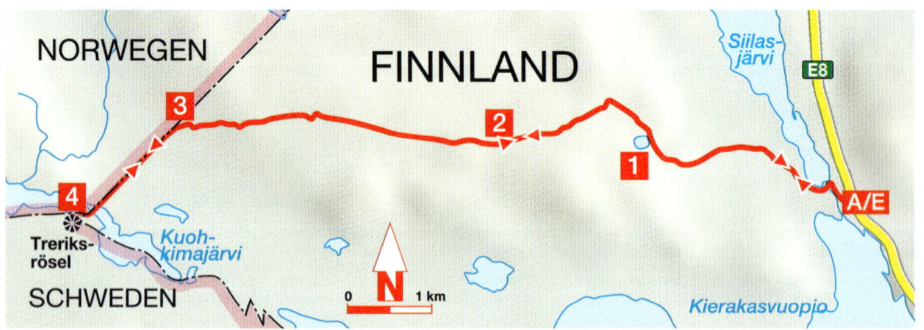

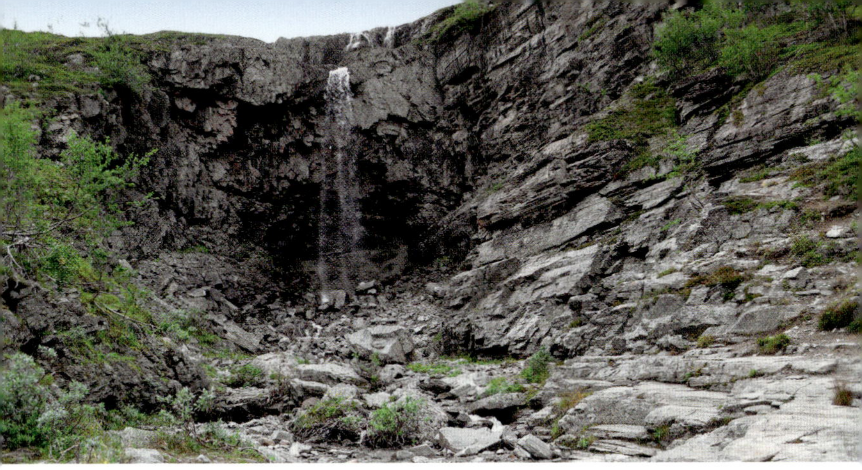

Auf der Tour passiert man auch den Kitsi-Wasserfall.

und bleiben auf den Holzbohlen die ganze Zeit neben der Grenze. Dabei wandern wir stets bergab und erreichen nach einiger Zeit das Hinweisschild zum Treriksröset, also dem Dreiländereck, das nur noch 100 Meter entfernt ist. Ein kleiner Findling mit Gravur erinnert am Wegesrand daran, dass im Jahr 1993 der Nordkalottleden eingeweiht wurde. Gleichzeitig beginnt hier ein schmaler Holzpfad, der in den See hineinführt und an dessen Ende sich ein gelb leuchtender **Betonklotz 4 (3:30 Std.)** befindet. Dieser wurde 1926 errichtet und kann mitten im See auf einem schmalen Holzsteg umrundet werden.

Damit haben wir das Wanderziel erreicht und können beim Umrunden Norwegen, Schweden und Finnland betreten. Eine weitere Besonderheit an diesem Dreiländereck ist die Tatsache, dass es sich um den nördlichsten Punkt Schwedens handelt. Der südlichste Punkt Schwedens ist übrigens bei Smygehuk an der Ostsee markiert, liegt zwischen Trelleborg und Ystad und ist exakt 1568 Kilometer Luftlinie entfernt.

Nach dem Besuch an einem der beiden einzigen Dreiländerecke in Skandinavien kehren wir auf demselben Weg wieder zurück zu unserem Ausgangspunkt am **Wanderparkplatz E (7:00 Std.)**.

Wegbeschaffenheit

Anfangs Schotterpfad, der später im sumpfigen Gelände von einem Holzbohlenweg abgelöst wird

Ausgangs-/Endpunkt

Wanderparkplatz südlich des Sees Siilasjärvi an der E8, kurz hinter der norwegisch-finnischen Grenze. GPS-Koordinaten: 69.060536, 20.771413

Anfahrt

In Skibotn die E6 verlassen und auf der E8 weiter in Richtung Finnland; rund 6 km hinter dem Grenzübergang befindet sich der Parkplatz auf der rechten Seite. Eine Anfahrt mit öffentlichen Verkehrsmitteln ist nicht möglich.

38 5:00 Std. 1007 hm 1007 hm 18 km 

Zum Polarlichtobservatorium

Die Region um die Stadt Alta wurde bereits Mitte des 19. Jahrhunderts wegen des günstigen Klimas in der Polarlichtforschung weltweit geschätzt. Wir steigen auf dieser Erlebnistour hinauf zum ersten permanenten »Nordlys-observatoriet« der Welt, in dem auch übernachtet werden kann!

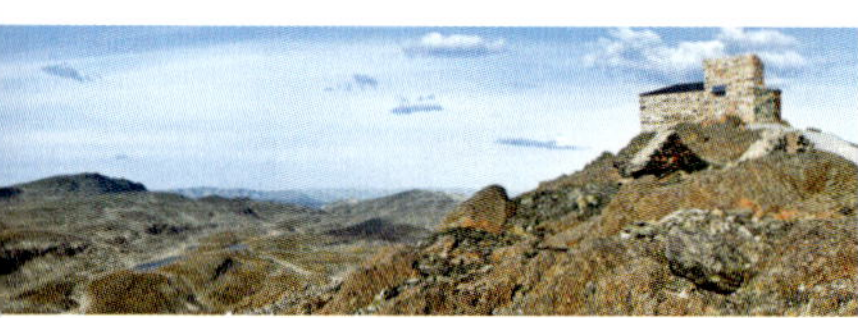

Das »Nordlysobservatoriet«

Wegbeschaffenheit
Beschilderter, alter Fuhrweg

Ausgangspunkt
Kirchparkplatz Kåfjord Kirke (E 6), ca. 14 km westlich von Alta
GPS-Koordinaten: 69.933854, 23.025196

Anfahrt
Mit Bus oder Auto die E 6 von Narvik bis Kåfjord ca. 14 km vor Alta. Parken an der Kirche oder am Abzweig zum »Nordlysobservatoriet Halddetoppen«, ca. 400 m nördlich der Kirche

Der Wegverlauf

Das Anfang 1900 errichtete und renovierte Steinhaus auf dem Gipfel Halddetoppen (Stuorahaldi, Sukkertoppen), hat 6–10 Schlafplätze und ist als Selbstversorgerhütte eingerichtet. Im Alta-Museum (Altaveien 19, 9518 Alta, Tel. 0047/41 75 63 30, post@altamuseum.no, www.alta.museum.no) kann zuvor der Schlüssel für einen Tages- oder Übernachtungsaufenthalt abgeholt werden. Ab Herbst besteht bereits die Chance, Polarlichter zu sehen. Im Winter ist es möglich, per Ski hinaufzusteigen. Allerdings wird bei starken Winden, schlechten Wetterverhaltnissen oder Lawinengefahr von einer Tour abgeraten.

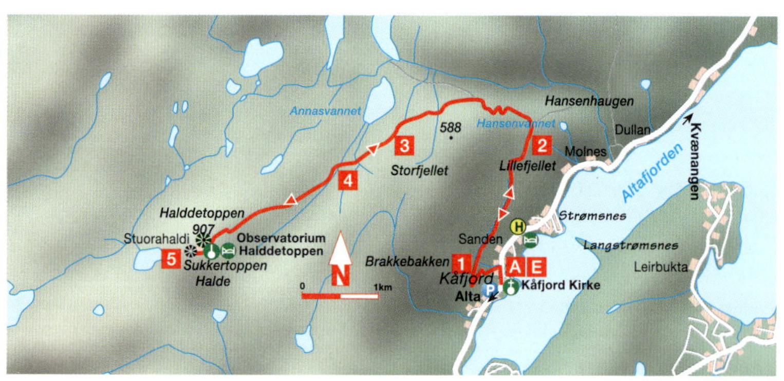

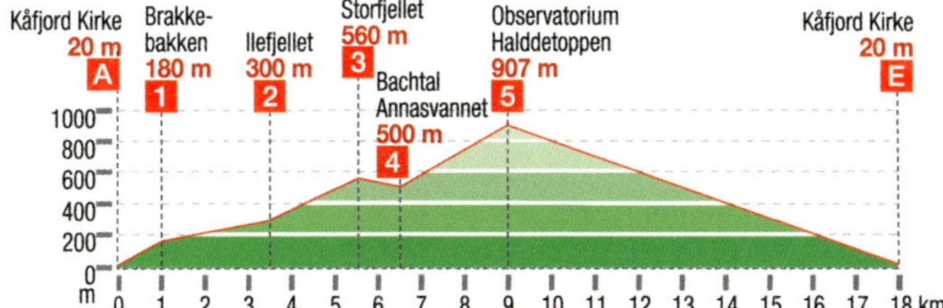

Von der **Kåfjord Kirke** A gehen wir die E 6 nordwärts zum alten Fahrweg des Observatoriums auf der linken Seite. Ab den Kehren bei **Brakkebakken** 1 (0:20 Std.) geht der Weg in einen Wirtschaftsweg über, dem wir bis zum Gipfel folgen. Zunächst gehen wir am licht bewaldeten Berghang des Storfjellet nach Nordosten, vorbei an einem sumpfigen Zwischental und dem **Lillefjellet** 2 (1:00 Std.). Anschließend windet sich der Weg westwärts steil in Kehren auf das karge, steinige **Storfjellet** 3 (1:45 Std.). Weiter Richtung Südwesten, gehen wir leicht hinunter zum Bachtal oberhalb des **Annasvannet** 4 (2:00 Std.) und überqueren die Wasserläufe über Trittsteine. Danach geht es kontinuierlich am Hang des Bachtals aufwärts. Am Berg Haldde wird es wieder steil, und nach einem Schneefeld endet der Weg am Nebengebäude des Observatoriums auf dem Gipfel **Halddetoppen** 5 (3:00 Std.). Die Aussicht über die mächtige Bergwelt rund um den Altafjord beeindruckt sehr! Auf gleichem Weg geht es wahlweise mit Abenteuerübernachtung oder direkt und zügig hinunter zur **Kåfjord Kirke** E (5:00 Std.).

Freud & Leid

Der Zweite Weltkrieg lässt uns auch im Hohen Norden nicht los. Das Schlachtschiff »Tirpitz« lag vor Kåfjord vor Anker und wurde wenig später bei Tromsø zerstört. Ein privates Museum informiert über das Schiff und die damalige Zeit und ist eine gute Alternative, wenn die Wanderung wegen schlechtem Wetter verschoben werden muss.

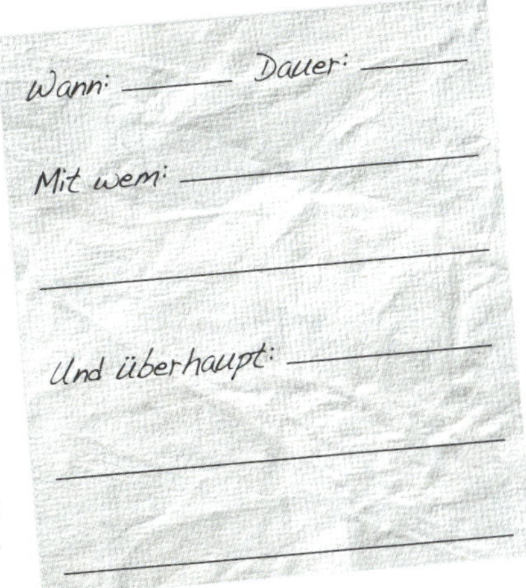

39 5:00 Std. ↑ 350 hm ↓ 350 hm ↔ 20 km

Nordkap und Knivskjelodden

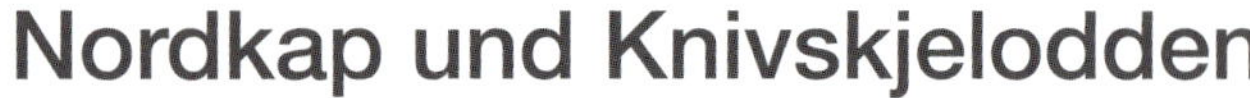

Auf der Insel Magerøya befinden sich die nördlichsten Landmarken Europas. Das Nordkap zieht jährlich über 250 000 Besucher an, und auch für die eher unspektakuläre, dafür aber noch weiter nördlich gelegene Landzunge Knivskjelodden gibt es einen großen Parkplatz am Tourstart.

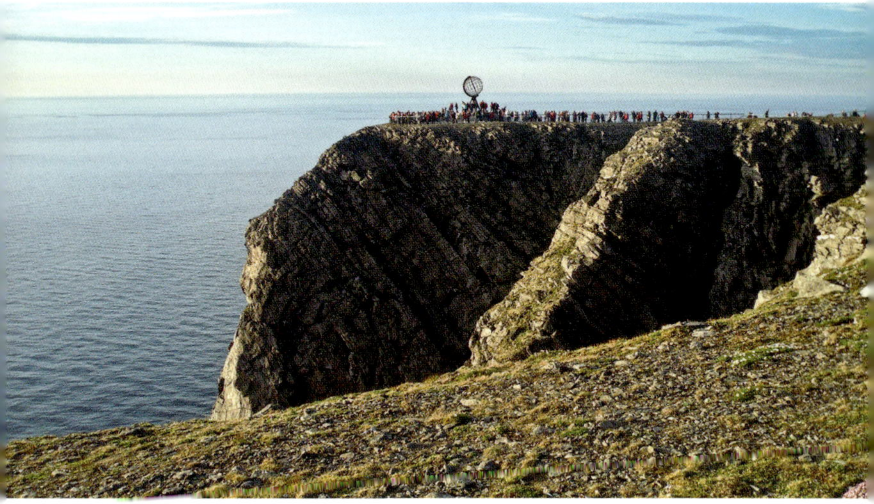

Das steil abfallende Nordkapplateau

Der Wegverlauf

Wer den langen Weg gen Norden bis hierher hinter sich gebracht hat, folgt fast immer nur einem, erstrebenswerten Ziel: dem Besuch des Nordkaps. Dabei ist das steile und spektakuläre, über 300 Meter hohe Felsplateau mit dem Namen »Nordkapp« auf 71°10'21'' nördlicher Breite gar nicht der nördlichste Punkt Europas, da hat nämlich die flach auslaufende Landzunge Knivskjelodden auf 71°11'08 nördlicher Breite um wenige Hundert Meter die »Felsnase« vorn! Diese Nordkapgeschichte spielt auf der Halbinsel Nordkapphalvøya, und es entsteht der Eindruck, dabei handle es sich um eine Halbinsel des Festlandes. Doch dieses vermeintliche Festland ist die Insel Magerøya, die seit 1999 über einen Tunnel unter dem Meeresarm Magerøysundet mit dem Festland verbunden ist. Aus geografischer Sicht liegt das nördlichste Festlandskap Nordeuropas ungefähr 80 Kilometer weiter östlich auf der Halbinsel Nordkinnhalvøya, an der Landzunge Kinnarodden auf lediglich 71°08'01''. Dorthin verirren sich nur wenige Touristen, sind es doch noch fast 450 Straßenkilometer über die E 6, Rv 98 und Fv 888 bis Mehamn. Wer also Touristenruhe sucht, sollte sich diesen einsamen Landstrich vornehmen.

Das heutige Touristen-Nordkap wurde so einst von den Seefahrern benannt. Bereits auf Seekarten aus dem 16. Jahrhundert ist diese markante, steile Landmarke mit dem Namen »Nordkapp« verzeichnet. Der Knivskjelodden bekam bereits ausgangs des 18. Jahrhunderts erstmals Besuch von Mitgliedern des französischen Königshauses, die die nördlichste Landspitze vom Meer aus betraten. Verglichen mit dem gewaltigen Touristenstrom am Nordkap ist die Tour zum Knivskjelodden wesentlich ruhiger, und wer auf der Halbinsel noch einen Abstecher macht, kann ungestört in der Mitternachtssonne die nördlichste Landspitze mit Blick auf das Nordkap genießen.

So starten wir vom **Wanderparkplatz zum Knivskjelodden** A an der E 69 und folgen den großen Steinvardern und roten T-Wegmarkierungen nordwestwärts über die leicht hügelige, mit Magerrasen bewachsene Insel Magerøya. An Feuchtstellen vorbei, gelangen wir an einen kleinen Teich und folgen dem Bachlauf sanft hinunter in ein kreuzendes Bachtal. Aus diesem gelangen wir sanft hinauf auf ein kleines Bergplateau und zum **Abzweig Tunes** 1 (0:45 Std.). Der Weg nach Tunes, eine alte Siedlungsstätte auf einer weiteren Landzunge, setzt sich etwa 3,5 Kilometer entlang an Steinvardern in nordwestlicher Richtung weiter fort. Als Touralternative erwartet den Wanderer dort nach einem kurzen, steilen Abstieg eine sehr schöne weiße Sandstrandbucht, westseitig abgeschirmt vom 231 Meter hohen Tunestinden.

Freud & Leid

Leid gibt es auf dieser Wanderung nicht. Während sich die meisten Besucher am Nordkap tummeln, wandert man hier zwischen Rentierherden zum nördlichsten auf einer Straße erreichbaren Punkt Europas und kann sich dort in ein Gästebuch eintragen, während in der Entfernung der Globus am Nordkap mit einem guten Fernglas auszumachen ist.

Wegbeschaffenheit
Markierter Wanderweg auf felsigem, steinigem und teilweise feuchtem Grund

Ausgangspunkt
Parkplatz Nordkappveien an der E 69, ca. 7 km vor dem Nordkap
GPS-Koordinaten: 71.122005, 25.708042

Anfahrt
Mit dem Bus bis Honningsvåg und weiter per Nordkappbus Richtung Nordkap. Autoanreisende fahren die E 69 bis zum großen Parkplatz direkt an der Straße.

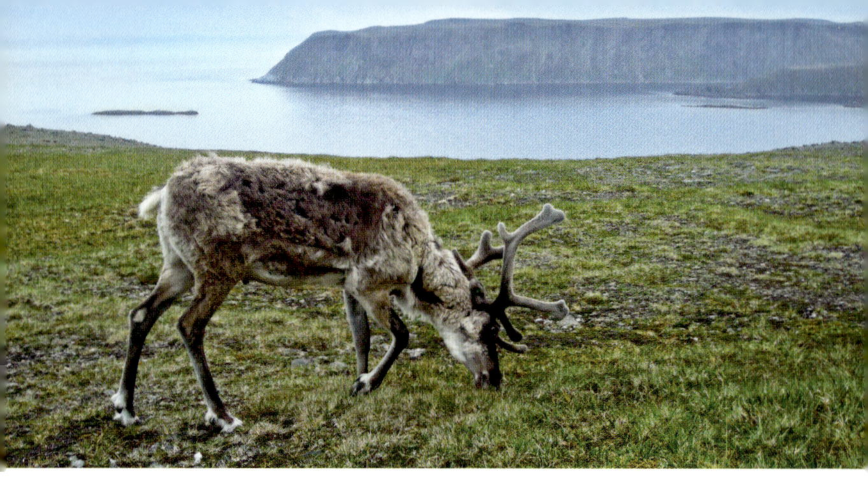

Grasendes Rentier auf Magerøya

Zum Knivskjelodden folgen wir dem Wegweiser an der Steinvarde nach Norden über einen Bergrücken und wandern den Weg allmählich hinunter zum See Knivskjelvatna. Dort folgen wir dem Bachlauf durch das breite Tal und steigen hinunter zur nordöstlich gelegenen, grünen und steinigen Bucht **Knivskjelvika** 2 (2:00 Std.). Hier in der Bucht landeten um 1790 einst der französische Prinz Philippe und sein Gefolge mit ihren Booten und betraten die nördlichste Landspitze. Der Blick ist hier und im weiteren Verlauf frei nach Osten auf die beeindruckenden Steilküstenwände des Nordkapps. Nahe am Ostufer der Landzunge verläuft der Pfad dann zunächst auf mit Gras bewachsenen Säumen und anschließend auf vermehrt felsigen Abschnitten leicht bergan. Abschließend geht es kurzum wieder hinunter an das Ufer der am weitesten nördlich gelegenen Landzunge **Knivskjelodden** 3 (2:30 Std.). Ein kurzes Stück weiter westlich, die zerklüftete Felsküste entlang, kann man das alte Leuchtfeuer vom Knivskjelodden besichtigen.

Zurück geht es wieder auf gleichem Weg zu unserem Ausgangspunkt, dem **Wanderparkplatz Knivskjelodden** E (5:00 Std.) an der E 69.

Wann: ______ Dauer: ______

Mit wem: ______

Und überhaupt: ______

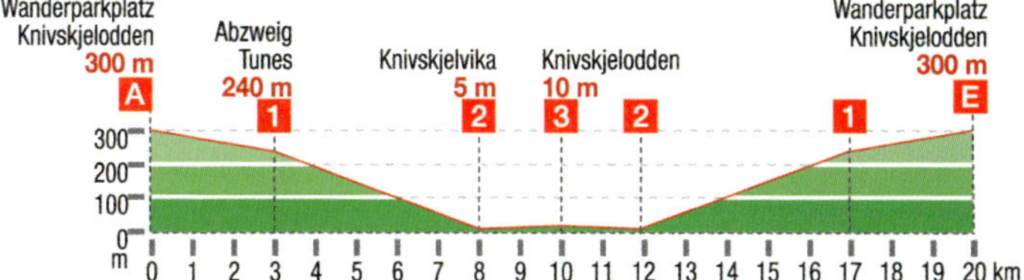

Ein schönes Erlebnis für Trekkingfans bietet hier eine Zeltübernachtung an den Buchten bei Tunes oder Knivskjelvika mit Blick auf die Mitternachtssonne. Mit etwas Glück besuchen domestizierte Rentiere, die hier im Sommer grasen, die Grünflächen der Buchten. Beachtet werden sollte stets, dass das Wetter am Nordatlantik schnell umschlagen kann, und insbesondere bei dichtem Nebel der Rückweg trotz großzügiger Markierungen an manchen Stellen schwierig sein kann.

Nach erfolgreicher Tour kann man in der Touristeninformation am Nordkap und bei vielen lokalen Übernachtungsstätten ein Diplom sowie Pins von der allernördlichsten Landzungentour Knivskjelodden als Andenken erwerben.

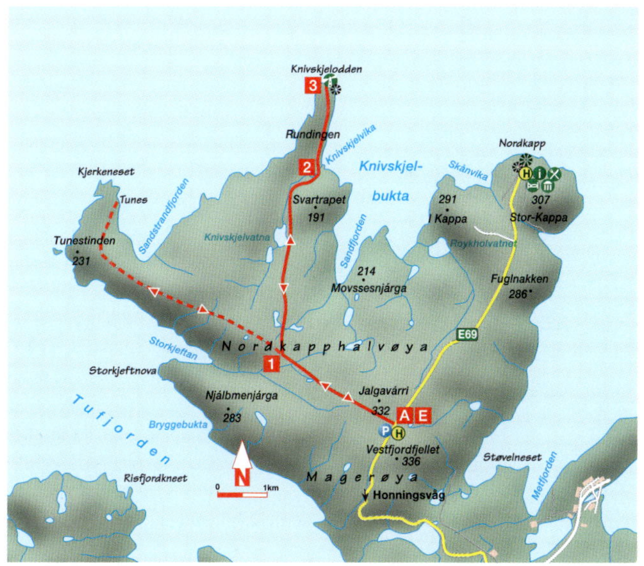

40 3:30 Std. 150 hm 150 hm 13,2 km  

Dreiländereck Norwegen–Finnland–Russland

Das Dreiländereck von Finnland, Russland und Norwegen ist eines von nur zweien in ganz Skandinavien und ein ganz besonderes, denn hier treffen nicht nur drei Staaten, sondern auch drei Zeitzonen aufeinander. Und das mitten in einem Bärengebiet.

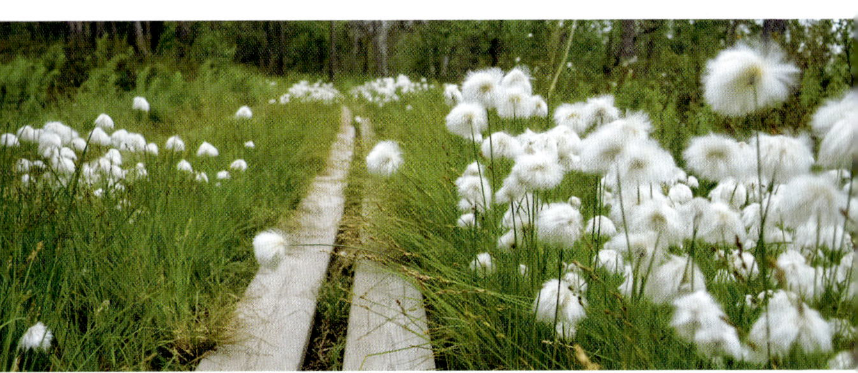

Der Wanderweg wird von weichem Wollgras gesäumt.

Wegbeschaffenheit

Markierter Wanderweg, der überwiegend auf Holzbohlen, sonst auf einem Waldweg verläuft

Ausgangs-/Endpunkt

Wanderparkplatz im Øvre-Pasvik-Nationalpark, rund 120 km südlich von Kirkenes. GPS- Koordinaten: 69.024342, 29.028733

Anfahrt

Mit dem Auto von Kirkenes über die E6 und die Straße 885 bis zu ihrem Ende im Nationalpark. Mit dem Bus besteht nur dreimal die Woche ab Kirkenes die Möglichkeit, den nahen Campingplatz zu erreichen (Mo/Mi/Fr ab 14 Uhr).

Der Wegverlauf

Schon am geschotterten **Wanderparkplatz** **A** werden wir über die besonderen Eigenschaften der Region instruiert: In Norwegisch, Englisch und Deutsch weist uns eine Infotafel darauf hin, dass wir uns hier in einem Grenzgebiet befinden. Und zwar nicht nur in irgendeinem, sondern dort, wo die EU-Außengrenze auf die längste Grenze der Welt trifft – nämlich die von Russland. Hinweise darauf gab es auch zwischendurch immer wieder auf der langen Zufahrtsstraße von Kirkenes aus. Auf dem letzten Stück der ohnehin schon sehr welligen und schlecht befahrbaren Straße verließ uns zudem noch der Asphalt, sodass wir stellenweise im Schritttempo über die Schotterpiste fuhren, um diesen abgelegenen Ort zu erreichen. Und abgelegener kann ein Ort kaum sein: Eine 120 Kilometer lange Sackgasse führte uns von Kirkenes in diese traumhafte Landschaft, in der wir nun den Øvre-Pasvik-Nationalpark genießen dürfen.

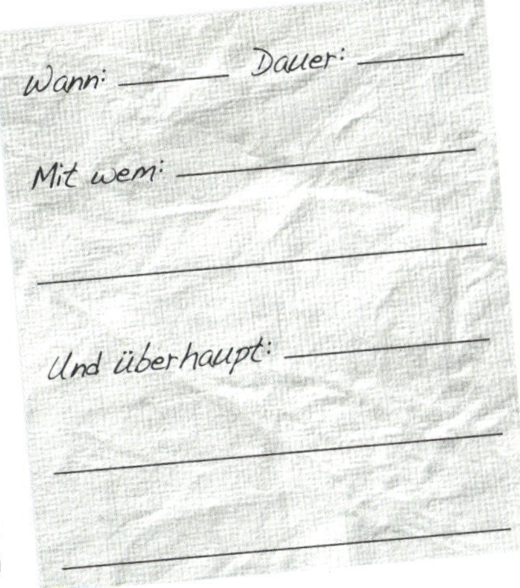

Wir verlassen den Schotterparkplatz über den breiten Schotterweg in westliche Richtung und wundern uns über die Inschrift auf dem Holzschild am Beginn des Weges. Weniger wegen der Entfernungsangabe von fünf Kilometern, die sich im Endeffekt als etwas mehr herausstellen werden, als vielmehr über den Hinweis auf das Dreiländereck von »Norge – Sovjet – Finland«. Wie alt mag dieses Schild also sein und sich trotzdem in so einem guten Zustand befinden? In großen Lettern weist es uns den Weg zum Treriksrøysa, dem Dreiländereck dieser Staaten. Wir überqueren eine kleine Holzbrücke und tauchen in den dichten Kiefernwald ein, wo uns mit großer Wahrscheinlichkeit ein schwer bewaffneter Mann entgegenkommen wird. Ein seltsames Gefühl beschleicht einen besonders dann, wenn keine anderen Wanderer unterwegs sind. Hier, mitten in der Wildnis und zweieinhalb Autostunden von der nächsten Stadt entfernt, wird man in einem Wald von einem Menschen mit Maschinenpistole begrüßt. Doch immerhin, man wird begrüßt. Freundlich sogar. Es stellt sich heraus, dass die Person im

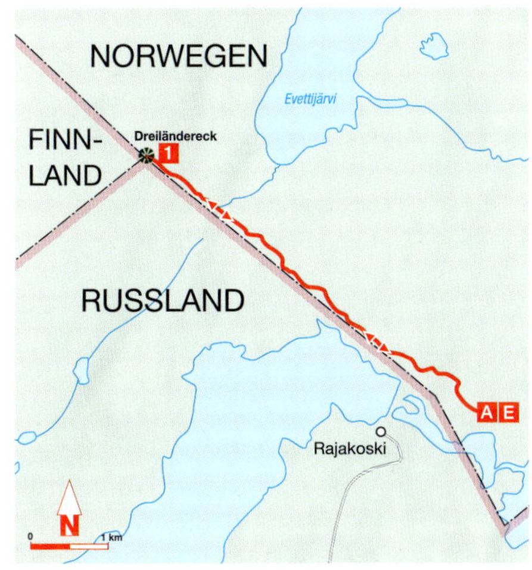

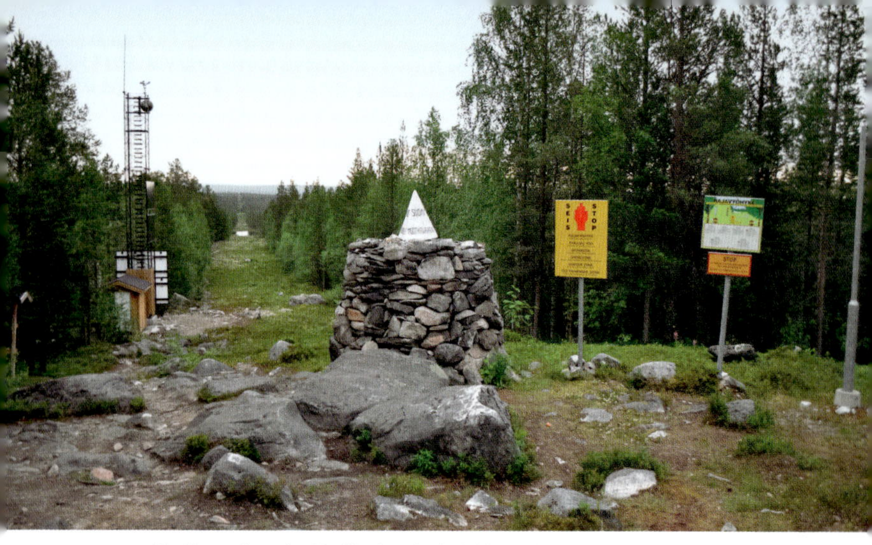

Die Umrundung des Dreiländerecks ist leider verboten.

Grenzschutz tätig ist und uns schon von seinem Grenzturm aus gesehen hat. Er verließ seinen Posten, um uns entgegenzukommen und um auf die Besonderheiten der Region noch einmal ausdrücklich hinzuweisen. Dazu gehört, dass man auf den nächsten Kilometern dicht an der norwegisch-russischen Grenze entlangwandern wird und man diese auf keinen Fall überqueren darf. Es sei auch verboten, Steine oder andere Gegenstände über die Grenze zu werfen, und am Ende des Ziels darf man unter keinen Umständen das Dreiländereck umrunden. Dazu später mehr.

Abgesehen von der geopolitischen Situation befinden wir uns hier aber nicht nur in einem Grenzgebiet, sondern auch in einem Nationalpark und Bärengebiet. Der Øvre-Pasvik-Nationalpark wurde 1970 gegründet und im Jahr 2003 zu seinem heutigen Umfang erweitert. Er ist zwar nicht grenzüberschreitend, doch sowohl auf finnischer als auch auf russischer Seite wird die Natur rund um das Dreiländereck in besonderer Weise geschützt. Hier, im äußersten Zipfel Norwegens, ist man in einer Region unterwegs, die zu den Ausläufern der sibirischen Taiga zählt. Außerdem hat der Braunbär hier ein Rückzugsgebiet und kann im Nationalpark die dichteste Population Norwegens vorweisen.

Schon bald wird der Boden sehr morastig, und weite Teile des Wanderwegs wären nicht begehbar, wenn er nicht mit Holzbohlen ausgestattet worden wäre. Wie auf hölzernen Schienen wandern wir durch eine Landschaft, die zwischen Mooren und Wäldern abwechselt. Weiches Wollgras wächst zwischen den Holzbohlen empor, und immer wieder finden wir wilde Moltebeeren. Die rote Beere ist nur im äußersten Norden Europas beheimatet und gilt daher als Wahrzeichen Lapplands. Nicht zufällig ist sie auch auf der 2-€-Münze Finnlands abgebildet.

Die Grenze, die zwischendurch auch auf kleinen Informationstafeln erläutert wird, befindet sich lange Zeit links neben uns. Hinter einem einfachen Zaun stehen sich in regelmäßigen Abständen zwei Grenzpfähle gegenüber: Ein gelber Pfahl markiert norwegisches Staatsgebiet, und der grün-rote Pfahl steht bereits auf russischer Seite. Und dazwischen verläuft die Staatsgrenze, die sonst nicht weiter markiert ist.

Freud & Leid

Diese Wanderung ist einfach zu interessant und auch zu leicht begehbar, um sie auszulassen. Doch die Anreise erfordert Geduld. Schon Kirkenes ist sehr weit weg, und von dort muss man noch einmal 120 km nach Süden fahren und sich darauf einstellen, die gesamte Strecke auch wieder zurückzureisen. Und das auf einer Straße, die sicherlich zu den schlechtesten in ganz Norwegen gezählt werden kann.

Am Ende des leicht aufwärts verlaufenden Wegs ist das Ziel erreicht. Wir stehen vor einem mannshohen **Steinhaufen** **1** (1:50 Std.), auf dem eine kleine weiße Pyramide den Punkt markiert, an dem auch Finnland an die Grenze stößt. Neben zahlreichen Hinweisschildern und Warntafeln erkennen wir in östlicher Richtung eine deutliche Schneise im Wald, die Erinnerungen an die innerdeutsche Grenze wach werden lässt. Ein Umrunden des Steinhaufens ist streng verboten, und sogar das Berühren der kleinen Pyramide wird mit einer Geldstrafe geahndet. Denn die Pyramide gehört ebenfalls zum Territorium Russlands, und das wäre daher ein illegaler Grenzübertritt. Man mag sich angesichts der Wildnis wundern, aber ein kurzer Rundumblick genügt, um die Videoüberwachung zu bemerken, die übrigens nur auf norwegischer Seite stattfindet. Oftmals ist es aber auch so, dass am Rande des Dreiländerecks ein paar Grenzbeamte um ein Lagerfeuer sitzen, Kaffee trinken und sich über den Besuch ziviler Wanderer freuen.

Bevor man den Rückweg **zum Parkplatz** **E** (3:30 Std.) antritt, sollte man einen kleinen Blick auf das Display des eigenen GPS-Geräts werfen – je nach Genauigkeit des Gerätes steht man entweder auf norwegischer, russischer oder finnischer Seite. Und das hat zur Folge, dass die Uhrzeit immer wieder wechselt. In Norwegen gilt die mitteleuropäische Zeitzone (MEZ), während uns Finnland eine und Russland sogar zwei Stunden voraus ist. Dürften wir also das Dreiländereck umrunden, dann würden wir also gleichzeitig eine Zeitreise unternehmen.

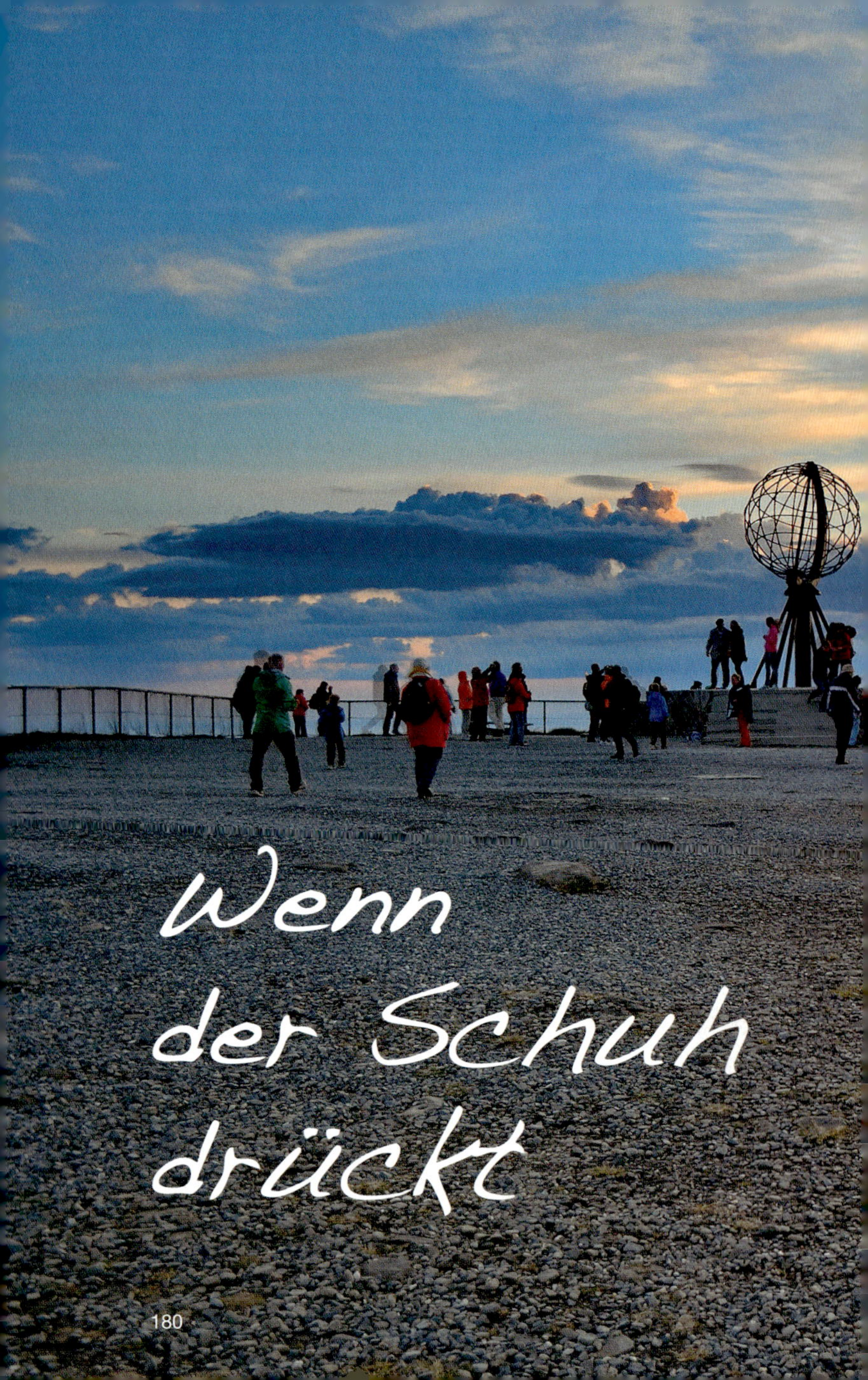

Wenn der Schuh drückt

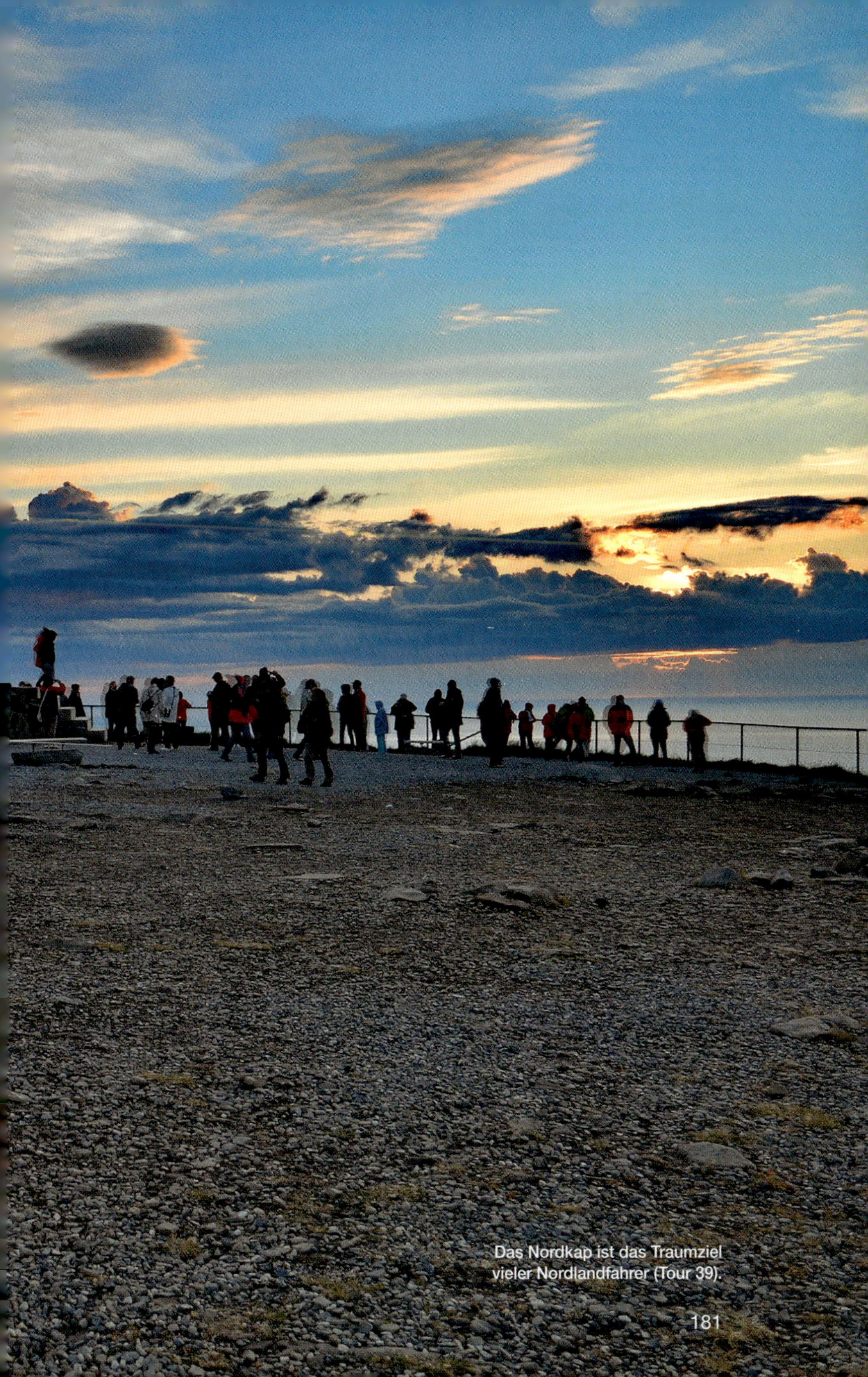

Das Nordkap ist das Traumziel vieler Nordlandfahrer (Tour 39).

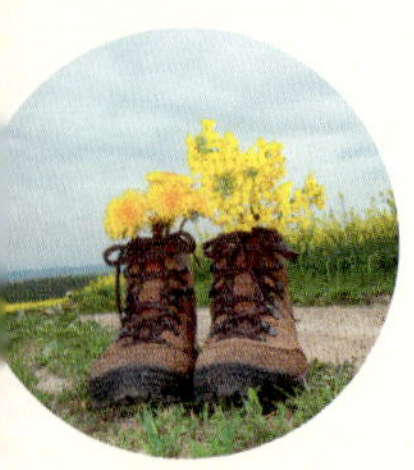

Wenn der Schuh drückt

Stadtviertel Bryggen in Bergen

Das ehemalige Hanseviertel direkt am Hafen von Bergen steht auf der Weltkulturerbeliste der UNESCO und ist zugleich die Hauptattraktion der Küstenstadt. Es besteht aus rund 60 malerischen Holzgebäuden, in denen Restaurants, Bars und Shops zum Verweilen einladen. Interessant sind die schmalen Gassen zwischen den Häusern, in denen man auf Holzbohlen unterwegs ist. Am bekanntesten ist die farbenfrohe Häuserkulisse mit Blick auf den Hafenkai.

Bryggen (Straße 585), 5003 Bergen
www.visitbergen.com

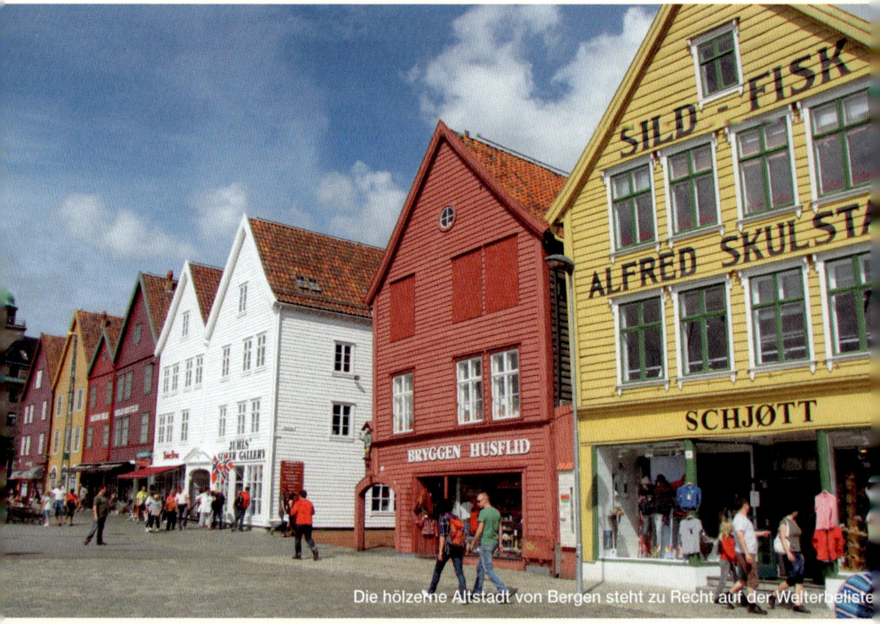

Die hölzerne Altstadt von Bergen steht zu Recht auf der Welterbeliste

Der Nidarosdom zu Trondheim

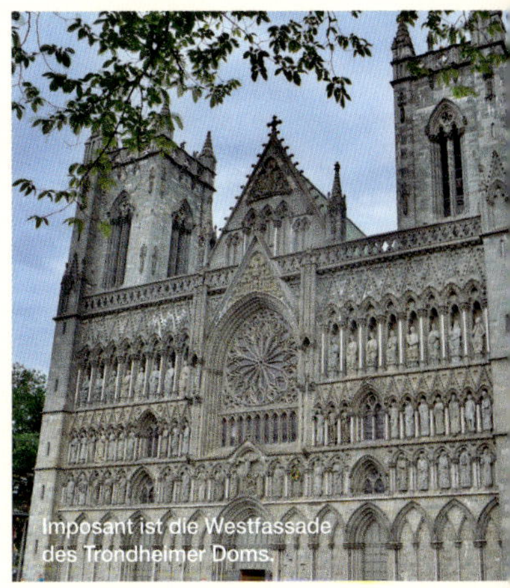
Imposant ist die Westfassade des Trondheimer Doms.

Der Nidarosdom ist eines der bedeutendsten Gotteshäuser in Norwegen. Sieben norwegische Könige wurden hier gekrönt und noch mehr im Dom begraben. Erbaut wurde der Dom auf dem Grab von König Olav im 11. Jh. Heute verläuft ein Netzwerk aus Pilgerwegen, so z. B. der St.-Olavs-Weg, nach Trondheim zum Dom. Schon von außen präsentiert die Kirche ihre Bedeutung durch die mächtige Westfassade im gotischen Stil.

Bispegata 5, 7013 Trondheim
www.nidarosdomen.no

Nordkaphalle

So wechselhaft das Wetter am Nordkap, so abwechslungsreich ist die Nordkaphalle. Neben Souvenirladen, Restaurant und Café kann man das Panoramakino und eine Kapelle aufsuchen. Am empfehlenswertesten ist der Besuch der Nordkaphalle, wenn keine Reisebusse mit unzähligen Passagieren der Kreuzfahrtschiffe vor der Tür stehen. Als Mitglied im »Royal North Cape Club« hat man übrigens auf Lebenszeit freien Eintritt am Nordkap.

9764 Nordkapp
www.nordkapp.no

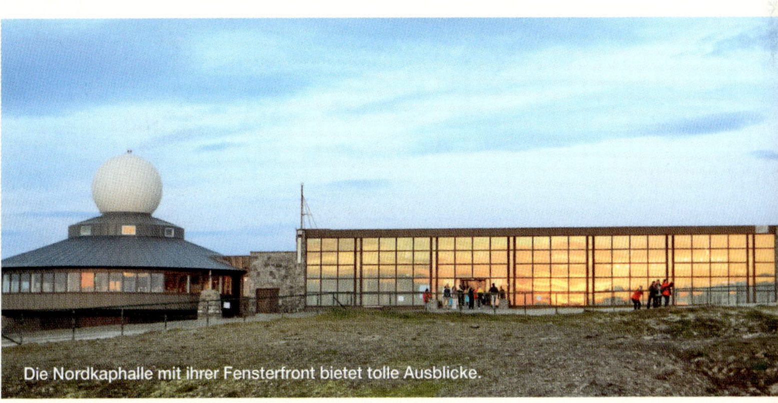
Die Nordkaphalle mit ihrer Fensterfront bietet tolle Ausblicke.

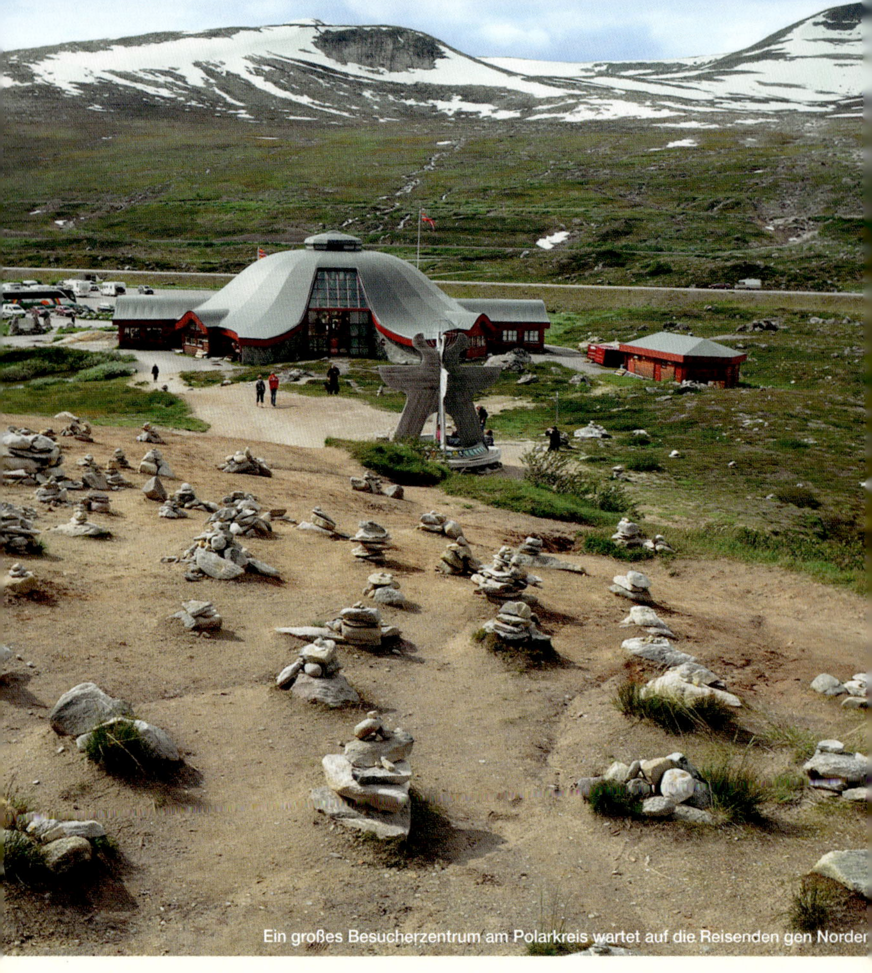
Ein großes Besucherzentrum am Polarkreis wartet auf die Reisenden gen Norden

Besucherzentrum am Polarkreis

Der Polarkreis ist stets in Bewegung. Grund dafür ist die langsame Veränderung der Neigung der Erdachse. Um knapp 14 m/Jahr wandert der Polarkreis. Deshalb sind Markierungen schon nach wenigen Tagen überholt, und es gibt am Polarkreis-Besucherzentrum zwei Findlinge, die den Polarkreis von 1937 und von 1990 markieren. Das Besucherzentrum auf dem Saltfjell beherbergt einen Souvenirladen und ein Restaurant.

Polarsirkelsenteret, Boks 19, 8251 Rognan
www.polarsirkelsenteret.no

Atlantikstraße

Als norwegisches Bauwerk des Jahrhunderts gilt die Atlantikstraße zwischen Kristiansund und Molde. Als Traumstraße bezeichnet, ist sie in Werbespots zu sehen. Der Atlanterhavsveien besteht aus mehreren Brücken, die sich auf einer Strecke von gut 8 km aneinanderreihen und mehrere Inseln miteinander verbinden. Sie wird gern vom zentralen Rastplatz aus fotografiert, wo es scheint, als verschwände eine der Brücken im Himmel.

Atlanterhavsveien, Riksveg 64,
6530 Averøy
www.visitmolde.com

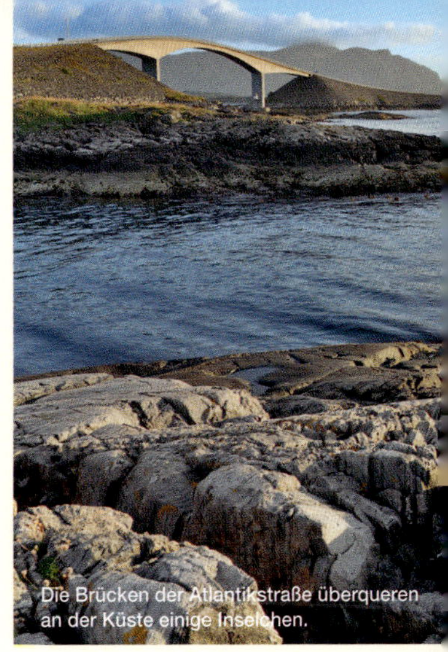

Die Brücken der Atlantikstraße überqueren an der Küste einige Inselchen.

Stockfischmuseum auf den Lofoten

Å ist der Name der südlichsten Ortschaft auf den Lofoten und am Ende der E10. Es lockt mit Holzhäusern, die auf Pfählen errichtet wurden und als Fischerhütten dienen, und mit dem Stockfischmuseum. Oft sieht man Stockfisch kopfüber zum Trocknen auf Holzgestellen; das Stockfischmuseum informiert über die Einzelheiten der Herstellung von Stockfisch. Und selbstverständlich kann hier auch gekauft und probiert werden.

Tørrfiskmuseum, Å i Lofoten, 8392 Sørvågen
www.lofoten-info.no

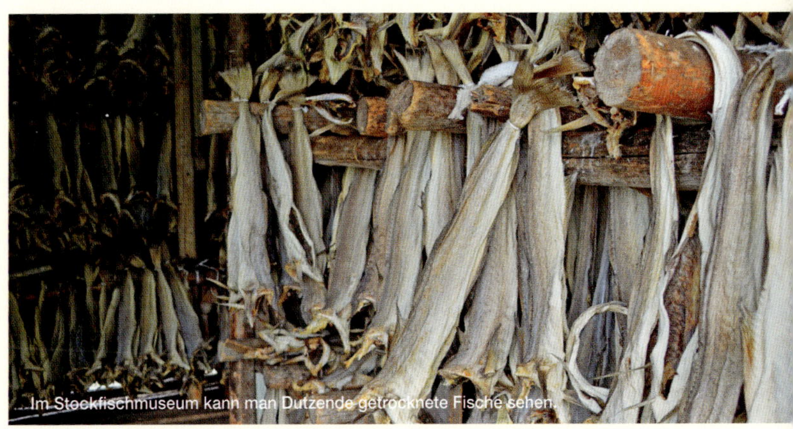

Im Stockfischmuseum kann man Dutzende getrocknete Fische sehen.

Rosenkirche von Stordal

Von außen wirkt die Kirche sehr unscheinbar. Würde man nicht wissen, was sie in ihrem Inneren beherbergt, man würde wohl an ihr vorbeifahren. Der Eintritt ist kostenpflichtig, doch lohnenswert. Die Rosenkirche, im barocken Stil erbaut, ersetzt seit Ende des 18. Jh. eine frühere Stabkirche. So schlicht weiß, wie sich das Gotteshaus außen zeigt, so farbenfroh und detailreich verziert sind Wände und Decken im Inneren.

Straße 650, 6250 Stordal
www.visitalesund-geiranger.com

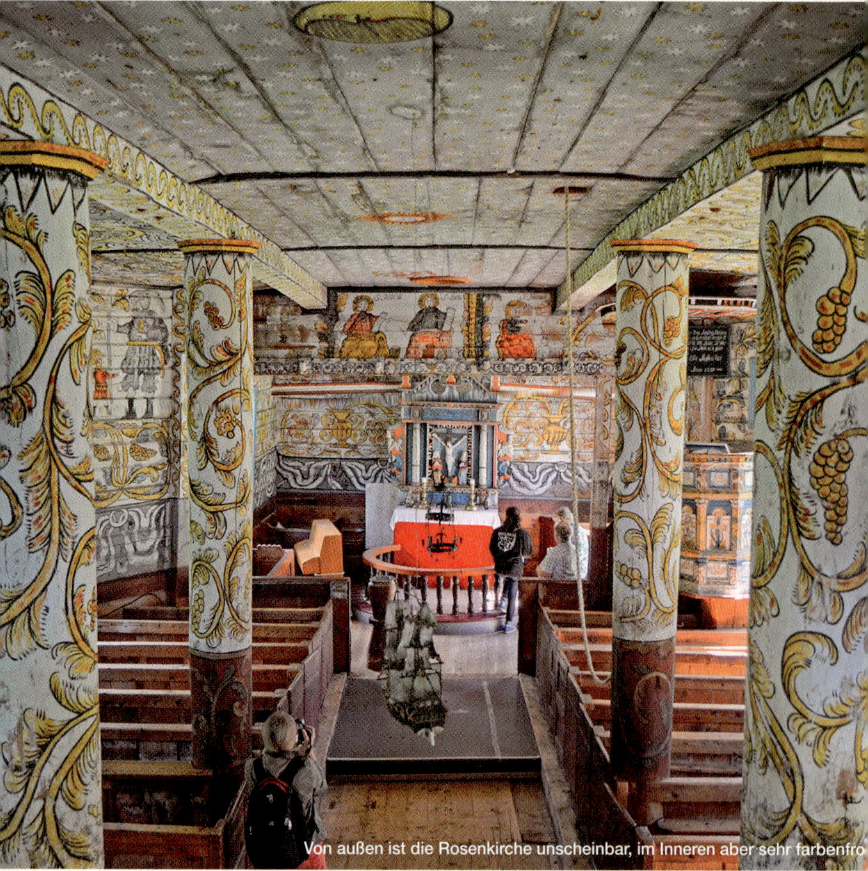

Von außen ist die Rosenkirche unscheinbar, im Inneren aber sehr farbenfro

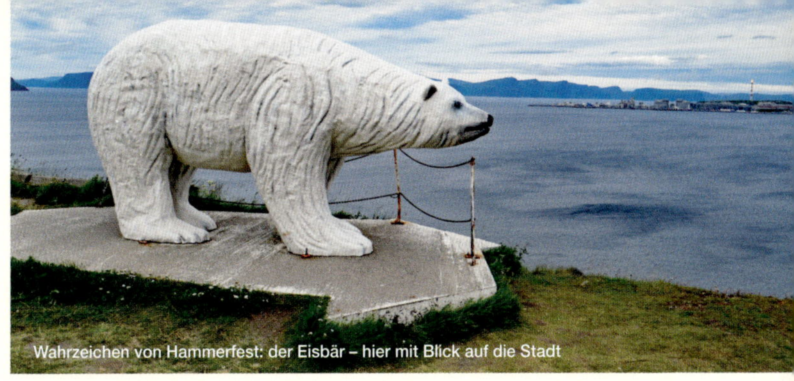
Wahrzeichen von Hammerfest: der Eisbär – hier mit Blick auf die Stadt

Mitgliedschaft im Eisbärenclub

Eisbären hat es auf dem norwegischen Festland zwar nie gegeben, dennoch wurde das Raubtier zum Wappentier der Stadt. Im Zentrum informiert ein kleines Museum über den Eisbären – wer Mitglied im Eisbärenclub wird, hat lebenslang freien Eintritt. Voraussetzung: Man muss die Mitgliedschaft persönlich vor Ort abschließen. Schon so manchem Prominenten soll sie wegen fehlender Anwesenheit verweigert worden sein ...

Isbjørnklubben, Havnegata 3, 9615 Hammerfest
www.isbjornklubben.no

Stabkirche Heddal

Stabkirchen sind die klassischen Gotteshäuser Norwegens. Sie erhielten ihren Namen durch die Bauweise in Stabform, also aufrecht stehenden Holzmasten. Die Stabkirche in Heddal ist die größte in ganz Norwegen und schafft es auf eine Länge von 20 m. Darüber hinaus ist sie 26 m hoch. Ihre Entstehungsgeschichte geht vermutlich auf das 13. Jh. zurück. Sehenswert ist sie auch von innen, wo holzgeschnitzte Ornamente begeistern.

Heddalsvegen 412,
3676 Notodden
www.heddalstavkyrkje.no

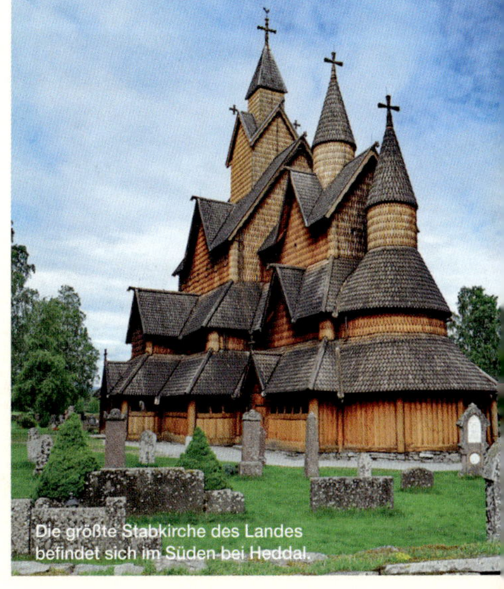
Die größte Stabkirche des Landes befindet sich im Süden bei Heddal.

Register

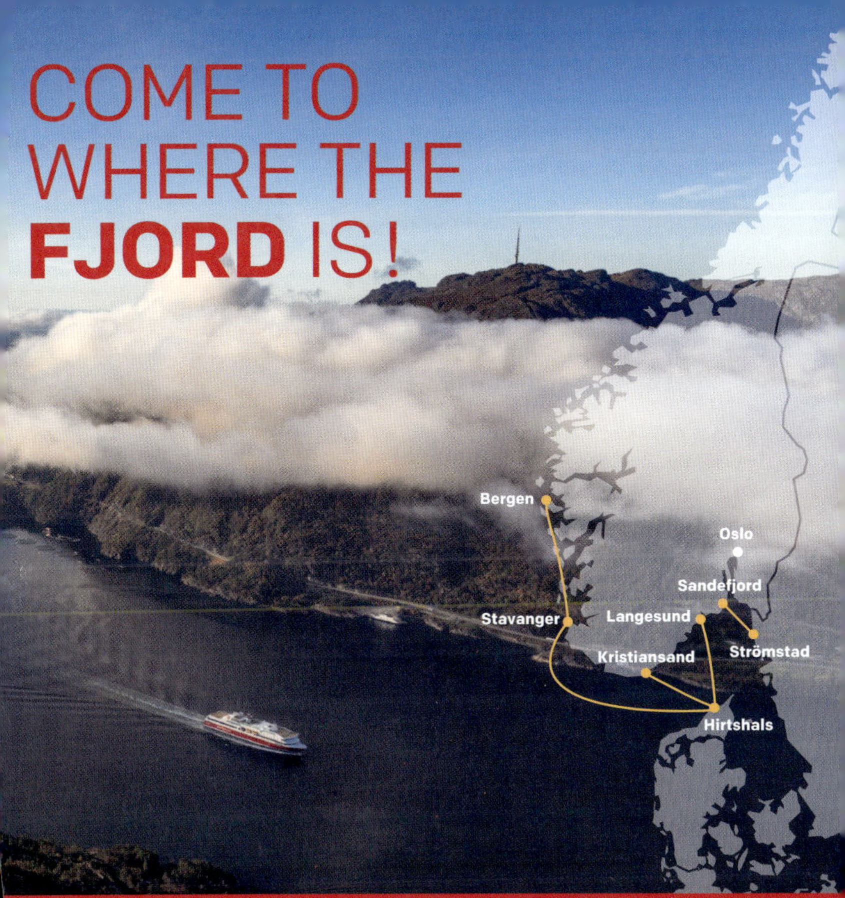

Michael Moll ist selbstständiger Reisebuchautor und zertifizierter Wanderführer. Er reist seit 12 Jahren privat und beruflich mit einem Wohnmobil durch Europa mit einer Vorliebe für Wanderreisen nach Norwegen.

Martin Dietrichs studiert in Bergen »Skandinavische Geographie« und ließ sich später in Norwegen nieder. Er etablierte dort die Tourstation »Kul Turstasjon« mit Wander-, Kanu-, Fahrrad- und Ski-erlebnissen.

Impressum

Verantwortlich: Susanne Kaufmann
Redaktion: Anette Späth
Umschlaggestaltung: ZERO Werbeagentur
Layout: Comtex Mediendesign
Kartografie: Bruckmann Verlag GmbH, Heidi Schmalfuß; Kartographie Huber, Heike Bloch (Faltkarte)
Repro: Cromika
Herstellung: Alexander Knoll

Printed in Italy by Printer Trento

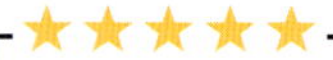

Sind Sie mit diesem Titel zufrieden? Dann würden wir uns über Ihre Weiterempfehlung freuen. Erzählen Sie es im Freundeskreis, berichten Sie Ihrem Buchhändler, oder bewerten Sie bei Onlinekauf.
Und wenn Sie Kritik, Korrekturen, Aktualisierungen haben, freuen wir uns über Ihre Nachricht an Bruckman Verlag, Postfach 40 02 09, D-80702 München oder per E-Mail an lektorat@verlagshaus.de.

Unser komplettes Programm finden Sie unter www.bruckmann.de

Alle Angaben dieses Werkes wurden vom Autor sorgfältig recherchiert und auf den neuesten Stand gebracht sowie vom Verlag geprüft. Für die Richtigkeit der Angaben kann jedoch keine Haftung übernommen werden, weshalb die Nutzung auf eigene Gefahr erfolgt. Insbesondere bei GPS-Daten können Abweichungen nicht ausgeschlossen werden

Autorenempfehlung
Sie sind auf der Suche nach weiterführender Literatur? Dann empfehle ich Ihnen den Titel »Traumtreks Norwegen« von Alwig Derstvenscheg. Oder Sie werfen einen Blick in die Zeitschrift »Bergsteiger«. Hier werden Sie bestimmt fündig.
Michael Moll

Bildnachweis: Alle Bilder im Innenteil stammen von Martin Dietrichs mit Ausnahme von: János Kolostylák: S. 170; Lofotr Vikingmuseum: S. 156, 158; Michael Moll: S. 2, 3, 4, 5, 6/7, 9, 16, 18/19, 20/21, 34, 36, 48, 50/51, 62, 64, 78, 108/109, 134/135, 142, 144, 160/161, 166, 169, 176, 178, 180/181, 182, 183 o. + u., 184, 185 o. + u., 186, 187 o. + u.; picture-alliance / DUMONT Bildar: S. 106; Jens Strakeljahn: S. 74, 76, 80, 82, 84, 87, 104; Peter Strakeljahn: S. 8, 130, 172, 174; Wikimedia Commons / Blue Elf: S. 165; shutterstock / Eder: S. 149

Umschlagvorderseite: Eisabbruch in den Gletschersee am Biksdalsgletscher (picture-alliance/Bildagentur Huber)

Die Deutsche Nationalbibliothek verzeichnet diese Publikation in der Deutschen Nationalbibliografie; detaillierte bibliografische Daten sind im Internet über http://dnb.d-nb.de abrufbar.

ISBN 978-3-7343-0904-5